河南省"十四五"普通高等教育规划教材

普通高等教育机电类系列教材

机 械 原 理

主编 武照云

参编 申会鹏 李 丽 丁 浩 冯 伟
　　　刘晓霞 张海红 任 宁 孟 逵
　　　李广玉 张月英

主审 阮竞兰

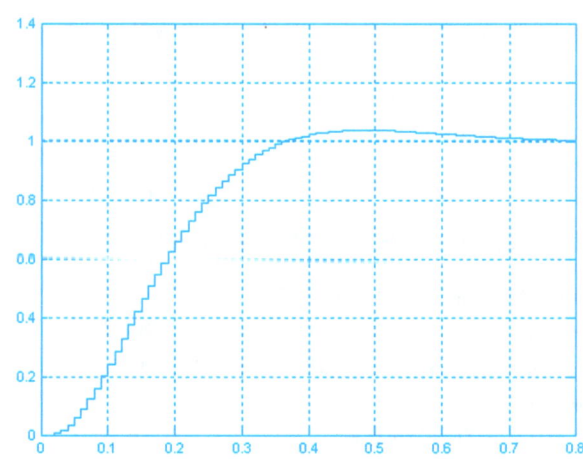

机械工业出版社

本书为河南省"十四五"普通高等教育规划教材，是根据高等学校《机械原理课程教学基本要求》，并结合多年来的教学实践经验编写而成的。

全书共分为5篇。第1篇导论，内容以绪论为主；第2篇机构组成与运动分析，内容包括机构的结构分析、平面机构的运动分析；第3篇常用机构设计，内容包括连杆机构及其设计、凸轮机构及其设计、齿轮机构及其设计、轮系及其设计、其他常用机构；第4篇机械的动力设计，内容包括平面机构的力分析、机械的平衡、机械系统的运转及速度波动的调节；第5篇机械系统的运动方案设计，内容包括机械系统运动方案分析与设计方法、机械系统创新设计。

本书可作为普通高等学校机械类专业的教材，也可作为非机械类专业学生及相关工程技术人员的参考用书。

图书在版编目（CIP）数据

机械原理/武照云主编. —北京：机械工业出版社，2023.12（2025.8重印）

普通高等教育机电类系列教材
ISBN 978-7-111-74801-4

Ⅰ.①机⋯ Ⅱ.①武⋯ Ⅲ.①机械原理-高等学校-教材 Ⅳ.①TH111

中国国家版本馆 CIP 数据核字（2023）第 248841 号

机械工业出版社（北京市百万庄大街22号　邮政编码100037）
策划编辑：余　皞　　　　　　责任编辑：余　皞　章承林
责任校对：张亚楠　陈　越　　封面设计：张　静
责任印制：邓　敏
北京华宇信诺印刷有限公司印刷
2025年8月第1版第2次印刷
184mm×260mm・13 印张・318 千字
标准书号：ISBN 978-7-111-74801-4
定价：45.00元

电话服务　　　　　　　　　　网络服务
客服电话：010-88361066　　　机　工　官　网：www.cmpbook.com
　　　　　010-88379833　　　机　工　官　博：weibo.com/cmp1952
　　　　　010-68326294　　　金　书　　网：www.golden-book.com
封底无防伪标均为盗版　　　　机工教育服务网：www.cmpedu.com

前 言

机械原理是普通高等学校机械类各专业的一门重要技术基础课程。它在培养学生机械设计能力和创新能力所需的知识、能力与素质结构中，占有十分重要的地位。通过学习机械原理知识，学生可以掌握机构学和机械动力学的基本理论、基本知识和基本技能，学会常用机构的分析和设计方法，并具有机械系统运动方案设计的初步能力。

为了更好地适应"新工科"教学改革需求，开展研究性教学与项目式教学改革的探索与实践，本书注重加强学生基础理论知识、机构分析与设计能力、创新思维与意识的培养，为学生从事机械设计、制造和开发奠定重要的专业技术基础。本书针对现代机械装备设计的发展要求，以提高学生创新设计能力为目标，优化章节体系与教学内容，不仅介绍机构分析与设计的基本原理和方法，还通过对实际案例的分析，提高学生解决实际问题的能力。

在内容编排上，本书按照"以设计为主线，分析为设计服务，落脚点是机械系统方案设计"的体系编写。全书共分为5篇，分别是导论、机构组成与运动分析、常用机构设计、机械的动力设计、机械系统的运动方案设计。在内容取舍上，本书注重了实用性与先进性的关系，舍弃了一些陈旧的传统内容，保留了实用性较强的内容，同时适当融入了一些学科前沿内容。在内容阐述上，本书按照由浅入深的认识规律，遵从突出重点、兼顾知识面的原则，图文并茂，清晰直观，力求通俗易懂，增强可读性；同时采用了二维码技术，读者可以通过扫描二维码来观看机构图片、动画或完成知识点测试，以加深对相关知识内容的理解。

参加本书编写的有：河南工业大学武照云（第1章）、丁浩（第2章2.1～2.5节、第4章、第12章12.1～12.4节）、申会鹏（第5章、第13章、第9章9.1～9.4节）、冯伟（第6章6.7～6.10节、第10章、第11章）、刘晓霞（第3章、第6章6.1～6.6节）、张海红（第8章）、任宁（第7章）、孟遂（第2章2.6节）、李广玉（第9章9.5节）、张月英（第12章12.5节）、河南职业技术学院李丽（第12章12.6节）。

本书由武照云任主编，负责全书的统稿、分工和定稿。

本书由阮竞兰教授担任主审，她对本书提出了许多宝贵意见，在此向阮老师表示衷心感谢！

本书在编写过程中，得到了河南工业大学机械设计系相关教师的热情鼓励与大力支持，他们对本书提出了许多宝贵的意见和建议。

本书在编写过程中参考了许多教材和著作，在参考文献中未能一一列出，在此一并向这些文献的作者表示诚挚的谢意。

由于编者水平有限，书中难免存在错误、疏漏之处，衷心希望广大同仁和读者批评指正。

编 者

目 录

前言

第1篇 导 论

第1章 绪论 ··· 2
  1.1 机械原理课程的研究对象 ··· 2
  1.2 机械原理课程的主要内容 ··· 4
  1.3 机械原理课程的地位和学习本课程的目的 ································· 5
  1.4 机械原理课程的学习方法 ··· 5

第2篇 机构组成与运动分析

第2章 机构的结构分析 ··· 8
  2.1 机构结构分析的基本内容 ··· 8
  2.2 机构的组成及其分类 ··· 8
  2.3 机构运动简图 ··· 14
  2.4 平面机构自由度分析与计算 ··· 16
  2.5 平面机构的组成原理和结构分析 ··· 21
  2.6 空间机构自由度简介 ··· 23
  课后习题 ··· 24

第3章 平面机构的运动分析 ··· 27
  3.1 机构运动分析的目的和方法 ··· 27
  3.2 速度瞬心法 ··· 27
  3.3 矢量方程图解法 ··· 30
  3.4 矢量法 ··· 35
  3.5 矩阵法 ··· 37
  课后习题 ··· 38

第3篇 常用机构设计

第4章 连杆机构及其设计 ··· 40
  4.1 连杆机构及其传动特点 ··· 40
  4.2 平面四杆机构的基本类型和应用 ··· 41
  4.3 平面四杆机构的基本知识 ··· 46

| 4.4 | 平面四杆机构的设计 | 51 |
| 课后习题 | | 56 |

第5章 凸轮机构及其设计 60

5.1	凸轮机构概述	60
5.2	凸轮机构的分类与应用	61
5.3	从动件的运动规律	63
5.4	凸轮轮廓曲线的绘制	70
5.5	凸轮机构的基本参数	76
课后习题		79

第6章 齿轮机构及其设计 81

6.1	齿轮机构的特点及类型	81
6.2	齿轮的齿廓曲线	82
6.3	渐开线齿廓及其啮合特点	83
6.4	渐开线标准齿轮的基本参数和几何尺寸	85
6.5	渐开线直齿圆柱齿轮的啮合传动	88
6.6	渐开线齿廓的切制原理与根切现象	93
6.7	渐开线变位齿轮简介	96
6.8	斜齿圆柱齿轮传动	100
6.9	直齿锥齿轮传动	104
6.10	蜗杆传动	107
课后习题		110

第7章 轮系及其设计 112

7.1	轮系及其分类	112
7.2	定轴轮系的传动比	114
7.3	周转轮系的传动比	117
7.4	复合轮系的传动比	120
7.5	轮系的功用	121
课后习题		124

第8章 其他常用机构 127

8.1	棘轮机构	127
8.2	槽轮机构	132
8.3	不完全齿轮机构	135
8.4	螺旋机构	137
8.5	万向铰链机构	139
课后习题		141

第4篇 机械的动力设计

第9章 平面机构的力分析 143

| 9.1 | 机构力分析的目的和方法 | 143 |

9.2　构件的惯性力和惯性力矩分析 ·· 144
9.3　运动副中摩擦力的确定 ·· 146
9.4　考虑摩擦时机构的受力分析 ·· 151
9.5　机械的效率与自锁 ·· 152
课后习题 ·· 158

第10章　机械的平衡 ·· 160
10.1　平衡的分类和方法 ·· 160
10.2　刚性转子的平衡计算 ·· 161
10.3　刚性转子的平衡试验 ·· 163
课后习题 ·· 165

第11章　机械系统的运转及速度波动的调节 ·· 167
11.1　外力作用下的机械运转过程 ·· 167
11.2　机械系统的等效动力学模型 ·· 168
11.3　机械系统的运动方程及其求解 ·· 170
11.4　机械的周期性速度波动及其调节方法 ·· 172
课后习题 ·· 175

第5篇　机械系统的运动方案设计

第12章　机械系统运动方案分析与设计方法 ·· 179
12.1　概述 ·· 179
12.2　机械工作原理拟定与工艺设计之间的关系 ·· 181
12.3　执行构件的运动设计方法和原动机的选择 ·· 182
12.4　执行机构的选型与变异 ·· 184
12.5　机构的组合 ·· 186
12.6　机械系统方案的评价体系与方法 ·· 187
课后习题 ·· 189

第13章　机械系统创新设计 ·· 190
13.1　创新设计的原理与方法 ·· 190
13.2　机构再生运动链创新设计 ·· 191
课后习题 ·· 199

参考文献 ·· 200

第1篇

导 论

第 1 章　绪论

1.1　机械原理课程的研究对象

机械是机构与机器的总称。机械原理是一门以机构与机器为研究对象的课程。

1.1.1　机器

人们对机器并不陌生,在日常生活和生产过程中,人类广泛地使用着各种各样的机器,以减轻人类自身的劳动强度并提高工作效率,比如汽车、飞机、工业机器人、缝纫机、洗衣机等。机器的种类繁多,构造、用途和性能也各不相同,但一部机器是怎样组成的呢?它有什么特征呢?下面通过两个实例来具体说明。

图 1-1 所示为一台单缸四冲程内燃机,它可以将燃气燃烧时产生的热能转化为机械能。其工作原理为:燃气由进气管通过进气阀 7 被下行的活塞 4 吸入气缸,然后进气阀 7 关闭,活塞 4 上行压缩燃气,点火使燃气在气缸中燃烧、膨胀产生压力,推动活塞 4 下行,通过连杆 3 带动曲轴 2 转动,向外输出机械能。当活塞 4 再次上行时,排气阀 5 打开,废气通过排气管排出。图中,凸轮 8 和 12 用来控制进气阀和排气阀的打开与关闭;齿轮 9、10 和 11 用来保证进气阀、排气阀和活塞之间形成一定规律的动作。以上各部分的协同动作,便能够将燃气燃烧时产生的热能转变为曲轴转动的机械能。

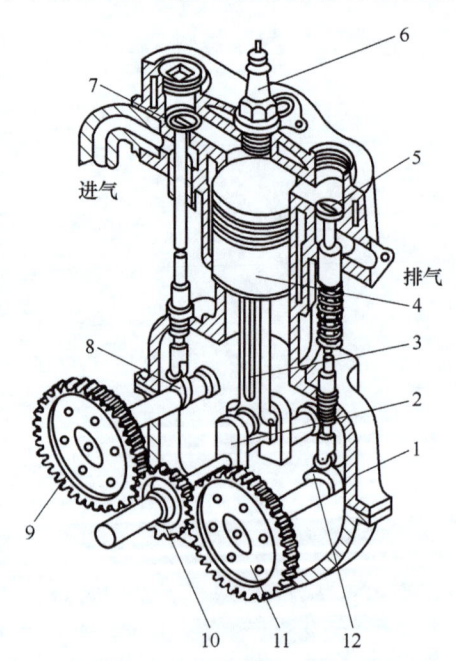

图 1-1　单缸四冲程内燃机结构图
1—气缸体　2—曲轴　3—连杆　4—活塞
5—排气阀　6—火花塞　7—进气阀
8、12—凸轮　9~11—齿轮

图 1-2 所示为一台牛头刨床。其工作原理为:电动机 3 输出的旋转运动通过带传动,使齿轮 4 带动大齿轮 5 转动;大齿轮 5 上用销子铰接了一个滑块 6,它可在杆 7 的槽中滑动,杆 7 下端的槽中有一与机架 1 铰接的滑块 2,当大齿轮 5 上的销子做圆周运动时,滑块 6 在杆 7 的槽中滑动,同时推动杆 7 绕滑块 2 的中心做往复摆动;杆 7 的上端用销子和滑枕 8 铰接,推动装有刀架 9 的滑枕 8 在刨床床身导轨中往复滑动,在工

作行程中切削工件 11，回程时，刀架与滑枕一起快速退回。在下一次切削之前，齿轮 5 通过连杆和棘轮（图中未画出）及螺杆 12 使工作台 10（连同工件）横向移动一个进刀的距离，以进行下一次切削。以上各部分的协同动作，便能实现牛头刨床的自动切削加工。

从上述两个实例以及日常生活中接触过的其他机器可以看出，虽然它们的构造、用途和性能各不相同，但从其组成、运动确定性及功能关系来看，均具有以下几个共同的特征：

1) 它们都是人为的实物组合体。
2) 组成它们的各部分之间都具有确定的相对运动。
3) 能够用来变换或传递能量、物料与信息。

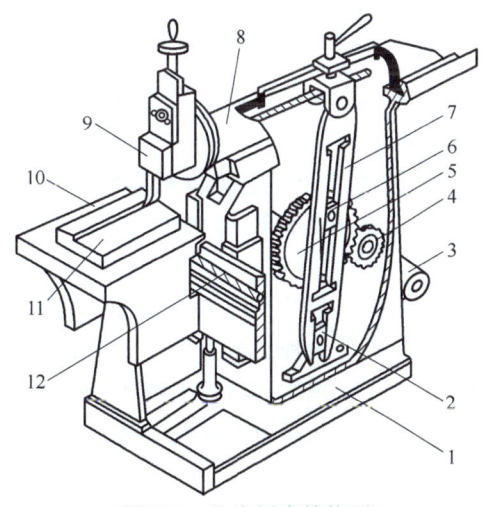

图 1-2　牛头刨床结构图

1—机架　2、6—滑块　3—电动机　4、5—齿轮
7—杆　8—滑枕　9—刀架
10—工作台　11—工件　12—螺杆

按照用途的不同，机器一般可以分为动力机器、工作机器和信息机器三类。动力机器的用途是实现机械能与其他能量之间的转换，例如内燃机、电动机、发电机等；工作机器的用途是完成有用的机械功或搬运物品等，例如机床、汽车、飞机、起重机、洗衣机等；信息机器的用途是处理各种信息，例如复印机、打印机、绘图机、传真机、照相机等。

1.1.2　机构

关于机构，我们进一步分析上述两个实例。从中可以看出，在机器的各种运动中，有些是传递回转运动的，有些是把转动变为往复运动的，有些是利用实物本身的轮廓曲线来实现预期规律的运动。在工程实际中，人们常常根据实现这些运动形式的实物的外形特点，把相应的一些实物的组合称为机构。如图 1-1 所示，2-3-4-1 称为曲柄滑块机构，其功能是将活塞 4 的往复移动变换为曲轴 2 的连续转动；9-10-1 或 10-11-1 称为齿轮机构，其功能是实现转速的变化；7-8-1 或 5-12-1 称为凸轮机构，其功能是将凸轮 8 或 12 的旋转运动变换为从动件 7 或 5 的往复移动，且从动件在凸轮轮廓线的控制下实现预期的运动规律。

码 1-1　练习测试

由此可以看出，机构具有机器的前两个特征：
1) 它们都是人为的实物组合体。
2) 组成它们的各部分之间都具有确定的相对运动。

通过以上分析可知，机器是由各种机构组成的，它可以完成能量转换、做有用机械功或处理信息；而机构在机器中仅仅起着运动传递和转换的作用。

机器一般由以下几部分组成：

（1）原动部分　该部分是机械的动力来源。常用的原动机有电动机、内燃机、液压缸或气压缸等。

（2）执行部分　该部分处于整个传动路线的终端，完成机械预期的动作。

（3）传动部分　该部分介于原动部分与执行部分之间，把原动机的运动和动力传递给执行部分。

（4）控制部分　其作用是控制机械的其他基本部分，使操作者能随时实现或终止各种预定的功能。

（5）辅助部分　主要包括润滑系统、冷却系统、安全保护系统、照明系统等，其作用是保证机械便于操作、正常运行、提高工作质量、延长寿命等。

作为机械工程的一门基础学科，机械原理研究机器和机构的一些共性问题。此外，机器的种类虽有千千万万，但是组成机器的机构，其种类却是有限的。因此，机械原理将以工程实际中常用的各种机构作为具体的研究对象，探讨它们在运动和动力方面的一些共同的基本问题。

码 1-2　练习测试

1.2　机械原理课程的主要内容

机械原理课程的主要内容，主要包括以下几个部分。

1. 机构的分析

（1）机构的结构分析　研究机构的组成原理、机构运动的可能性及确定性条件。

（2）机构的运动分析　研究在给定原动件运动规律的条件下，机构各点的轨迹、位移、速度和加速度等运动特性。

（3）机构的力分析　研究机构各运动副中力的计算方法、摩擦及机械效率等问题。

2. 常用机构的设计

在工程实际中，常用的机构主要有齿轮机构、凸轮机构、连杆机构、间歇运动机构等。本课程将讨论这些机构的设计理论和设计方法。

3. 机械动力学

分析和研究机械在外力作用下的真实运动规律和速度波动问题，以及如何合理地设计调速装置来降低速度波动带来的不良影响。

4. 机械系统方案设计

本课程将介绍机械系统运动方案设计的步骤、功能分析、机构创新、执行机构的运动规律和机构系统运动的协调设计等基本原则和设计方法。

需要指出的是，机械原理作为研究现代机械科学技术发展共性问题的一门基础学科，一直受到国内外学者和工程技术人员的高度重视。近年来，随着科学技术的飞速发展和各学科领域的交叉渗透，处于机械工业发展前沿的机械原理学科，其新的研究课题和研究方法也日益增多，诸如机器人机构学、仿生机构学、机械电子学、微型机构学等的研究。随着优化设计、计算机辅助设计、专家系统以及各种近代数学方法的运用和动力学研究的不断深入，机械原理学科的研究呈现出蓬勃发展的局面，也为机械原理学科的应用开拓了更广阔的前景。这就要求读者在学习本课程基本内容的同时，密切关注本学科的最新发展，不断开拓自己的知识视野。

1.3 机械原理课程的地位和学习本课程的目的

1.3.1 机械原理课程的地位

在工科类专业中,机械原理课程属于专业基础课。一方面,该课程比物理、力学等基础课程更加接近工程实际;另一方面,该课程又不同于汽车设计、机械制造装备等专业课,机械原理研究的是各种机械所具有的共性问题,而各专业课则是研究某一类机械所具有的特殊问题。因此,它比专业课具有更宽的研究面和更广的适应性。该课程在教学中起着承上启下的作用,是高等院校机械类各专业的一门非常重要的主干技术基础课,在机械基础系列课程体系中占有非常重要的位置。

1.3.2 学习本课程的目的

1. 为学习机械类有关专业课打好基础

由于机械的种类极其繁多,它们的构造、功能和工作要求往往又不同,为了研究工程实际中的各种特殊机械,在高等院校中相应地设置了各种专门的课程。但是,当研究某一具体的机械时,不仅需要研究它所具有的特殊问题,而且还需要研究所有机械都存在的共性问题。机械原理课程正是为此目的而开设的专业技术基础课。

2. 为机械产品的创新设计打下良好基础

随着科学技术的发展和市场经济体制的建立,多数产品的商业寿命正在逐渐缩短,再加上品种需求增多,这就使产品的生产要从传统的单一品种大批量生产逐渐向多品种小批量柔性生产过渡,以经验设计和仿照设计为主的传统设计方法已越来越不适应生产的发展。要使产品在国际市场上具有竞争力,就需要设计并制造出大量种类繁多、性能优良的新机械。而要完成这一任务,有关机械原理的知识是必不可少的。机械产品的创新设计关键是机构上的创新,而这正是机械原理课程所研究的主要内容。所以,机械原理课程常被人们称为创造新机械的课程。

3. 为现有机械的合理使用和更新改造打基础

对操作机械设备的工作人员来讲,要充分发挥机械设备的潜力,关键在于了解机械的性能。通过学习机械原理这门课程,只有掌握机构和机器的分析方法,才能进而了解机械的性能和更合理地使用机械;只有掌握机构和机器的设计方法,才能对现有机械的更新改造提出方案。为此,机械原理的知识是必不可少的。

1.4 机械原理课程的学习方法

1. 注意运用先修课程的有关知识

机械原理作为一门专业基础课程,它的先修课程有高等数学、大学物理、理论力学和工程制图等,其中,理论力学与本课程的联系最为密切。机械原理是将理论力学的有关原理应用于实际机械中,具有自己的特点。在学习本课程的过程中,要注意把理论力学中的有关知识运用到本课程的学习中。

2. 注重理论联系实际

机械原理是一门与工程实际密切相关的课程,因此学习本课程要更加注重理论联系实际。与本课程密切相关的实验、课程设计、机械创新设计大赛以及课外科技活动,将为学生提供理论联系实际和学以致用的机会。此外,在学习本课程的过程中,要学会留心观察生活中常见的机械装置与设备,注重将所学知识运用于实际装置的分析与比较中,做到善于观察、勤于思考、勇于实践,以达到日积月累、融会贯通的效果。

3. 在学习知识的同时,注重能力的培养

学习知识和培养能力,两者相辅相成,但后者比前者更加重要。由于本课程的教学内容较多而学时数又相对较少,因此教师讲授时,可以着重讲重点、讲难点、讲思路、讲方法;学生在学习时,也应该把重点放在掌握研究问题的基本思路和方法上,即放在以知识为载体,培养自己高于知识和技能的思维方式与方法以及自主获取知识的能力上,着重于能力培养。这样就可以利用自己的能力去获取新的知识,这一点在知识更新速度加快的当今社会尤为重要。

第 2 篇

机构组成与运动分析

第 2 章　机构的结构分析

2.1　机构结构分析的基本内容

机械原理课程对机械的研究一般可以概括为两个方面：一是对已有机械进行分析，包括结构分析、运动分析和动力分析；二是对新机构进行设计，即机构综合，其中包括机构的选型、运动设计及动力设计。本章的任务是研究机构的结构分析，主要包括以下几个方面：

1) 研究机构的组成要素以及机构运动简图的绘制。要研究机构，首先要了解机构是由哪些要素组成的。为了方便对机构进行运动分析，需要撇开构件、运动副的外形和具体构造，绘制其运动简图。

2) 研究机构的自由度及机构具有确定运动的条件。机构是具有相对运动的构件组合体，为了判别机构是否具有确定的运动，必须研究机构的自由度及机构具有确定运动的条件。

3) 研究机构的组成原理，并根据结构特点对机构进行分类。机构虽然形式多样，但从结构上讲，它们都遵循同一组成原理。此外，根据结构特点可对机构进行分类，并把机构分解成若干个基本杆组。同一类基本杆组，可应用相同的方法对其进行运动分析和力分析。

2.2　机构的组成及其分类

2.2.1　构件与零件

虽然各种机构的形式、结构各不相同，但通过分析可以知道，机构是具有相对运动的构件组合体。这种"构件组合体"是将各构件按一定方式连接而成的。总的来说，机构是由构件和运动副两个要素组成的。

任何机器都是由多个零件组合而成的。一般来说，构件是指作为一个整体运动的刚性单元。一个构件，既可以是不能拆开的单一零件，也可以是由若干个零件装配而成的整个刚性体。因此，构件与零件的区别在于：构件是运动的基本单元，而零件是制造的基本单元。

例如，图 2-1 中的连杆就是由连杆体、连杆头、螺栓、螺母等零件刚性地连接在一起作为一个整体而运动的。这些刚性地连接在一起的零件共同组成一个独立的运动单元体。机器中每一个独立的运动单元体称为一个构件。所以从运动的观点来看，也可以说任何机器都是由若干个构件组合而成的。

2.2.2 运动副及其分类

当各构件组成机构时，需要通过一定的方式把各个构件彼此连接起来，而被连接的两构件之间仍须产生某些相对运动（这种连接显然不能是刚性的，因为如果是刚性的，两者便成为一个构件了）。这种由两个构件直接接触且组成的可动的连接称为运动副。构成运动副的两个构件之间的接触形式主要有点、线、面三种形式，两构件上参与接触而构成运动副的点、线、面部分被称为运动副元素。例如，轴1与轴承2的配合（图2-2）、滑块2与导轨1的接触（图2-3）、两齿轮轮齿的啮合（图2-4）等都构成了运动副。它们的运动副元素分别为圆柱面和圆孔面、棱槽面和棱柱面及两齿廓曲面。可见，运动副也是组成机构的基本要素。

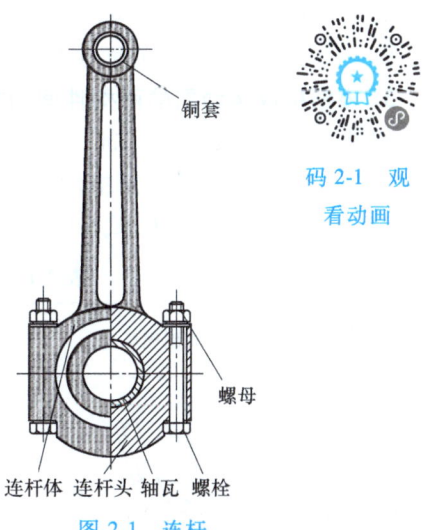

图 2-1 连杆

两构件在未构成运动副之前，在空间中它们共有6个相对自由度，即3个相对移动自由度和3个相对转动自由度。如建立两构件之间的空间相对坐标系，则可分别用沿3个坐标轴的相对移动参数 x、y 及 z 和绕3个坐标轴的相对转角参数 α、β 及 γ 表示。而两构件构成运动副之后，它们之间的相对运动将受到约束。设运动副的自由度以 f 表示，它是指一个运动副中两构件之间允许产生的相对运动的数目，其所受到的约束数以 s 表示，它是指一个运动副中自由度受到约束的数目，两者的关系为：$f=6-s$。而在平面中它们共有3个相对自由度，可用平面坐标系的2个相对移动坐标 x、y 和1个相对转角 γ 表示，两者的关系为：$f=3-s$。

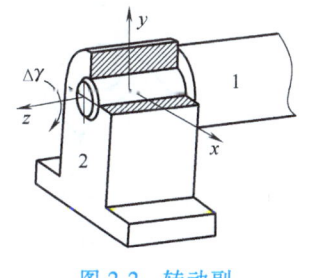

图 2-2 转动副

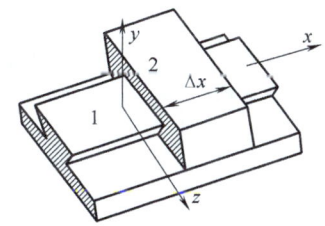

图 2-3 移动副

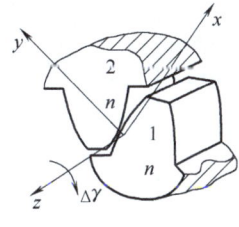

图 2-4 高副

运动副的分类方式有以下几种：

1. 根据运动副所引入的约束个数分类

引入1个约束的运动副称为Ⅰ级副，引入2个约束的运动副称为Ⅱ级副，依此类推，最高为Ⅴ级副。表2-1给出了常用运动副及其符号，例如，线高副约束数为2（即不能沿 z 轴方向移动，也不能绕 y 轴转动），故为Ⅱ级副。

2. 根据构成运动副的两构件的接触情况分类

理论上凡是以面接触的运动副称为低副，而以点或线相接触的运动副称为高副。例如，表2-1中的球面高副中两运动副元素是点接触，线高副为线接触，相互啮合的齿轮间为点或线接触，故上述3种运动副都为高副。移动副中的滑块与导路之间，转动副中的两运动副元素之间都是面接触，故均为低副。

3. 根据构成运动副的两构件间的相对运动形式分类

如果两运动副元素间只能相互做平面平行运动，则称之为平面运动副，否则称之为空间运动副。应用最多的是平面运动副，包括转动副、移动副（统称为低副）和平面高副三种形式。

码2-2 观看模型

表2-1 常用运动副及其符号及代号

运动副的名称及代号		运动副模型	运动副级别及封闭方式	运动副符号	
				平面表示符号	空间表示符号
平面运动副	转动副 R	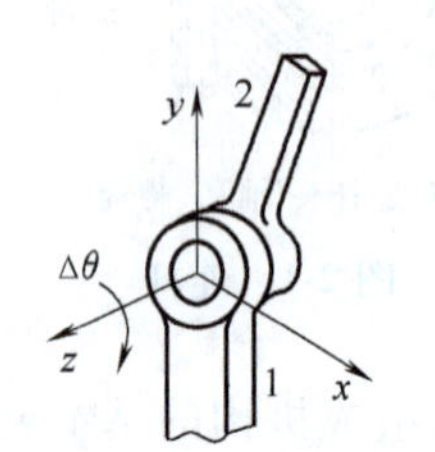	V级副，几何封闭	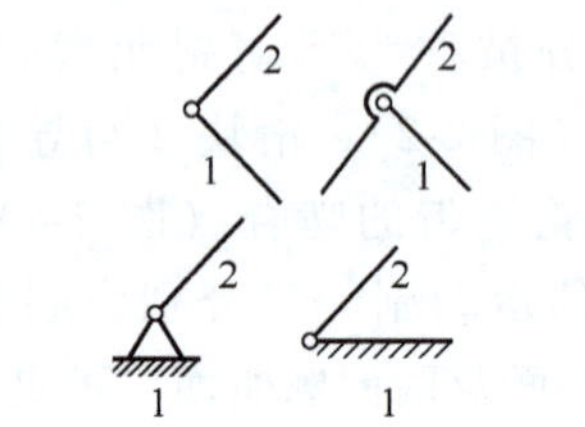	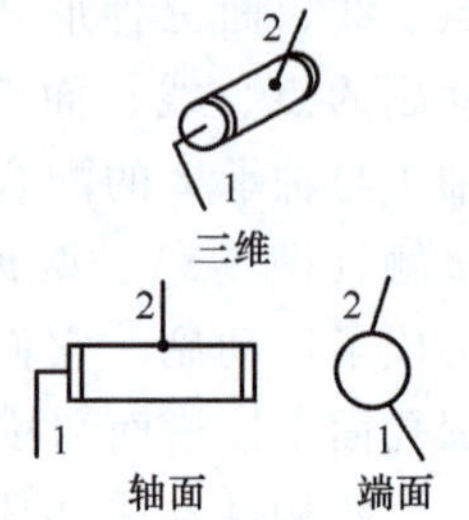 三维 轴面　端面
	移动副 P	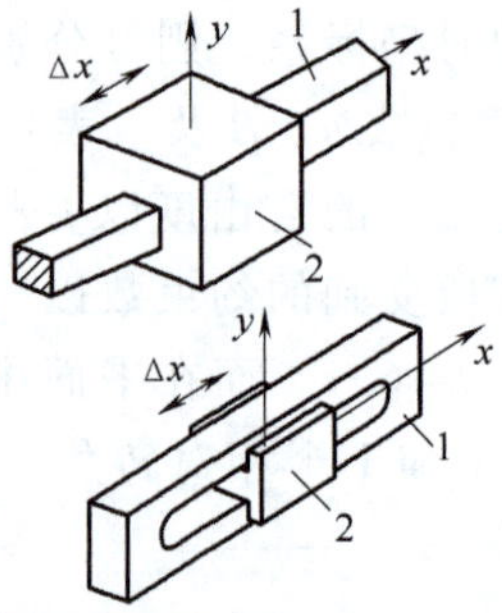	V级副，几何封闭	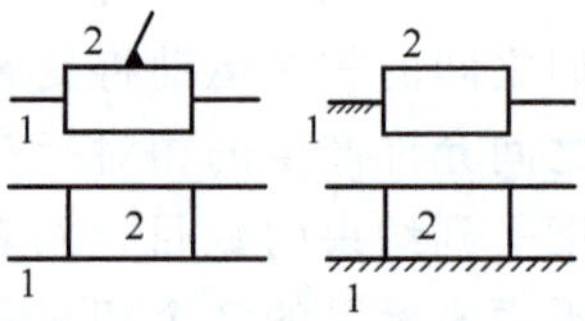	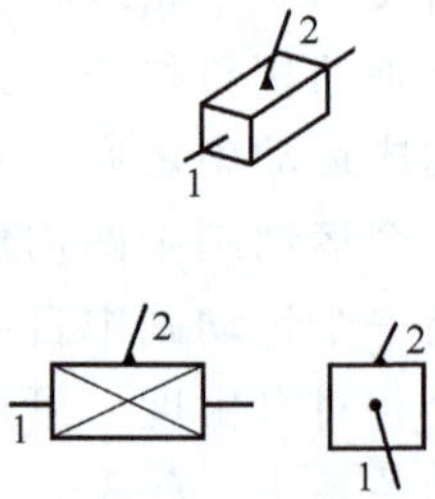
	平面高副（RP）	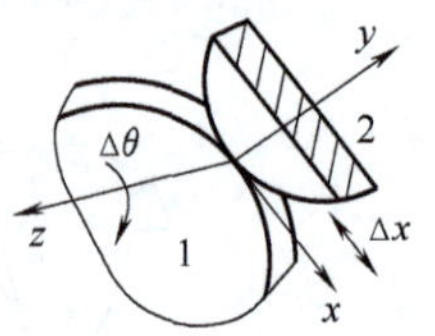	IV级副，力封闭	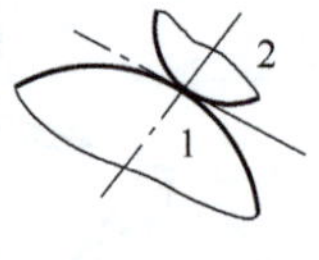	
	槽销副（RP）	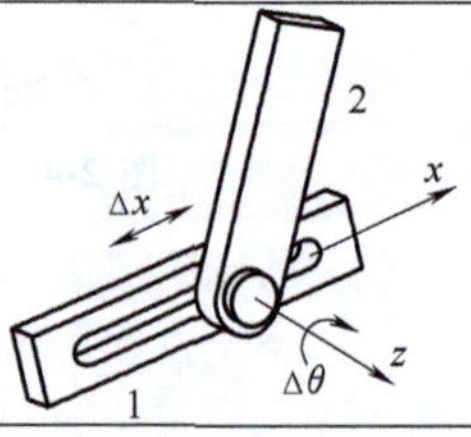	IV级副，几何封闭	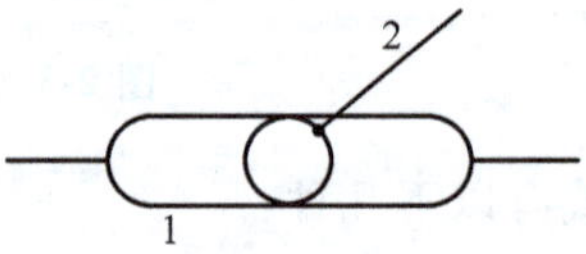	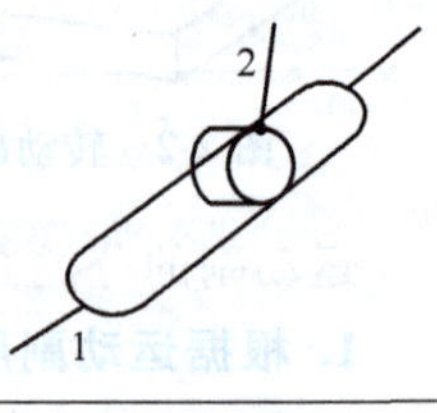
	复合铰链 R	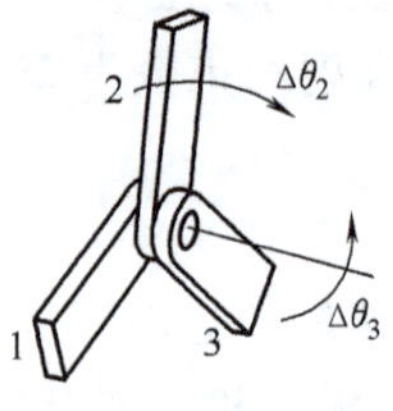	II~V级副，几何封闭	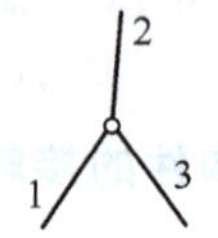	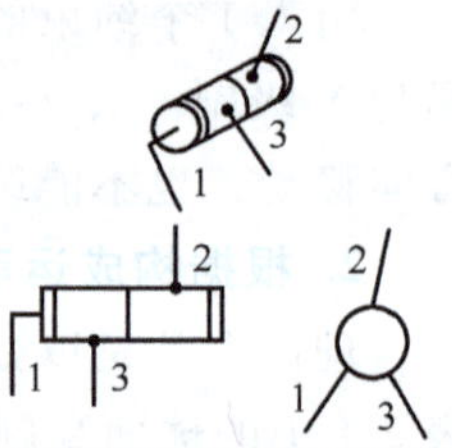

（续）

运动副的名称及代号	运动副模型	运动副级别及封闭方式	运动副符号	
			平面表示符号	空间表示符号
空间运动副 点高副（RRRPP）	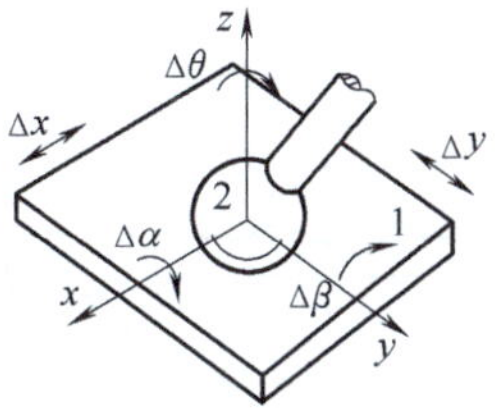	I 级副，力封闭		
空间运动副 线高副（RRPP）	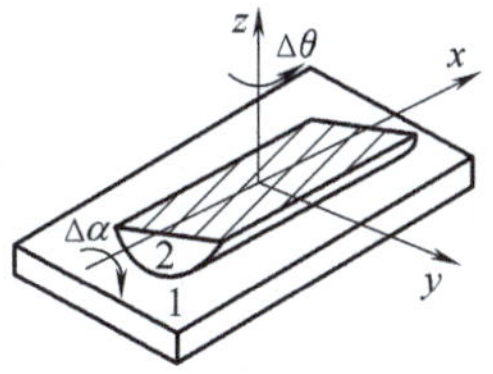	II 级副，力封闭		
空间运动副 平面副 F（RPP）	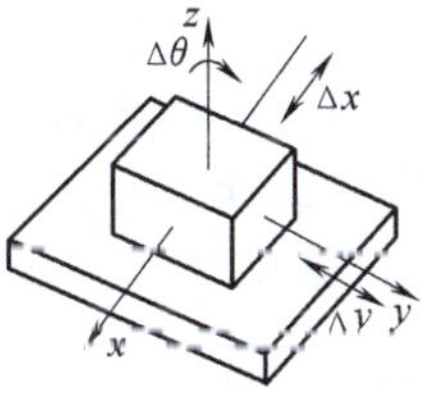	III 级副，力封闭		
空间运动副 球面副 S（RRR）	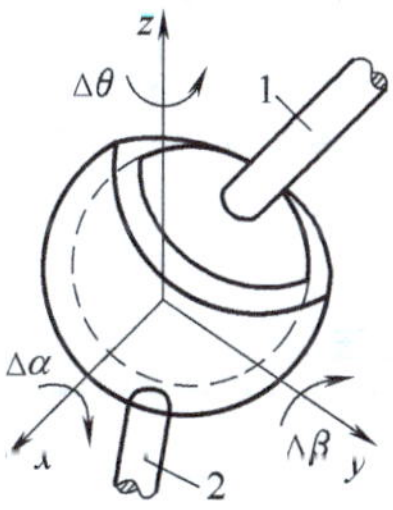	III 级副，几何封闭		
空间运动副 球销副 S′（RR）	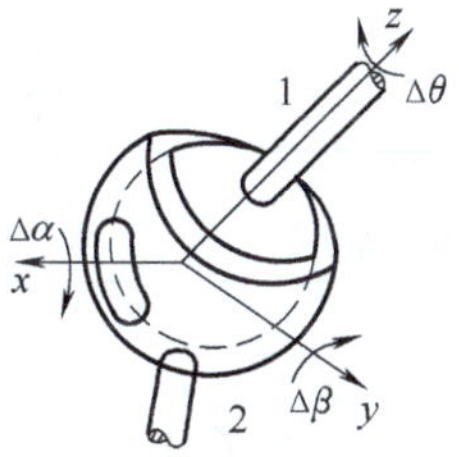	IV 级副，几何封闭		
空间运动副 圆柱副 C（RP）	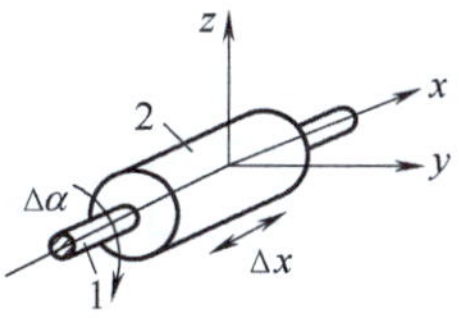	IV 级副，几何封闭	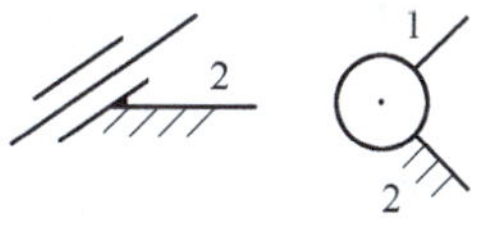	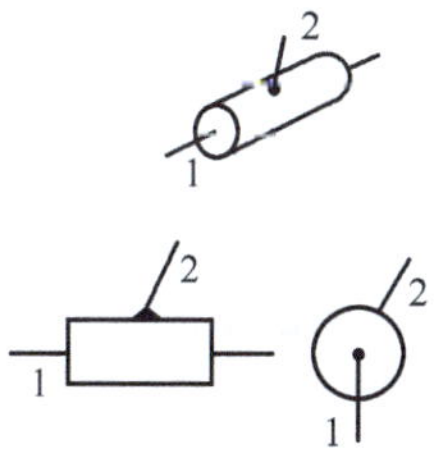

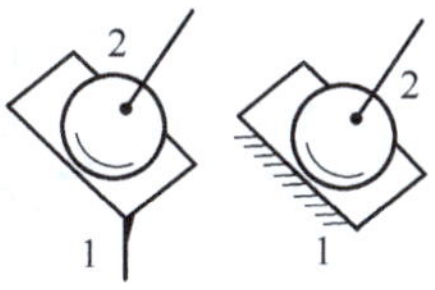

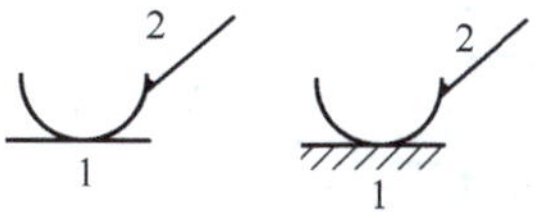

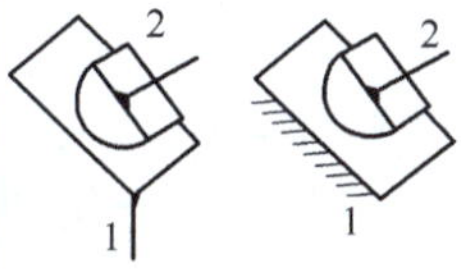

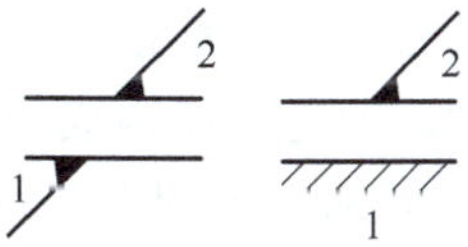

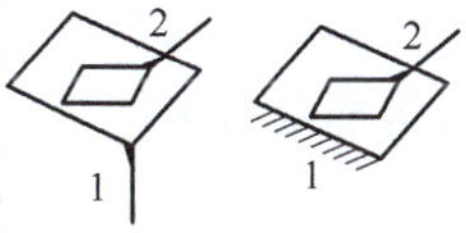

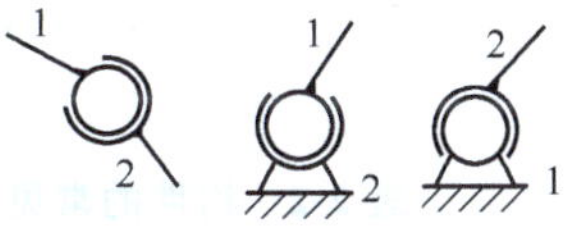

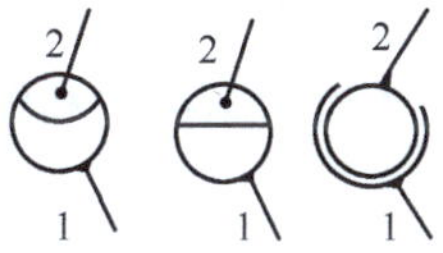

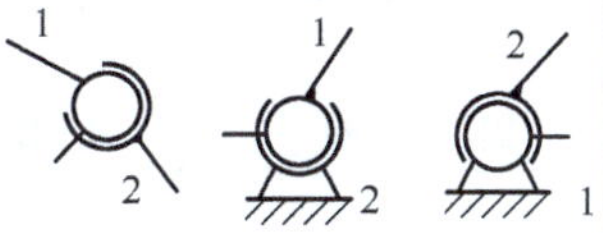

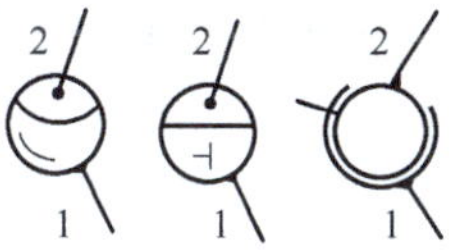

（续）

运动副的名称及代号	运动副模型	运动副级别及封闭方式	运动副符号	
			平面表示符号	空间表示符号
空间运动副 螺旋副 H（RP）	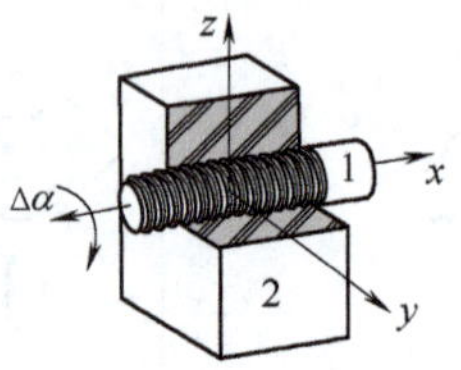	Ⅴ级副，几何封闭	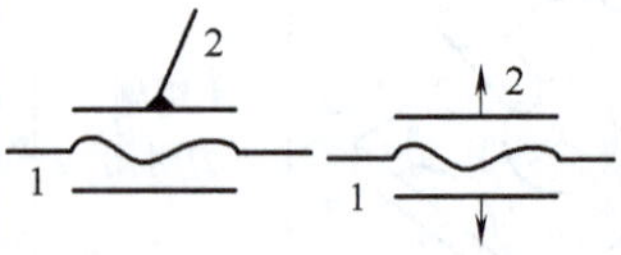	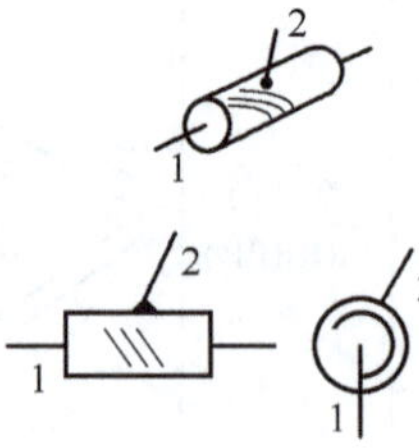
空间运动副 胡可铰链 U（RR）	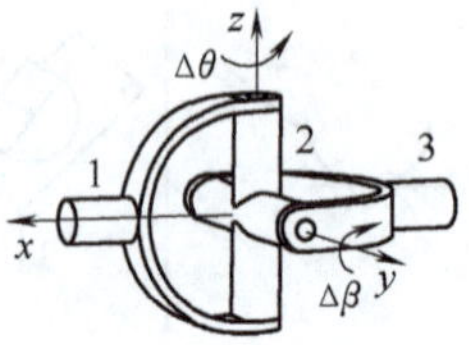	Ⅳ级副，几何封闭	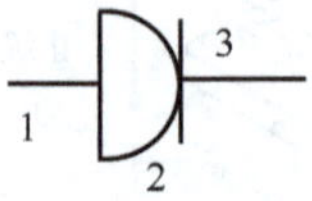	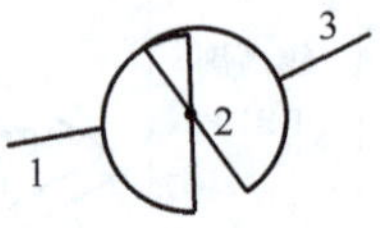

实际机构往往是由外形和结构都很复杂的构件所组成的。但从运动学的观点来看，各种机构都是由构件通过运动副的连接而构成的，构件的运动取决于运动副的类型和机构的运动尺寸（确定各运动副相对位置的尺寸），而与构件的外形、断面尺寸、组成构件的零件数目、固连方式及运动副的具体结构等无关。表 2-2 为构件的常见类型和一般表示方法。

由于机械在工作的过程中，其构件间的运动和力的传递都是通过运动副进行的，所以运动副互相接触的两元素间总是处于承受载荷和遭受磨损的状态，而运动副的承载及磨损情况将直接影响到机械的工作性能、工作质量、机械效率和使用寿命，所以在设计新机械时注意选择运动副类型和配置。

表 2-2 构件的常见类型和一般表示方法

构件类型	表示方法				
杆、轴类零件					
固定构件（机架）	 固定杆、轴	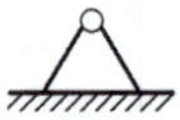 固定铰链杆	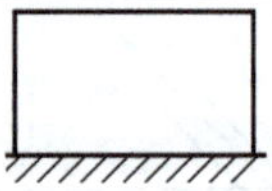 固定滑块	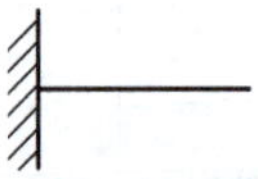 固定轴杆	
同一构件	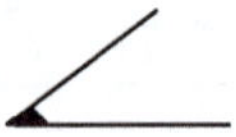 固连杆	 固连杆块	 固连杆凸轮	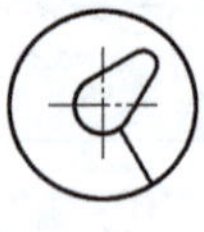 固连杆齿轮	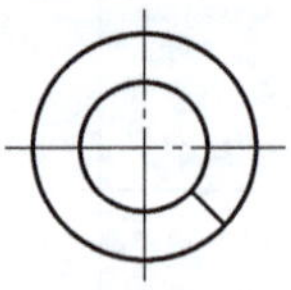 固连齿轮
两副构件	 双转动杆副	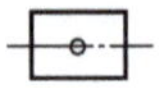 转-移两杆副	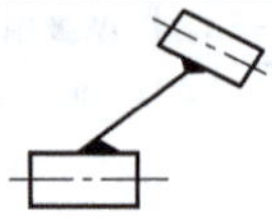 双连滑块	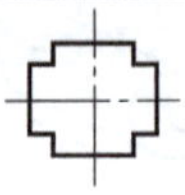 十字滑块	 转动高杆副

(续)

构件类型	表示方法
多副构件	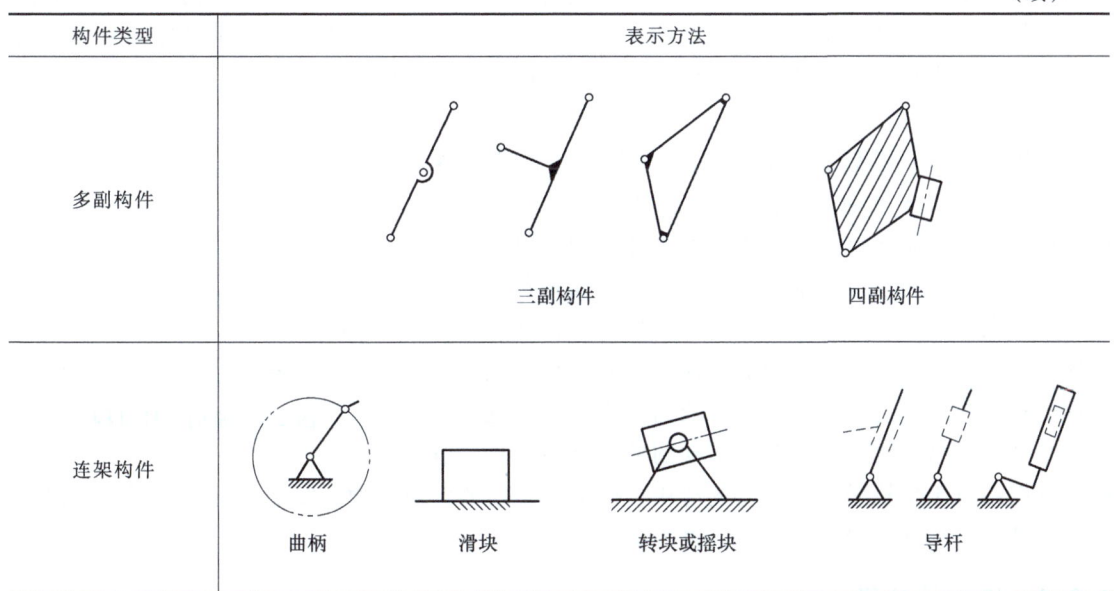 三副构件　　　　　　　四副构件
连架构件	曲柄　　滑块　　转块或摇块　　导杆

2.2.3 运动链和机构

两个或两个以上构件通过运动副连接而成的可相对运动的系统称为运动链。运动链可以分为闭式运动链和开式运动链两种。如果组成运动链的各构件构成了首末封闭的系统，如图 2-5a 所示，则称其为闭式运动链，简称闭链。如果组成运动链的构件未构成首末封闭的系统，如图 2-5b 所示，则称其为开式运动链，简称开链。在一般机械中都采用闭链，开链多用在机械手中。

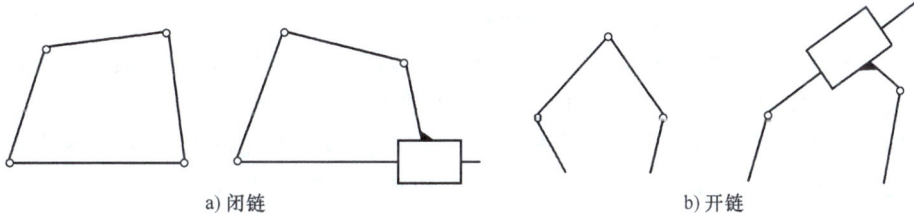

a) 闭链　　　　　　　　b) 开链

图 2-5 平面运动链

此外，根据运动链中各构件的相对运动为平面运动还是空间运动，又将运动链分为平面运动链和空间运动链两类。图 2-5 和图 2-6 所示分别为平面运动链和空间运动链。

组成机构的构件按其运动性质可以分为固定件、主动件和从动件。在运动链中，如果将其中某一构件加以固定而使其成为机架，则该运动链便成为机构，即具有机

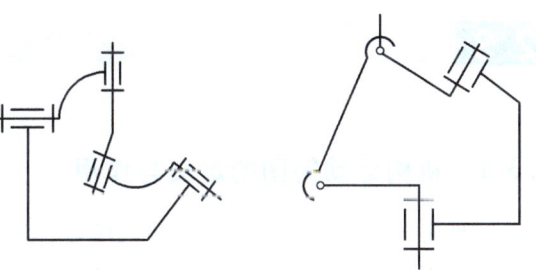

图 2-6 空间运动链

架的运动链便称为机构,在图中常以画阴影线表示的固定构件即为机架。机构中按给定的已知运动规律独立运动的构件称为主动件,也称原动件,在图中常以箭头表示其运动方向,而其余活动构件则称为从动件。从动件的运动规律取决于主动件的运动规律、机构的结构及各构件的尺寸。

如图 2-7 所示的铰链四杆机构中,若取构件 1 为主动件,则构件 2 及 3 就为从动件。此机构中,构件 1 和构件 3 都与机架以转动副连接,称之为连架构件或连架杆,其中构件 1 为能做整周转动的连架杆,称为曲柄,而构件 3 为只能在一定范围内做转动的连架杆,称为摇杆,故称此机构为曲柄摇杆机构。由此可见,机构的两连架杆通常用作运动输入构件或输出构件。连杆机构通常就依据其中的两个连架杆的类型来加以命名。再如,在含有移动副的四杆机构中,连架杆还常有相对于导轨做平移运动的滑块、做整周转动的转块和做往复摆动运动的摇块,以及回转导杆或摆动导杆等构件形式,见表 2-2。

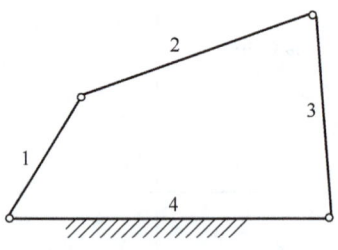

图 2-7　曲柄摇杆机构

2.2.4　机构的分类

按组成机构的运动副类型,可将机构分为低副机构和高副机构两类;按形成机构的运动链类型分,可将机构分为闭链机构和开链机构两类;根据机构的运动情况分,则可将机构分为平面机构和空间机构两大类,其中平面机构应用最为广泛。

图 2-7 所示的铰链四杆机构就属于平面低副机构或平面闭链机构,由于该机构中的运动构件 2 不直接与机架相连,起着连接主动件与从动件的作用,故称为连杆,并将具有连杆的这种低副机构称为连杆机构。

根据组成机构的构件情况和机构工作原理的不同,还可将机构分为连杆机构、凸轮机构、齿轮机构、棘轮机构、槽轮机构、螺旋机构、摩擦传动机构等类型,这些机构在各种机械中经常用到且十分具有代表性,因此,在机械原理课程中,将按这一分类,对上述这些常用机构的分析与设计问题加以介绍。除上述这些常见的机构分类方法外,按组成机构的构件性质的不同,还可将机构分为刚性机构、柔性机构、挠性传动机构、气动机构、液压机构以及其他广义机构等。在本课程中主要介绍刚性机构。

码 2-3　观看动画

2.3　机构运动简图

2.3.1　机构运动简图的定义与作用

对现有机械进行分析或设计新机械时,都需要绘出其机构运动简图。由于机构各部分的运动是由主动件的运动规律、各运动副的类型和机构的运动尺寸来决定的,而与构件的外形、断面尺寸、组成构件的零件数目及固连方式等无关,所以只要根据机构的运动尺寸,按一定的比例尺定出各运动副的位置,就可以用运动副符号(表 2-1)及一般构件的表示方法

（表 2-2）和常用机构运动简图的图形符号（表 2-3）将机构的运动传递情况表示出来。这种用以表示机构运动传递情况的简化图形称为机构运动简图。机构运动简图将使了解机械的组成及对机械进行运动和动力分析变得十分简便。

表 2-3 常用机构运动简图的图形符号

名称	基本符号	名称	基本符号
在支架上的电动机	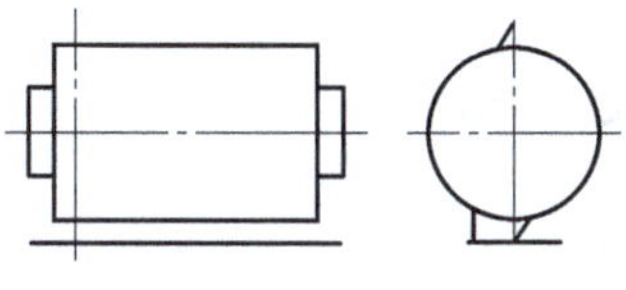	齿轮齿条传动	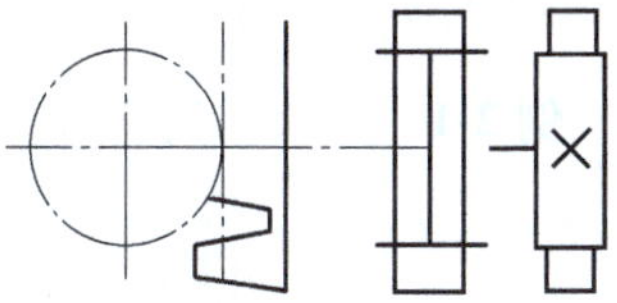
带传动	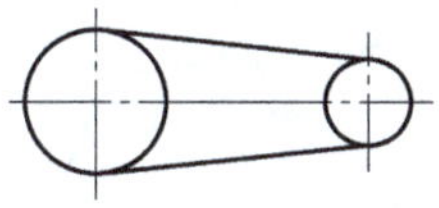	锥齿轮传动	
链传动	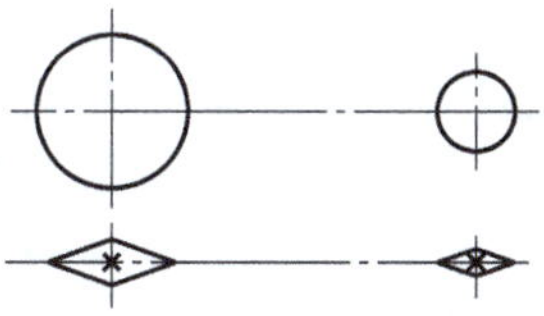	圆柱螺杆传动	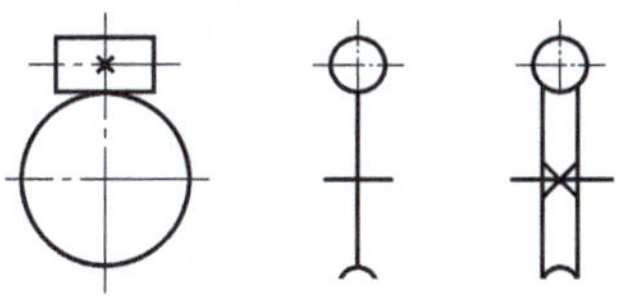
摩擦轮传动	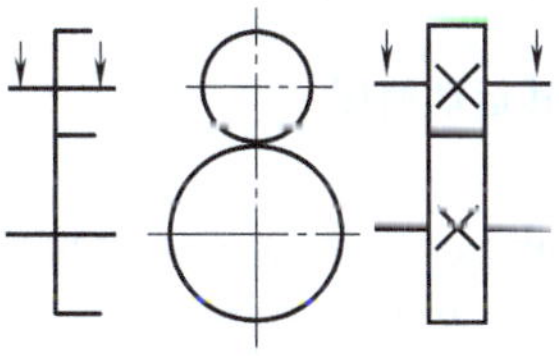	凸轮机构	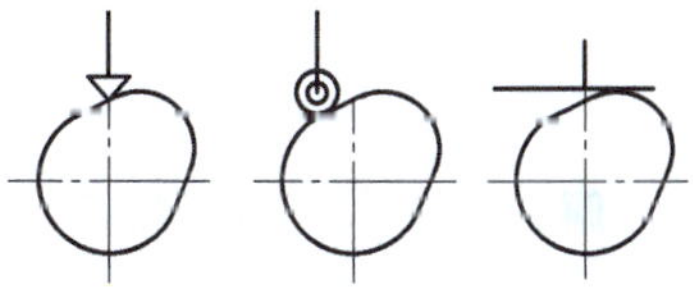
外啮合圆柱齿轮传动	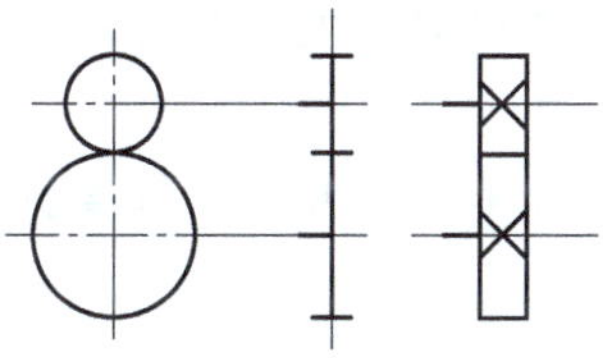	槽轮机构	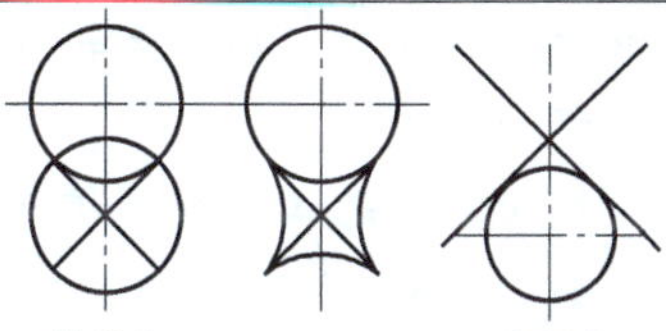 外啮合　　内啮合
内啮合圆柱齿轮传动	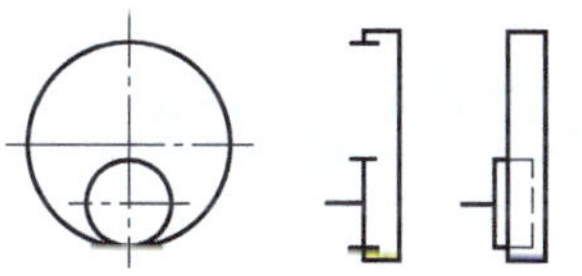	棘轮机构	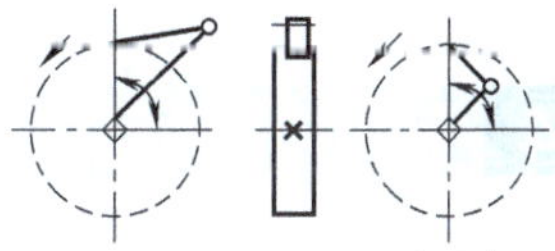 外啮合　　内啮合

2.3.2 机构运动简图的绘制

机构运动简图一般的绘制方法及步骤如下：

1）认清组成机构的构件数目和各运动副的类型及其位置。为此，需首先确定出原动件和执行构件，然后循着运动传递的路线搞清楚主动件的运动是怎样经过传动部分传递到执行构件的，认清该机构由多少构件组成，各构件之间组成何种运动副以及它们所在的位置，这样才能正确绘制出机构运动简图。

2）适当地选择投影面。为了将机构运动简图表示清楚，一般选择多数构件的运动平面为视图平面，把机构不同部分的视图展开到同一视图面上，对于难以表示清楚的部分，需要另外绘制一个局部简图。总之，以能简单清楚地把机构组成及运动传递情况正确地表示出来为原则。

3）选择适当的比例尺，按机构的运动尺寸画出机构运动简图。在选定视图平面和主动件的某一适当位置后，便可选择适当的比例尺，根据机构的运动尺寸，确定出各运动副之间的相对位置，然后用运动副符号、常用机构运动简图符号和构件的表示方法将各部分画出，即可得到机构运动简图。最后，用数字表示出各构件并用字母标出各运动副。若已给定主动件，应用箭头标出主动件。

例 2-1 试绘制图 2-8a 所示的活塞泵的机构运动简图。

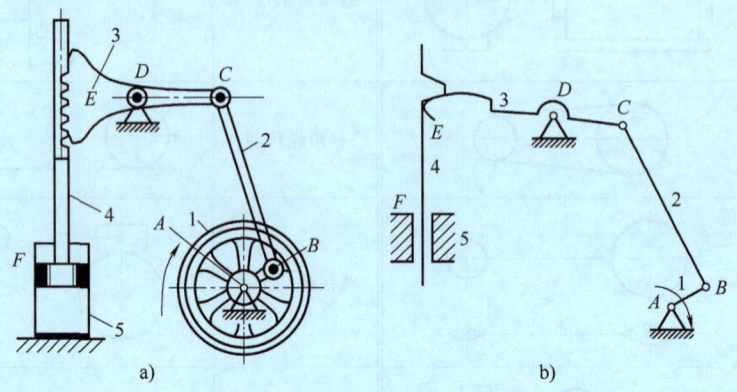

图 2-8　活塞泵机构及其运动简图

解： 该活塞泵由飞轮曲柄 1、连杆 2、扇形齿轮 3、齿条活塞 4 等构件组成，其中飞轮曲柄 1 为原动件，绕固定点 A 做定轴转动，通过铰链 B 与连杆 2 连接，连杆 2 通过铰链与扇形齿轮 3 连接，扇形齿轮 3 通过高副接触驱动齿条活塞 4 做往复运动，活塞与机架之间构成移动副。

把活塞泵的构造情况搞清楚以后，选定视图平面和比例尺，不难绘制出其机构运动简图，如图 2-8b 所示。

2.4　平面机构自由度分析与计算

2.4.1　机构具有确定运动的条件

为了说明机构具有确定运动的条件，下面先来分析两个例子。

在图 2-7 所示的铰链四杆机构中，若给定其一个独立的运动参数，如构件 1 的角位移规律 $\varphi_1(t)$，则不难看出，此时构件 2、3 的运动便都完全确定了。

而图 2-9 所示的铰链五杆机构，若也只给定一个独立的运动参数，如构件 1 的角位移规律 $\varphi_1(t)$，此时构件 2、3、4 的运动并不能确定。例如，当构件 1 占有位置 AB 时，构件 2、3、4 可以占有位置 BCDE，也可以占有位置 BC'D'E 或其他位置。但是，若再给定另一个独立的运动参数，如构件 4 的角位移规律 $\varphi_4(t)$，则不难看出，此机构中各构件的运动便完全确定了。

机构具有确定运动时所必须给定的独立运动参数的数目，称为机构的自由度，通常以 F

表示。由此可知，铰链四杆机构的自由度 $F=1$，而铰链五杆机构的自由度 $F=2$。

由于一般机构的主动件都是和机架相连的，对于这样的主动件，一般只能提供一个独立的运动参数。所以在此情况下，为了使机构具有确定的运动，则机构的主动件数目应等于机构的自由度数目，这就是机构具有确定运动的条件。据此条件，对于铰链四杆机构，选取其中任意一个连架杆（构件 1 或构件 3）为主动件，该机构都将具有确定运动。而对于铰链五杆机构，必须选取两个连架杆（构件 1 和构件 4）为主动件，该机构才具有确定的运动。

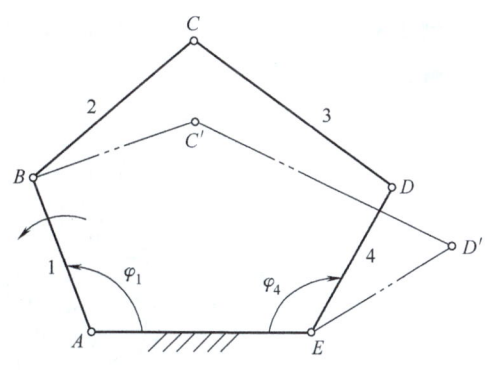

图 2-9 铰链五杆机构

当机构不满足这一条件时，如果机构的主动件数目小于机构的自由度，机构的运动将不完全确定，例如对于铰链五杆机构，当取一个主动件时，该机构的运动将不完全确定。如果主动件数大于机构的自由度，则将导致机构中最薄弱环节发生损坏，例如对于铰链四杆机构，若取两个主动件（构件 1 及构件 3），显然该机构不能运动，同时还将导致最薄弱环节损坏。

2.4.2　平面机构自由度计算

在平面机构中，每个自由构件具有 3 个自由度，而每个低副（转动副和移动副）各提供 2 个约束，每个高副各提供 1 个约束。设平面机构中共有 n 个活动构件，在各构件尚未用运动副连接时，它们共有 $3n$ 个自由度。当各构件用运动副连接之后，设共有 p_l 个低副和 p_h 个高副，则它们将提供（$2p_l+p_h$）个约束，故机构的自由度为

$$F=3n-(2p_l+p_h) \tag{2-1}$$

利用式（2-1）不难计算前述铰链四杆机构和铰链五杆机构的自由度分别为 1 和 2，与前述分析一致。

例 2-2　计算图 2-10 所示牛头刨床机构的自由度。

解：由图 2-10 可知，该机构有 6 个活动构件、8 个低副（即转动副 A、E、C、D、F、G 和移动副 D、G）、1 个高副 B，按式（2-1）可求得其自由度为

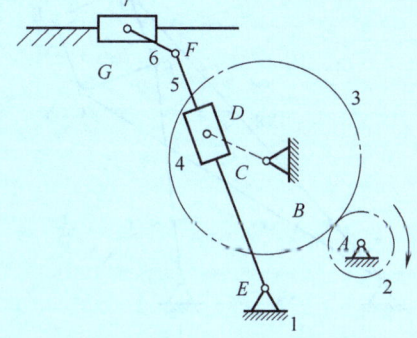

图 2-10　牛头刨床运动简图

$$F=3n-(2p_l+p_h)=3\times6-2\times8-1=1$$

例 2-3 试计算图 2-11a 所示偏心回转液压泵机构的自由度。

解： 机构运动简图如图 2-11b 所示。按式（2-1）可求得其自由度为

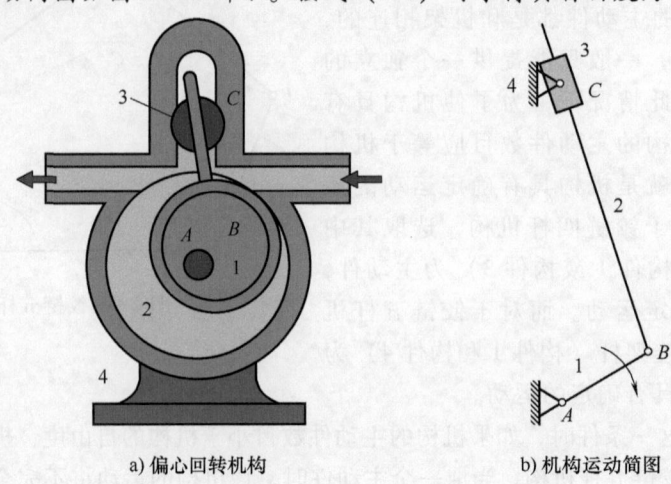

a) 偏心回转机构　　　b) 机构运动简图

图 2-11　偏心回转液压泵

$$F = 3n - 2p_l - p_h = 3 \times 3 - 2 \times 4 - 0 = 1$$

2.4.3　计算机构自由度时应注意的问题

在计算平面机构的自由度时，还有一些应注意的事项，否则将得不到正确的结果。现将这些应注意的事项简述如下：

1. 正确计算运动副的数目

在计算机构的运动副数目时，必须注意如下三种情况：

1）如果两个以上的构件在同一处以转动副相连接便构成复合铰链，如表 2-1 所示的 3 个构件组成的复合铰链，由表中不难看出它实际上是 2 个转动副。由 m 个构件组成的复合铰链，共有 $(m-1)$ 个转动副。在计算机构的自由度时，应注意机构中是否存在复合铰链。

例 2-4　试计算图 2-12 所示直线机构的自由度。

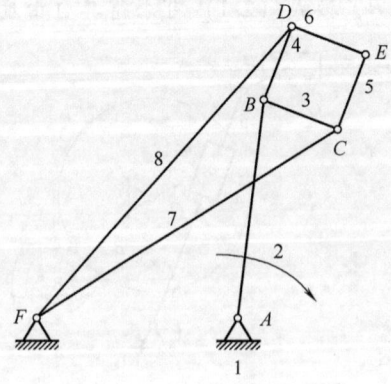

图 2-12　直线机构

解： 此机构 B、C、D、F 四处都是由 3 个构件组成的复合铰链，各具有 2 个转动副。故其 $n=7$，$p_l=10$，$p_h=0$，由式（2-1）得

$$F = 3n - (2p_l + p_h) = 3 \times 7 - (2 \times 10 + 0) = 1$$

2）如果两构件在多处接触而构成转动副，且转动轴线重合（图 2-13a）；或者在多处接触而构成移动副，且移动方向彼此平行（图 2-13b）；或者两构件构成平面高副，且各接触点处的公法线彼此重合（图 2-13c），则均只能算作一个运动副（即分别算一个转动副、一个移动副与一个平面高副）。

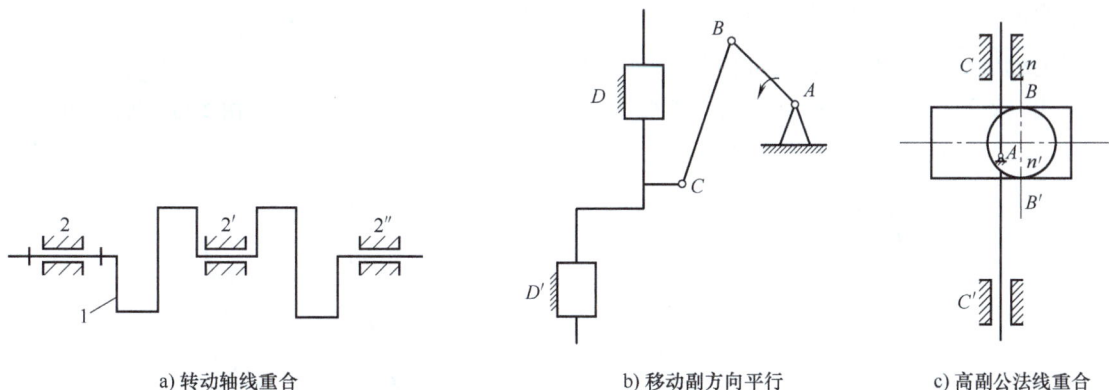

a) 转动轴线重合　　　　b) 移动副方向平行　　　　c) 高副公法线重合

图 2-13　同一运动副

3）如果两构件在多处相接触构成平面高副，而在各接触点处的公法线方向彼此不重合（图 2-14），就构成了复合高副。它相当于一个低副（图 2-14a 所示为转动副，图 2-14b 所示为移动副）。

码 2-4　观看动画

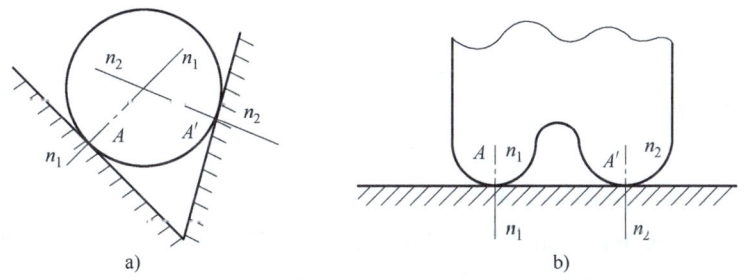

图 2-14　复合高副

2. 除去局部自由度

在有些机构中，某些构件自身所产生的局部运动并不影响其他构件的运动，则称这种局部运动的自由度为局部自由度。例如，在图 2-15 所示的滚子推杆凸轮机构中，为了减少高副元素的磨损，在推杆 3 和凸轮 1 之间装了一个滚子 2。滚子 2 绕其自身轴线的转动并不影响其他构件的运动，因而它只是一种局部自由度。在计算机构的自由度时，应从机构自由度的计算公式中将局部自由度减去。设机构的局部自由度数目为 F'，则机构的实际自由度应为

$$F = 3n - (2p_1 + p_h) - F' \tag{2-2}$$

对于图 2-15 所示凸轮机构，其自由度为

$$F = 3 \times 3 - (2 \times 3 + 1) - 1 = 1$$

3. 除去虚约束

机构中，有些运动副带入的约束对机构的运动只起重复约束作用，这类约束称为虚约束。例如，在图 2-16a 所示的平行四边形机构中，连杆 3 做平动，BC 线上各点的轨迹均为圆心在 AD 线上而半径等于 AB 的圆周。为了保证连杆运动的连续性，如图 2-16b 所示，在机构中增加了一个与构件 AB 平行且等长的构件 5 和两个转动副 M、N，且满足 $\overline{BM} = \overline{AN}$，显然这对该机构的运动并不产生任何影响。但此时如按式（2-2）计算机构的自由度，则变为

$$F = 3n - (2p_1 + p_h) - F' = 3 \times 4 - (2 \times 6 + 0) - 0 = 0$$

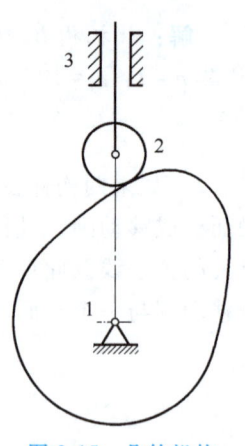

图 2-15 凸轮机构

1—凸轮 2—滚子 3—推杆

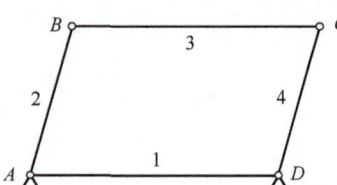

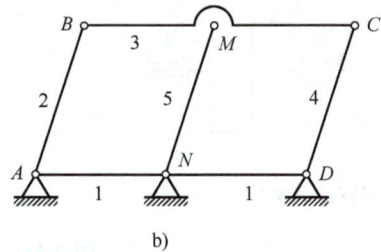

图 2-16 平行四边形机构

这是因为，增加一个活动构件（引入了 3 个自由度）和两个转动副（引入了 4 个约束）等于多引入了一个约束，而这个约束对机构的运动只起重复约束作用，因而是一个虚约束。在计算机构的自由度时，应从机构的约束数中减去虚约束数。设机构的虚约束数为 p'，则机构的自由度为

$$F = 3n - (2p_1 + p_h - p') - F' \tag{2-3}$$

故图 2-16b 所示机构的自由度为

$$F = 3 \times 4 - (2 \times 6 + 0 - 1) - 0 = 1$$

机构中的虚约束常发生在下列情况：

1）在机构中，如果用转动副连接的是两构件上运动轨迹相重合的点，则该连接将带入 1 个虚约束。如上例所述就属于这种情况。又如，在图 2-17 所示的椭圆机构中，$\angle CAD = 90°$，$\overline{BC} = \overline{BD}$，构件 CD 线上各点的运动轨迹均为椭圆。该机构中转动副 C 所连接的 C_2 与 C_3 两点的轨迹就是重合的，均沿 y 轴做直线运动，故将带入 1 个虚约束。若分析转动副 D，也可得出类似结论。

2）在机构中，如果用双转动副杆连接的是两构件上距离始终保持不变的两点，也将带入 1 个虚约束。如上例机构中所存在的 1 个虚约束，也可看作是由双转动副的杆 1 将 A、B 两点相连而带入的。

3）在机构中，不影响机构运动传递的重复部分所带入的约束为虚约束。如设机构重复部分中的构件数为 n'，低副数为 p_1' 及高副数为 p_h'，则重复部分所带入的虚约束数 p' 为

$$p' = 2p'_1 + p'_h - 3n' \tag{2-4}$$

例如，在图 2-18 所示的轮系中，为了改善受力情况，在主动齿轮 1 和内齿轮 3 之间采用了三个完全相同的齿轮 2、2′ 及 2″。而实际上，从机构运动传递的角度来说，仅有一个齿轮就可以了，其余两个齿轮并不影响机构的运动传递，故它们带入的 2 个约束均为虚约束。由式（2-4）得

$$p' = 2p'_1 + p'_h - 3n' = 2\times 2 + 4 - 3\times 2 = 2$$

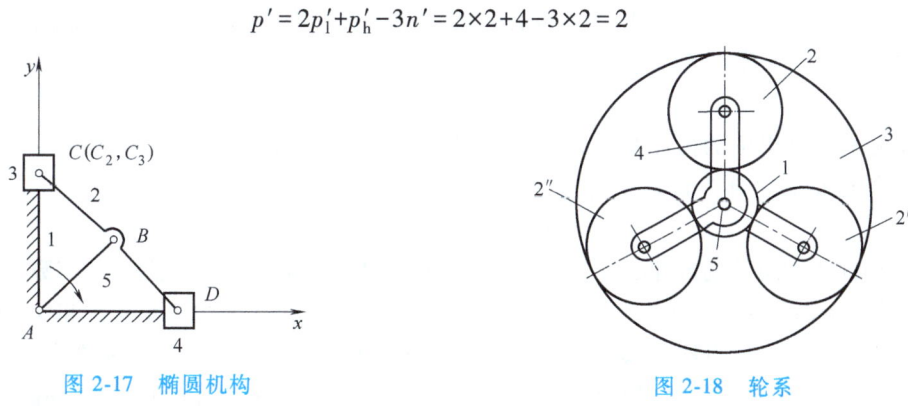

图 2-17　椭圆机构　　　　　　　　图 2-18　轮系

2.5　平面机构的组成原理和结构分析

2.5.1　平面机构的组成原理

我们知道，机构具有确定运动的条件是其主动件数应等于其自由度数。因此，如果将机构的机架及与机架相连的主动件从机构中拆分开来，则由其余构件构成的构件组必然是一个自由度为零的构件组。而这个自由度为零的构件组，有时还可以再拆成更简单的自由度为零的构件组。把最后不能再拆的最简单的自由度为零的构件组称为基本杆组或阿苏尔杆组（Assur group），简称杆组。

根据上面的分析可知，任何机构都可以看作是由若干个基本杆组依次连接于主动件和机架上而构成的，这就是机构的组成原理。

根据上述原理，当对现有机构进行运动分析或动力分析时，可将机构分解为机架和主动件及若干个基本杆组，然后对相同的基本杆组以相同的方法进行分析。例如，对于图 2-19a 所示的破碎机，因其自由度 $F=1$，故只有一个主动件。如果将主动件 1 及机架 6 与其余构

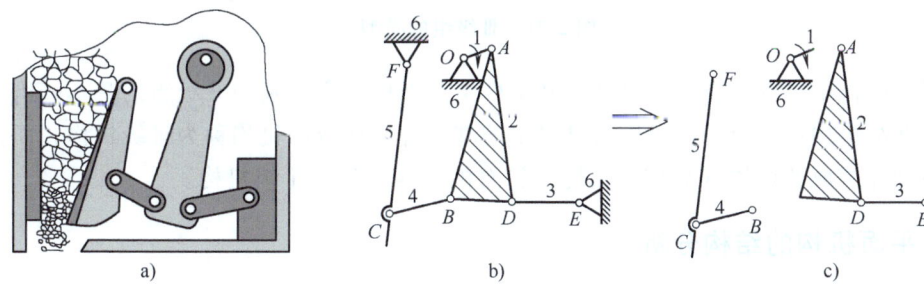

图 2-19　破碎机

件拆开，则由构件2、3、4、5所构成的杆组的自由度为零。而其还可以再拆分为由构件4、5和构件2、3分别组成的两个基本杆组（图2-19c），它们的自由度均为零。

2.5.2 平面机构的结构分类

码 2-5　观看动画

机构的结构分类是根据机构中基本杆组的不同组成形态进行的。组成平面机构的基本杆组根据式（2-1）应符合条件

$$3n-2p_l-p_h=0 \tag{2-5}$$

式中，n 为基本杆组中的构件数；p_l 及 p_h 分别为基本杆组中的低副和高副数。又如，在基本杆组中的运动副全部为低副，则式（2-5）变为

$$3n-2p_l=0 \text{ 或 } n/2=p_l/3 \tag{2-6}$$

由于构件数和运动副数都必须是整数，故 n 应是2的倍数，而 p_l 应是3的倍数，它们的组合有 $n=2$，$p_l=3$；$n=4$，$p_l=6$；……。可见，最简单的基本杆组是由2个构件和3个低副构成的，人们把这种基本杆组称为Ⅱ级组。Ⅱ级组是应用最多的基本杆组，绝大多数的机构都是由Ⅱ级组构成的。Ⅱ级组有五种不同的类型，如图2-20所示（其中 A、C 副为外接运动副）。

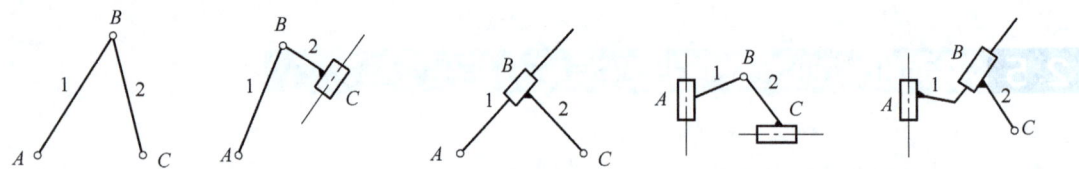

图 2-20　Ⅱ级组分类

在少数结构比较复杂的机构中，除了Ⅱ级组外，可能还有其他较高级的基本杆组。图2-21所示的三种结构形式均由4个构件和6个低副所组成，而且都有一个包含3个低副的构件，此种基本杆组称为Ⅲ级组，并有三个外接运动副 A、D 及 F。至于较Ⅲ级组更高级的基本杆组，因在实际机构中很少遇到，此处就不再列举了。

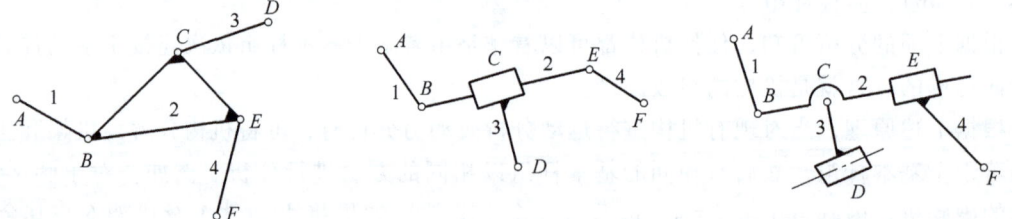

图 2-21　Ⅲ级组的类型

在同一机构中可以包含不同级别的基本杆组。把由最高级别为Ⅱ级组的基本杆组构成的机构称为Ⅱ级机构；把由最高级别为Ⅲ级组的基本杆组构成的机构称为Ⅲ级机构；而把只由机架和主动件构成的机构（如杠杆机构、斜面机构等）称为Ⅰ级机构。

2.5.3 平面机构的结构分析

机构结构分析的目的是了解机构的组成，并确定机构的级别。

对机构进行结构分析时：

1) 应正确计算机构的自由度，并确定主动件。

2) 从远离主动件的构件开始拆杆组。先试拆Ⅱ级组，若最终剩下构件不是只有主动件，则重新按Ⅲ级组拆分。每拆出一个杆组后，留下的部分仍应是一个与原机构有相同自由度的机构，直至全部杆组拆出只剩下主动件和机架为止。

3) 确定机构的级别。

例如，对图2-19所示破碎机进行结构分析时，取构件1为主动件，可依次拆出构件5、4和构件2、3两个Ⅱ级杆组，最后剩下主动件1和机架6。由于拆出的最高级别的杆组是Ⅱ级杆组，故机构为Ⅱ级机构。如果取主动件为构件5，则这时只可拆下一个由构件1、2、3和4组成的Ⅲ级杆组，最后剩下主动件5和机架6，此时机构将成为Ⅲ级机构。由此可见，同一机构因所取的主动件不同，有可能成为不同级别的机构。但当机构的主动件确定后，杆组的拆法和机构的级别就是确定的。

2.6 空间机构自由度简介

一个做空间运动的自由构件具有6个自由度，即沿 x、y、z 坐标轴的3个移动和绕 x、y、z 坐标轴的3个转动。当两构件组成运动副之后，它们之间的相对运动受到约束。

由于空间机构中各自由构件的自由度为6，所具有的运动副的类型可从Ⅰ级副到Ⅴ级副，其所提供的约束数目分别为1到5。设一空间机构共有 n 个活动构件，P_1 个Ⅰ级副，P_2 个Ⅱ级副，P_3 个Ⅲ级副，P_4 个Ⅳ级副和 P_5 个Ⅴ级副，则空间机构的自由度为

$$F = 6n - (5P_5 + 4P_4 + 3P_3 + 2P_2 + P_1) = 6n - \sum_{i=1}^{5} iP_i \tag{2-7}$$

式中，i 为 i 级运动副的约束数。

例 2-5 图2-22所示为缝纫机脚踏板空间四杆机构，试计算其自由度。

解： 由图可知，在该机构中，$n=3$，$P_5=2$，$P_4=1$，$P_3=1$，故该机构的自由度为

$$F = 6n - (5P_5 + 4P_4 + 3P_3) = 6 \times 3 - (5 \times 2 + 4 \times 1 + 3 \times 1) = 1$$

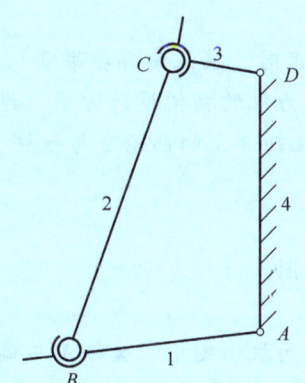

图 2-22 缝纫机脚踏板空间四杆机构

例 2-6 图 2-23 所示为一汽车减振悬挂机构,此机构的运动输入是由车轮上下颠动传至悬挂连杆机构的,而其输出为压缸式阻尼器活塞的往复运动,试说明该机构是否具有确定的运动。

解:由图可知,此机构是一个空间机构,共有 4 个活动构件和 6 个运动副,其中有 4 个球面副(B、D、E 及 F)、1 个转动副(A)及 1 个移动副(阻尼器 C),即 $n=4$,$P_3=4$,$P_5=2$。此外,因杆 EF 为一个两球面副杆,此杆绕自身轴线转动并不影响整个机构的运动,故局部自由度为 1,即 $F'=1$。于是该机构的自由度为

$$F=6n-5P_5-3P_3-F'=6\times4-5\times2-3\times4-1=1$$

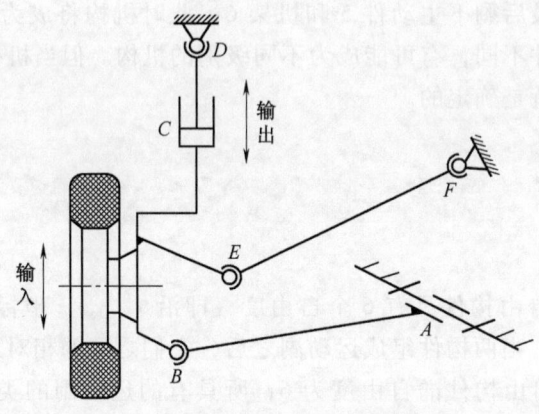

图 2-23 汽车减振悬挂机构

因为该机构的主动件数为 1,与其机构的自由度相等,故该机构具有确定的运动。

课后习题

2-1 什么是构件?什么是运动副及运动副元素?运动副如何分类?

2-2 什么是运动简图?运动简图有什么作用?

2-3 机构具有确定运动的条件是什么?当主动件少于或者多于机构的自由度时,机构将发生什么情况?

2-4 在计算平面机构的自由度时,应注意哪些事项?

2-5 图 2-24 所示为一简易压力机的初拟设计方案,设计者的想法是:由齿轮 1 输入动力,使轴 A 连续回转;而固定在轴 A 上的凸轮 2 与杠杆 3 组成的凸轮机构,带动压头 4 上下运动以达到冲压的目的。试:

1)绘制其机构运动简图。

2)分析其是否能实现设计意图。

3)提出修改方案。

2-6 图 2-25 所示为一小型压力机。图中,齿轮 1 与偏心轮 $1'$ 为同一构件,绕固定轴心 O 连续转动。在齿轮 5 上开有凸轮凹槽,摆杆 4 上的滚子 6 号嵌在凹槽中,从而使摆杆 4 绕 C 轴上下摆动。同时,又通过偏心轮 $1'$、连杆 2、滑杆 3 使 C 轴上下移动。最后通过

在摆杆 4 叉槽中的滑块 7 和铰链 G 使压头 8 实现冲压运动。试绘制其机构运动简图（各尺寸均由图上量取），并计算自由度。

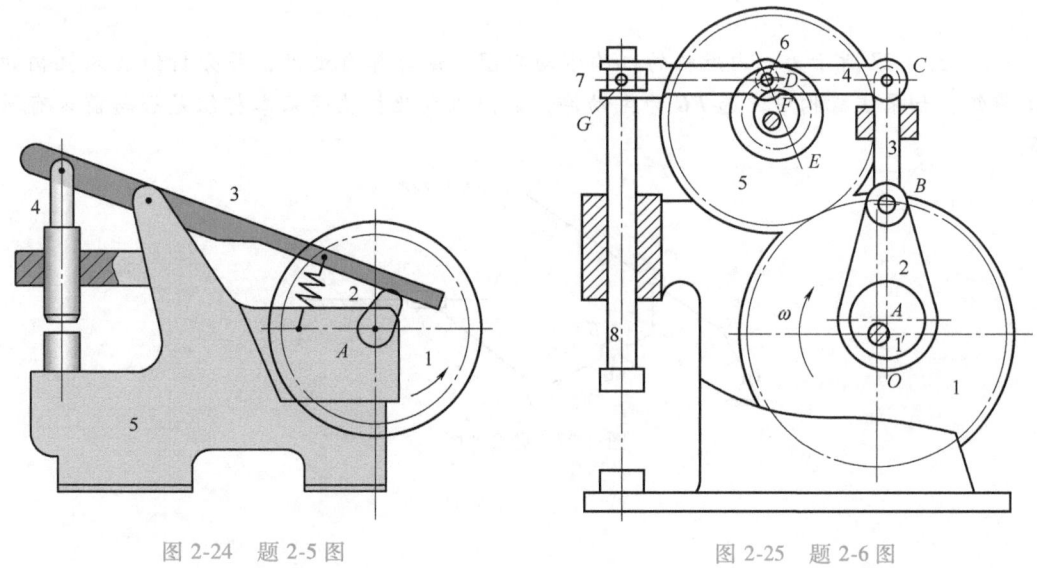

图 2-24　题 2-5 图　　　　　　　　图 2-25　题 2-6 图

2-7　图 2-26a 所示为齿轮-连杆组合机构；图 2-26b 所示为联动凸轮组合机构（图中在 D 处为铰接在一起的两个滑块）；图 2-26c 所示为多杆精压机机构；图 2-26d 所示为多杆

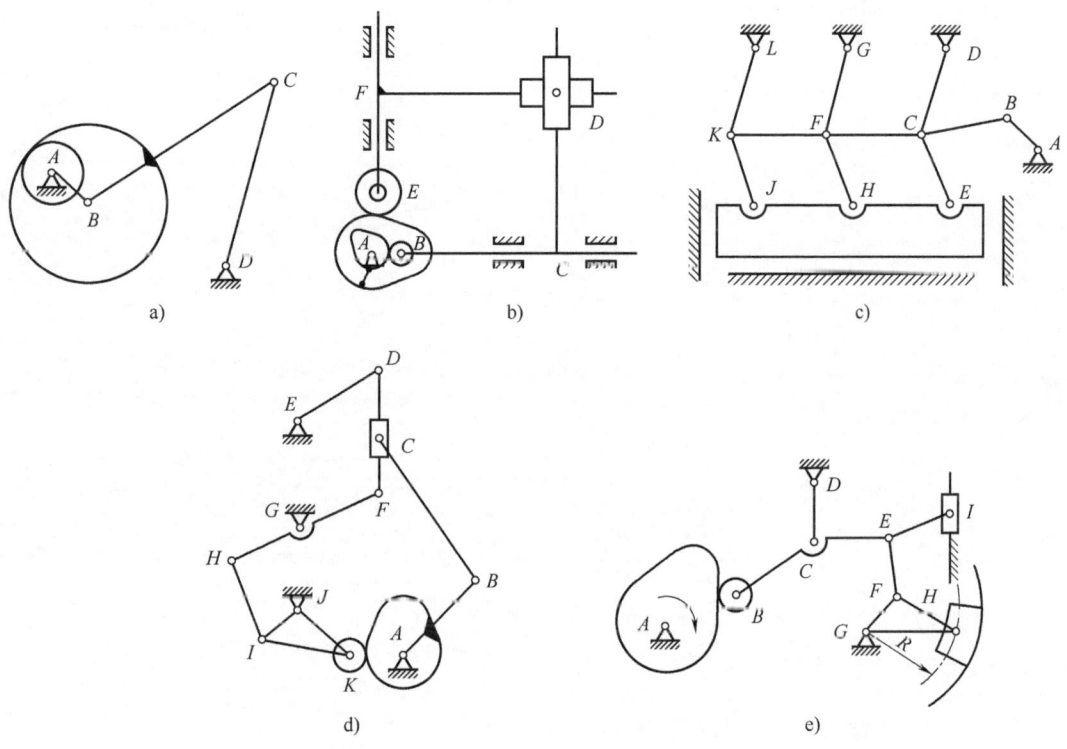

图 2-26　题 2-7 图

凸轮组合机构；图 2-26e 所示为凸轮-连杆组合机构。试计算图 2-26 所示各机构的自由度。若机构中存在复合铰链、局部自由度及虚约束，计算时应明确指出，要求分析计算过程完整。

2-8 图 2-27 所示为一内燃机的机构运动简图，试计算自由度，并分析组成此机构的基本杆组。如果该机构中改选 FG 为主动件，试问组成此机构的基本杆组是否与前者有所不同。

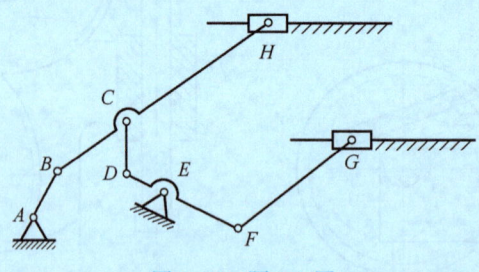

图 2-27 题 2-8 图

第 3 章 平面机构的运动分析

3.1 机构运动分析的目的和方法

机构的运动分析是在已知机构各构件的运动尺寸及原动件运动规律的条件下，对机构从动件上的某点进行位移（角位移）、速度（角速度）和加速度（角加速度）分析。这些分析无论是对了解现有机械的运动性能，还是对设计新机械都是十分必要的。运动分析是进行机构综合的重要步骤之一，通过运动分析可以进一步计算构件的惯性力，了解机械的受力情况和研究机械的动力性能。因此，机构的运动分析是对机构进行受力分析的基础和必要前提。

机构运动分析的方法有很多，主要有图解法和解析法。图解法的特点是直观、易懂，但作图较繁琐，精度不高，常用的方法有速度瞬心法和矢量方程图解法等。解析法可以获得很高的计算精度，但建立数学关系式较为复杂，计算工作量也比较大，常用的方法有矢量法和矩阵法等。随着计算机的普及和发展，解析法已逐渐被推广，并用于生产实际中。本章将对上述两种方法分别加以介绍，且仅限于研究平面机构的运动分析。

3.2 速度瞬心法

3.2.1 速度瞬心的概念与数目

1. 速度瞬心的概念

由理论力学可知，互做平面相对运动的两构件上瞬时速度相等的重合点，即为这两个构件的速度瞬心，简称瞬心。常用符号 P_{ij} 表示构件 i 和构件 j 的瞬心。若瞬心处的绝对速度为零，则为绝对瞬心；否则，为相对瞬心。

如图 3-1 所示，构件 1、2 做平面相对运动，在该瞬时，两构件在重合点 A 处的相对速度为 v_{A2A1}，在重合点 B 处的相对速度为 v_{B2B1}，两相对

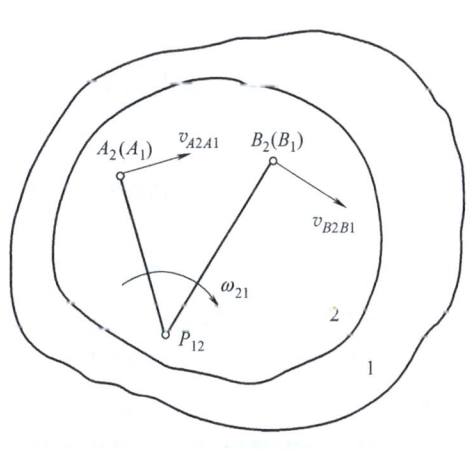

图 3-1 速度瞬心

速度垂直线的交点为两构件的瞬心 P_{12}。

若两构件 1、2 都在运动，P_{12} 为相对瞬心；若有一构件固定不动，P_{12} 为绝对瞬心。

2. 速度瞬心的数目

由速度瞬心定义可知，在机构中，每两个做相对运动的构件就会有一个速度瞬心。假设一个机构由 N 个构件（含机架）组成，根据排列组合的知识可知，该机构所具有的速度瞬心数目 K 为

$$K = C_N^2 = \frac{N(N-1)}{2} \quad (3\text{-}1)$$

3.2.2 速度瞬心的位置

码 3-1　观看视频

确定瞬心的位置时，可以把瞬心分为两种类型：①两构件通过运动副直接连接时的瞬心；②两构件没有通过运动副直接连接时的瞬心。

1. 两构件通过运动副直接连接时瞬心位置的确定

（1）两构件通过转动副连接　图 3-2 所示的构件 1 与构件 2 之间由转动副连接，铰链中心点就是其速度重合点，也就是两构件的瞬心 P_{12}。

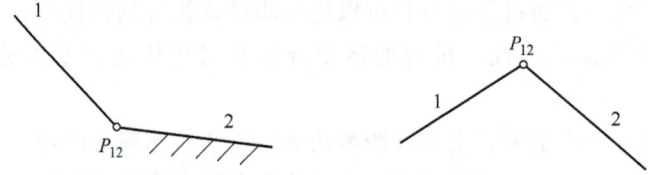

图 3-2　两构件通过转动副连接的瞬心位置

（2）两构件通过移动副连接　图 3-3 所示的构件 1 与构件 2 的相对速度方向与导路方向平行，两构件的瞬心 P_{12} 位于垂直导路方向的无穷远处。

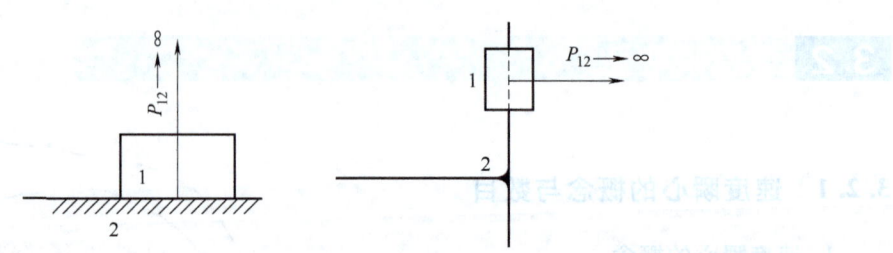

图 3-3　两构件通过移动副连接的瞬心位置

（3）两构件通过平面高副连接　图 3-4a 所示两构件 1、2 为纯滚动，在接触点 M 处的相对速度为零，则该接触点 M 即为两构件的瞬心 P_{12}。图 3-4b 所示的两构件 1、2 为滚动兼滑动，在接触点 M 处的相对速度为 v_{M1M2}，其方向沿高副处的切线方向 $t\text{-}t$。所以，瞬心位于过接触点 M 且与 v_{M1M2} 方向相垂直的法线 $n\text{-}n$ 上。

2. 两构件没有通过运动副直接连接时瞬心位置的确定

如果两构件没有通过运动副直接连接，其瞬心位置可借助三心定理来确定。所谓三心定

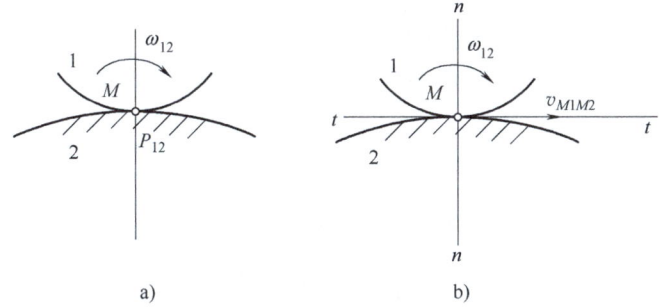

图 3-4 两构件通过平面高副连接的瞬心位置

理,即互做平面运动的 3 个构件的 3 个瞬心必位于同一直线上。因为只有 3 个瞬心位于同一直线上时,才能满足瞬心为等速重合点的条件。下面举例说明其应用。

在图 3-5 所示的平面铰链四杆机构中,因构件 1 和 2、2 和 3、3 和 4、1 和 4 直接连接形成转动副,故瞬心 P_{12}、P_{23}、P_{34}、P_{14} 的位置可直接确定;而构件 1 和 3、2 和 4 没有直接连接形成运动副,瞬心 P_{13}、P_{24} 则需要根据三心定理来确定。对于构件 1、2、3 来说,P_{13} 必在 P_{12} 及 P_{23} 的连线上;而对于构件 1、3、4 来说,P_{13} 又应在 P_{14} 及 P_{34} 的连线上;故上述两线的交点即为瞬心 P_{13}。同理,可求得瞬心 P_{24}。

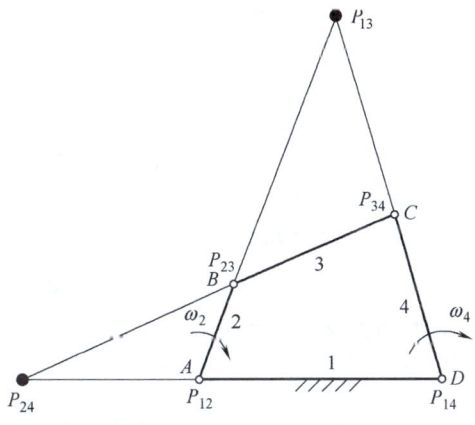

码 3-2 观看视频

图 3-5 平面铰链四杆机构的瞬心

3.2.3 速度瞬心在机构速度分析中的应用

利用速度瞬心对某些平面机构进行速度分析既直观又方便。下面举例说明。

例 3-1 在图 3-5 所示的平面铰链四杆机构中,设已知 4 个杆件的长度及主动件 2 以角速度 ω_2 沿顺时针方向回转,试求机构在图示位置时构件 4 的角速度 ω_4。

解:该机构由 4 个构件组成,由瞬心数目计算公式可知该机构共有 6 个瞬心,并将所有瞬心标注在运动简图上。

由于已知构件 2 的角速度,所以需要将待求角速度的构件 4 与构件 2 联系起来。瞬心 P_{24} 为构件 2、4 的等速重合点,故有

$$\omega_2 \overline{P_{12}P_{24}}\mu_l = \omega_4 \overline{P_{14}P_{24}}\mu_l$$

式中，μ_l 为机构的尺寸比例尺，它是构件的真实长度与图示长度之比，单位为 m/mm 或 mm/mm。

由上式可得

$$\omega_4 = \omega_2 \overline{P_{12}P_{24}} / \overline{P_{14}P_{24}} \quad （顺时针）$$

或

$$\omega_2 / \omega_4 = \overline{P_{14}P_{24}} / \overline{P_{12}P_{24}}$$

式中，ω_2/ω_4 为机构中主动件 2 与从动件 4 的瞬时角速度之比，称为机构的传动比或传递函数。由式可见，该传动比等于该两构件的绝对瞬心至相对瞬心距离的反比。

例 3-2 在图 3-6 所示的平面凸轮机构中，已知各构件的尺寸及主动件凸轮角速度 ω_2 为逆时针回转，试用瞬心法求从动件 3 在此瞬时的速度 v_3。

解： 该机构由机架、凸轮和从动推杆 3 个构件组成，由瞬心数目计算公式（3-1）可知共有 3 个瞬心，构件 1、2 直接连接形成转动副，其瞬心 P_{12} 位于转动副中心处；构件 1、3 直接连接形成移动副，其瞬心 P_{13} 位于垂直于导路的无穷远处；构件 2、3 直接连接形成平面高副（滚动兼滑动），其瞬心 P_{23} 位于过接触点 K 的公法线 n-n 上，又由三心定理可知，P_{23} 位于 P_{12} 和 P_{13} 二者的连线上，所以，两直线的交点即为瞬心 P_{23}。

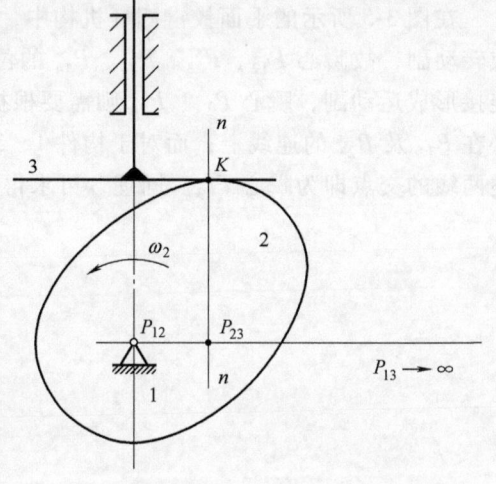

图 3-6 平面凸轮机构

由瞬心的概念可知，P_{23} 为构件 2、3 的等速重合点，其绝对速度相等，因此可求得

$$v_3 = v_{P_{23}} = \omega_2 \overline{P_{12}P_{23}}\mu_l（竖直向上）$$

通过上述例子可见，利用瞬心法对平面四杆机构和平面高副机构进行速度分析很简便。但对于多杆机构，由于瞬心数目很多，而且有些瞬心的位置往往位于图面之外，致使求解困难；又由于该方法是图解法，精确度较差；更大的缺点是，该方法无法对机构进行加速度分析，所以应用起来有很大的局限性。

码 3-3 练习测试

3.3 矢量方程图解法

矢量方程图解法（又称相对运动图解法）是以理论力学中的运动合成原理为基础，按

照相对运动的矢量方程式,画出矢量多边形进行机构运动参数求解的一种方法。

进行机构的运动分析时,常遇到两类问题。一类是已知某个构件上一点的速度和加速度,求该构件上另外一点的速度和加速度;另一类是两个做平面相对运动的构件之间,存在一个速度和加速度的瞬时重合点,其中一个构件在这个重合点处的速度和加速度是已知的,求解另外一个构件在该点处的速度和加速度。

要解决这类问题,首先要建立两点之间速度或加速度的矢量方程,通过求解矢量方程、作矢量多边形,得到所需点的速度或加速度。

下面讨论在机构运动分析中常遇到的两种不同情况,说明矢量方程图解法的基本作法。

3.3.1 同一构件上两点间的速度和加速度分析

在图 3-7a 所示的铰链四杆机构中,设已知各构件尺寸,主动件 1 以等角速度 ω_1 顺时针转动。求在图示位置时点 C、E 的速度 v_C、v_E 和加速度 a_C、a_E,以及构件 2 的角速度 ω_2 和角加速度 α_2。

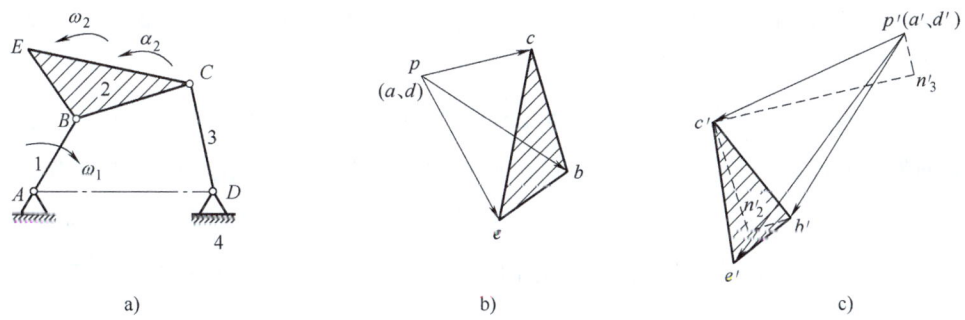

图 3-7 铰链四杆机构的速度和加速度分析

1. 求构件 2 上点 C 的速度和加速度

为了求 ω_2 和 α_2,需要先求出点 C 的速度 v_C 和加速度 a_C。由运动合成原理可知,连杆 2 上的点 C 运动可以认为是随基点 B 做平动和绕基点 B 做相对转动的合成,因此可以利用速度矢量方程 $v_C = v_B + v_{CB}$ 和加速度矢量方程 $a_C = a_B + a_{CB}$ 求解。做相对转动的构件可以将其加速度分解成向心加速度和切向加速度,故加速度矢量方程可以改写为: $a_C^n + a_C^t = a_B + a_{CB}^n + a_{CB}^t$,方程中点 B 的速度 v_B 和加速度 a_B 的大小和方向为已知,v_{CB}、a_{CB}^n、a_{CB}^t 分别为点 C 相对点 B 的相对速度、相对向心加速度和相对切向加速度,v_C、a_C^n、a_C^t 分别为点 C 的绝对速度、向心加速度和切向加速度,它们的方向均为已知,v_C、v_{CB}、a_C^t 和 a_{CB}^t 的大小未知,其余量的大小均为已知。故速度矢量方程和加速度矢量方程中各仅有两个未知数,可用作图法求解。

(1) 速度分析 点 B、C 同在构件 2 上,可根据相对运动合成原理,列出如下速度矢量方程,并逐项分析各量的大小和方向:

$$v_C = v_B + v_{CB}$$
大小 ? $\omega_1 l_{AB}$?
方向 $\perp CD$ $\perp AB$ (↘) $\perp CB$ (3-2)

式中只有两个未知量,可以作矢量多边形求解。

在用图解法做机构的运动分析时，要首先选择适当的长度比例尺 μ_l（单位：m/mm），作出该瞬时位置的机构运动简图。然后选取适当的速度比例尺 μ_v [单位：(m/s)/mm，即作图每单位长度所代表的速度大小]，具体作图求解过程如下所述。

如图 3-7b 所示，由任选点 p 作有向线段 $\overrightarrow{pb}$ 代表 v_B，$\overrightarrow{pb} \perp AB$（右下方向），并且 $\overline{pb} = v_B/\mu_v$；然后过 b 作 v_{CB} 的方向线（$\perp CB$），过 p 作 v_C 的方向线（$\perp CD$），得交点 c，则矢量 $\overrightarrow{pc}$ 和 $\overrightarrow{bc}$ 分别代表 v_C 和 v_{CB}，且有 $v_C = \mu_v \overline{pc}$，$\omega_2 = v_{CB}/l_{BC} = \mu_v \overline{bc}/(\mu_l \overline{BC})$。

构件 2 角速度 ω_2 的方向可按如下方法确定：将代表 v_{CB} 的矢量 $\overrightarrow{bc}$ 平移至机构简图上的点 C，其绕点 B 的转向即为 ω_2 的方向（逆时针）。

（2）加速度分析　根据前文分析，构件 2 上的点 B、C 的加速度满足下列矢量方程：

$$a_C^n + a_C^t = a_B + a_{CB}^n + a_{CB}^t$$

大小　v_C^2/l_{CD}　?　$\omega_1^2 l_{AB}$　v_{CB}^2/l_{CB}　? (3-3)

方向　$C \rightarrow D$　$\perp CD$　$B \rightarrow A$　$C \rightarrow B$　$\perp CB$

选取适当的加速度比例尺 μ_a [单位：(m/s²)/mm，即作图每单位长度所代表的加速度大小]，具体作图求解过程如下所述。

如图 3-7c 所示，由任选点 p' 作代表 a_B 的矢量 $\overrightarrow{p'b'}$（$//a_B$，且 $\overline{p'b'} = a_B/\mu_a$）；过 b' 点作代表 a_{CB}^n 的矢量 $\overrightarrow{b'n_2'}$（$//BC$，方向由点 C 指向点 B，且 $\overline{b'n_2'} = a_{CB}^n/\mu_a$）；再过 n_2' 作代表 a_{CB}^t 的方向线 $\overrightarrow{n_2'c'}$（$\perp BC$）；过 p' 作代表 a_C^n 的矢量 $\overrightarrow{p'n_3'}$（$//CD$，方向由点 C 指向点 D，且 $\overline{p'n_3'} = a_{CD}^n/\mu_a$），最后过 n_3' 作代表 a_C^t 的方向线 $\overrightarrow{n_3'c'}$（$\perp CD$），与方向线 $\overrightarrow{n_2'c'}$ 交于 c'。由图 3-7 可得

$$a_C = \mu_a \overline{p'c'}, \quad \alpha_2 = a_{CB}^t/l_{BC} = \mu_a \overline{n_2'c'}/(\mu_l \overline{BC})$$

确定构件 2 的角加速度 α_2 方向的方法如下：将代表 a_{CB}^t 的矢量 $\overrightarrow{n_2'c'}$ 平移至机构简图上的点 C，其绕点 B 的转向即为 α_2 的方向（逆时针）。

2. 求构件 2 上 E 点的速度和加速度

因连杆 2 上的点 B、C 的速度为已知，故可列出点 E 与点 B、C 之间的速度关系矢量方程，再进行图解。

$$v_E = v_B + v_{EB} = v_C + v_{EC}$$

大小　?　√　?　√　? (3-4)

方向　?　√　$\perp EB$　√　$\perp EC$

式中也只有两个未知量，可以作矢量多边形求解。如图 3-7b 所示，因为 v_B 和 v_C 已作出，故过 b 作 v_{EB} 的方向线 $\overrightarrow{eb}$（$\perp EB$），过 c 作 v_{EC} 的方向线 $\overrightarrow{ec}$（$\perp EC$），得交点 e，连接 p 和 e 两点，则矢量 $\overrightarrow{pe}$ 代表 v_E，且有 $v_E = \mu_v \overline{pe}$。

图 3-7b 所示图形称为机构的速度多边形或速度图，点 p 称为速度多边形的极点，代表机构上绝对速度等于零的点（如点 A、D 绝对速度为零，因此图 3-7b 中 a、d 与 p 重合）；由极点向外放射的矢量，代表构件上相应点的绝对速度，例如 $\overrightarrow{pc}$ 代表 v_C；而连接两绝对速度矢端的矢量，则代表构件上相应两点之间的相对速度，例如 $\overrightarrow{bc}$ 代表 v_{CB}（注意矢量字母顺

序与相应的速度下标字母顺序相反）。

由图 3-7a、b 可以看出，速度图中 △bce 与机构图中 △BCE 的对应边互相垂直，故二者为相似关系，并且两三角形顶点字符顺序方向相同（即 bce 与 BCE 均按逆时针排列），所以，将速度图形 bce 称为构件图形 BCE 的速度影像。由此可知，当已知一构件上两点的速度时，则可利用速度影像原理求出该构件上其他任意一点的速度。如图 3-7b 所示，当求出 v_C 后，只需以 bc 为一边作 △bce∽△BCE，且使两三角形顶点字符排列顺序方向一致，即可求得点 e 的速度 v_E，而不需再列矢量方程求解。但必须强调指出，速度影像原理只能应用于同一构件上的各点，而不能应用于不同构件之间的点，更不能对机构整体来应用。

在加速度关系中也存在与速度影像原理一致的加速度影像原理，即当已知一构件上两点的加速度时，可利用作相似图形的方法求出该构件上其他任意一点的加速度，而不需再列矢量方程求解。因此，欲求点 E 的加速度 a_E，可以 b'c' 为一边作 △b'c'e'∽△BCE（图 3-7c），且使两三角形角标字母顺序方向一致，即可求得点 e' 和加速度 a_E。

图 3-7c 所示图形称为机构的加速度多边形或加速度图，点 p' 称为加速度多边形的极点，代表机构上绝对加速度等于零的点（如点 A、D 绝对加速度为零，因此图 3-7c 中 a'、d' 与 p' 重合）；由极点向外放射的矢量，代表构件上相应点的绝对加速度，例如 $\overrightarrow{p'c'}$ 代表 a_C；而连接两绝对加速度矢端的矢量，则代表构件上相应两点之间的相对加速度，例如 $\overrightarrow{b'c'}$ 代表 a_{CB}（注意矢量字母顺序与相应的加速度下标字母顺序相反），而相对加速度又可分解为法向加速度和切向加速度。

3.3.2 两构件重合点间的速度和加速度分析

与前一种情况不同，此处研究的是以移动副相连的两个转动构件上的重合点间的速度及加速度之间的关系，因此所列出的机构运动矢量方程也有所不同，但大体步骤相似。下面举例加以说明。

图 3-8a 所示为一导杆机构，已知机构的位置及各构件尺寸，主动件 1 以等角速度 ω_1 顺时针转动，试对该机构进行速度和加速度分析。

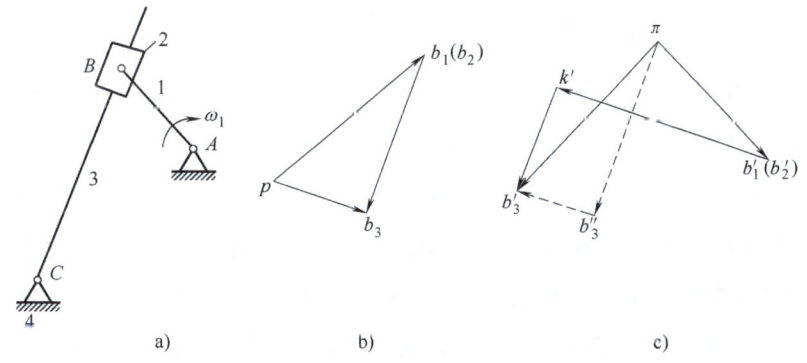

图 3-8 两构件重合点间的速度和加速度的图解分析

1. 速度分析

在上述导杆机构中，构件 1 与 2 组成转动副，点 B 既是构件 1 上的点，又是构件 2 上的点，故有 $v_{B_1} = v_{B_2} = \omega_1 l_{AB}$，方向与 AB 垂直，指向与 ω_1 的转向一致；构件 2 与构件 3 组成移动副，构件 2 上的点 B_2 与构件 3 上的点 B_3 是瞬时重合点，构件 2、3 之间只有相对移动而没有相对转动，故组成移动副的两构件 2、3 的角速度相等，即有 $\omega_2 = \omega_3$。根据牵连运动为转动的速度合成定理，动点 B_3 的绝对速度 v_{B_3} 等于它的重合点 B_2 的牵连速度 v_{B_2} 和相对于重合点的相对速度 $v_{B_3B_2}$ 的矢量和，其矢量方程为

$$v_{B_3} = v_{B_2} + v_{B_3B_2}$$

大小	?	$\omega_1 l_{AB}$	?
方向	$\perp BC$	$\perp AB$	$// BC$

(3-5)

式中只有 v_{B_3} 和 $v_{B_3B_2}$ 的大小未知，故可用矢量图解法求解。选取合适的速度比例尺，作出速度多边形，如图 3-8b 所示。作图步骤如下：任取一点 p 为速度极点，过点 p 作垂直于 AB 的矢量 $\overrightarrow{pb_2}$ 代表 v_{B_2}，与 ω_1 同向；过点 b_2 作平行于 BC 的 $v_{B_3B_2}$ 方向线与过点 p 作垂直于 BC 的方向线交于点 b_3，则矢量 $\overrightarrow{pb_3}$ 代表 v_{B_3}、矢量 $\overrightarrow{b_2b_3}$ 代表 $v_{B_3B_2}$，其大小分别为

$$v_{B_3} = \mu_v \overline{pb_3}$$

$$v_{B_3B_2} = \mu_v \overline{b_2b_3}$$

构件 3 的角速度为

$$\omega_3 = \frac{v_{B_3}}{l_{B_3C}} = \frac{\mu_v \overline{pb_3}}{l_{B_3C}}$$

将代表 v_{B_3} 的矢量 $\overrightarrow{pb_3}$ 平移至机构位置图上的点 B，可知 ω_3 的方向为顺时针。

2. 加速度分析

在上述导杆机构中，构件 1 与 2 组成转动副，点 B 既是构件 1 上的点，又是构件 2 上的点，故由构件 2 与构件 3 组成移动副，构件 2 上的点 B_2 与构件 3 上的点 B_3 是瞬时重合点；构件 2、3 之间只有相对移动而没有相对转动，故组成移动副的两构件 2、3 的角速度和角加速度一定分别相等，即有 $\omega_2 = \omega_3$，$\alpha_2 = \alpha_3$。

根据运动合成原理，点 B_3 的加速度 a_{B_3} 为点 B_2 的加速度 a_{B_2} 与哥氏加速度 $a_{B_3B_2}^k$、相对加速度 $a_{B_3B_2}^\tau$ 的矢量和，其加速度矢量方程为

$$a_{B_3}^n + a_{B_3}^t = a_{B_2}^n + a_{B_2}^t + a_{B_3B_2}^k + a_{B_3B_2}^\tau$$

大小	$\omega_3^2 l_{B_3C}$	?	$\omega_1^2 l_{AB}$	0	$2\omega_2 v_{B_3B_2}$	?
方向	$B \to C$	$\perp B_3C$	$B_2 \to A$		$\perp B_3C$	$// B_3C$

(3-6)

式中，$a_{B_3B_2}^k$ 为哥氏加速度，大小为 $2\omega_2 v_{B_3B_2} \sin\theta$，其中 θ 为相对速度 $v_{B_3B_2}$ 与牵连角速度 ω_2（$= \omega_3$）矢量之间的角度，对于平面机构 ω_2 矢量垂直于运动平面，而 $v_{B_3B_2}$ 矢量位于运动平面之内，故 $\theta = 90°$，则 $a_{B_3B_2}^k = 2\omega_2 v_{B_3B_2}$，其方向为将 $v_{B_3B_2}$ 沿 ω_2 的转动方向转 $90°$；$a_{B_3B_2}^\tau$ 为点 B_3 对点 B_2 的相对加速度。

在上面的矢量方程中只有 $a_{B_3}^t$ 和 $a_{B_3B_2}^\tau$ 的大小未知，故可用矢量图解法求解。先选取加速度比例尺 $\mu_a = \dfrac{\text{实际加速度值（m/s}^2\text{）}}{\text{图上长度（mm）}}$，表示图上每 1mm 代表的加速度值；然后作出加速

度矢量多边形,如图3-8c所示。具体作图步骤如下:任取一点π为加速度极点,过π作平行于BA的矢量 $\overrightarrow{\pi b'_2}$ 代表 $a^n_{B_2}$,过 b'_2 作垂直于 B_3C 的矢量 $\overrightarrow{b'_2k'}$ 代表 $a^k_{B_3B_2}$,过点 k' 作平行于 B_3C 的 $a^\tau_{B_3B_2}$ 方向线;再过点π作平行于 B_3C 的矢量 $\overrightarrow{\pi b''_3}$ 代表 $a^n_{B_3}$,过 b''_3 作垂直于 B_3C 的 $a^t_{B_3}$ 方向线。两方向线相交于 b'_3,连接π、b'_3,则矢量 $\overrightarrow{\pi b'_3}$ 代表 a_{B_3}、$\overrightarrow{b''_3 b'_3}$ 代表 $a^t_{B_3}$。加速度多边形如图3-8c所示。构件3的角加速度为

$$\alpha_3 = \frac{a^t_{B_3}}{l_{B_3C}} = \frac{\mu_a \overrightarrow{b''_3 b'_3}}{l_{B_3C}}$$

将代表 $a^t_{B_3}$ 的矢量 $\overrightarrow{b''_3 b'_3}$ 平移至机构位置图上的点 B,可知 α_3 的方向为逆时针。

3.4 矢量法

用矢量法建立机构位置方程时,需要将构件用矢量来表示,并作出机构的封闭矢量多边形。如图3-9所示,先建立一直角坐标系。设构件1的长度为 l_1,其方位角为 θ_1,则构件的杆矢量 $\mathbf{l}_1 = \overrightarrow{AB}$。机构中其余构件均可表示成相应的杆矢量,$\mathbf{l}_2 = \overrightarrow{BC}$,$\mathbf{l}_3 = \overrightarrow{DC}$,$\mathbf{l}_4 = \overrightarrow{AD}$,这样机构各杆矢量组成的一个封闭矢量方程,即

$$\mathbf{l}_1 + \mathbf{l}_2 = \mathbf{l}_3 + \mathbf{l}_4 \tag{3-7}$$

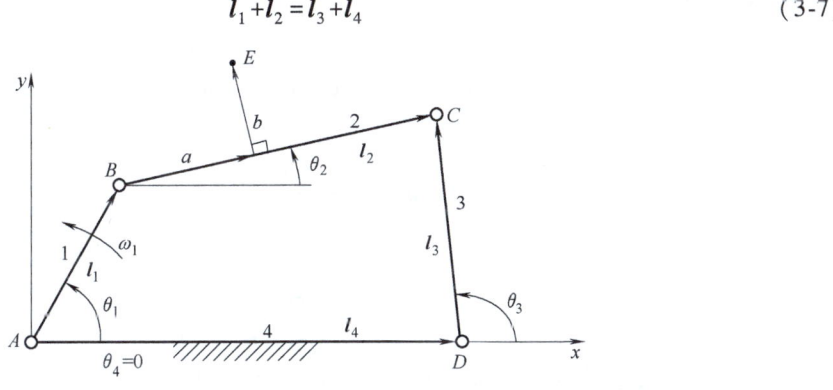

图3-9 铰链四杆机构

1. 位置分析

将式(3-7)分别向 x 轴和 y 轴投影得

$$\begin{cases} l_1\cos\theta_1 + l_2\cos\theta_2 = l_4 + l_3\cos\theta_3 \\ l_1\sin\theta_1 + l_2\sin\theta_2 = l_3\sin\theta_3 \end{cases} \tag{3-8}$$

经移项、两端平方相加并整理得

$$A\sin\theta_3 + B\cos\theta_3 = C \tag{3-9}$$

式中,

$$A = 2l_1l_3\sin\theta_1$$
$$B = 2l_3(l_1\cos\theta_1 - l_4)$$
$$C = l_2^2 - l_1^2 - l_3^2 - l_4^2 + 2l_1l_4\cos\theta_1$$

令 $x = \tan\dfrac{\theta_3}{2}$，则 $\sin\theta_3 = \dfrac{2x}{1+x^2}$，$\cos\theta_3 = \dfrac{1-x^2}{1+x^2}$，式（3-9）化为二次方程

$$(B-C)x^2 - 2Ax - (B+C) = 0$$

解得

$$\theta_3 = 2\arctan\dfrac{A \pm \sqrt{A^2+B^2-C^2}}{B-C} \tag{3-10}$$

式（3-10）有两个解，说明在满足相同杆长的条件下，机构有两种装配方案，如图 3-9 所示。当 B、C、D 为顺时针方向排列时，按式（3-10）取 "$-$" 计算，当 B、C、D 为逆时针方向排列时，按式（3-10）取 "$+$" 计算。一般将式（3-10）改写成下述形式

$$\theta_3 = 2\arctan\dfrac{A + M\sqrt{A^2+B^2-C^2}}{B-C}$$

此时，当 B、C、D 为顺时针方向排列时，$M = -1$；当 B、C、D 为逆时针方向排列时，$M = +1$。

构件 2 的角位移由式（3-8）求得

$$\theta_2 = \arctan\dfrac{l_3\sin\theta_3 - l_1\sin\theta_1}{l_4 + l_3\cos\theta_3 - l_1\cos\theta_1} \tag{3-11}$$

2. 速度分析

将式（3-8）对时间求导得

$$\begin{cases} -l_1\omega_1\sin\theta_1 - l_2\omega_2\sin\theta_2 = -l_3\omega_3\sin\theta_3 \\ l_1\omega_1\cos\theta_1 + l_2\omega_2\cos\theta_2 = l_3\omega_3\cos\theta_3 \end{cases} \tag{3-12}$$

消去 ω_2 得

$$\omega_3 = \omega_1\dfrac{l_1\sin(\theta_1-\theta_2)}{l_3\sin(\theta_3-\theta_2)} \tag{3-13}$$

消去 ω_3 得

$$\omega_2 = -\omega_1\dfrac{l_1\sin(\theta_1-\theta_3)}{l_2\sin(\theta_2-\theta_3)} \tag{3-14}$$

角速度为正表示逆时针方向，为负表示顺时针方向。

3. 加速度分析

将式（3-12）对时间求导得

$$\begin{cases} -l_1\omega_1^2\cos\theta_1 - l_2\alpha_2\sin\theta_2 - l_2\omega_2^2\cos\theta_2 = -l_3\alpha_3\sin\theta_3 - l_3\omega_3^2\cos\theta_3 \\ -l_1\omega_1^2\sin\theta_1 + l_2\alpha_2\cos\theta_2 - l_2\omega_2^2\sin\theta_2 = l_3\alpha_3\cos\theta_3 - l_3\omega_3^2\sin\theta_3 \end{cases} \tag{3-15}$$

解得

$$\alpha_3 = \dfrac{l_2\omega_2^2 + l_1\omega_1^2\cos(\theta_1-\theta_2) - l_3\omega_3^2\cos(\theta_3-\theta_2)}{l_3\sin(\theta_3-\theta_2)} \tag{3-16}$$

$$\alpha_2 = \dfrac{l_3\omega_3^2 - l_1\omega_1^2\cos(\theta_1-\theta_3) - l_2\omega_2^2\cos(\theta_2-\theta_3)}{l_2\sin(\theta_2-\theta_3)} \tag{3-17}$$

角加速度的正负号可表明角速度的变化趋势，角加速度与角速度同号时表示加速；反之，表示减速。

3.5 矩阵法

矩阵法可方便地借助计算机，运用标准计算程序或方程求解器等软件包来帮助求解。仍以图 3-9 所示的铰链四杆机构为例来研究利用矩阵法做平面机构运动分析的方法。

1. 位置分析

将式（3-8）改写成方程左边仅含未知量项的形式，即得

$$\begin{cases} l_2\cos\theta_2 - l_3\cos\theta_3 = l_4 - l_1\cos\theta_1 \\ l_2\sin\theta_2 - l_3\sin\theta_3 = -l_1\sin\theta_1 \end{cases} \quad (3\text{-}18)$$

解此方程即可求得两个未知方向角 θ_2 和 θ_3。

2. 速度分析

将式（3-8）对时间求导，得

$$\begin{cases} -l_2\omega_2\sin\theta_2 + l_3\omega_3\sin\theta_3 = \omega_1 l_1\sin\theta_1 \\ l_2\omega_2\cos\theta_2 - l_3\omega_3\cos\theta_3 = -\omega_1 l_1\cos\theta_1 \end{cases} \quad (3\text{-}19)$$

解之可得两个未知角速度 ω_2 和 ω_3。式（3-19）可写成矩阵形式

$$\begin{pmatrix} -l_2\sin\theta_2 & l_3\sin\theta_3 \\ l_2\cos\theta_2 & -l_3\cos\theta_3 \end{pmatrix} \begin{pmatrix} \omega_2 \\ \omega_3 \end{pmatrix} = \omega_1 \begin{pmatrix} l_1\sin\theta_1 \\ -l_1\cos\theta_1 \end{pmatrix} \quad (3\text{-}20)$$

此式即为该机构的速度分析关系式。

3. 加速度分析

将式（3-19）对时间求导，写成矩阵形式，可得机构的加速度分析关系式为

$$\begin{pmatrix} -l_2\sin\theta_2 & l_3\sin\theta_3 \\ l_2\cos\theta_2 & -l_3\cos\theta_3 \end{pmatrix} \begin{pmatrix} \alpha_2 \\ \alpha_3 \end{pmatrix} = \begin{pmatrix} -\omega_2 l_2\cos\theta_2 & \omega_3 l_3\cos\theta_3 \\ -\omega_2 l_2\sin\theta_2 & \omega_3 l_3\sin\theta_3 \end{pmatrix} \begin{pmatrix} \omega_2 \\ \omega_3 \end{pmatrix} + \omega_1 \begin{pmatrix} \omega_1 l_1\sin\theta_1 \\ -\omega_1 l_1\cos\theta_1 \end{pmatrix} \quad (3\text{-}21)$$

由式（3-21）可求得两个未知角加速度 α_2 和 α_3。

若还需求连杆上任一点 E 的位置、速度和加速度时，可由下列各式直接求得

$$\begin{cases} x_E = l_1\cos\theta_1 + a\cos\theta_2 + b\cos(90°+\theta_2) \\ y_E = l_1\sin\theta_1 + a\sin\theta_2 + b\sin(90°+\theta_2) \end{cases} \quad (3\text{-}22)$$

$$\begin{pmatrix} v_{p_x} \\ v_{p_y} \end{pmatrix} = \begin{pmatrix} \dot{x}_E \\ \dot{y}_E \end{pmatrix} = \begin{pmatrix} -l_1\sin\theta_1 & -a\sin\theta_2 - b\sin(90°+\theta_2) \\ l_1\cos\theta_1 & a\cos\theta_2 + b\cos(90°+\theta_2) \end{pmatrix} \begin{pmatrix} \omega_1 \\ \omega_2 \end{pmatrix} \quad (3\text{-}23)$$

$$\begin{pmatrix} a_{p_x} \\ a_{p_y} \end{pmatrix} = \begin{pmatrix} \ddot{x}_E \\ \ddot{y}_E \end{pmatrix} = \begin{pmatrix} -l_1\sin\theta_1 & -a\sin\theta_2 - b\sin(90°+\theta_2) \\ l_1\cos\theta_1 & a\cos\theta_2 + b\cos(90°+\theta_2) \end{pmatrix} \begin{pmatrix} 0 \\ \alpha_2 \end{pmatrix} - \begin{pmatrix} l_1\cos\theta_1 & a\cos\theta_2 + b\cos(90°+\theta_2) \\ l_1\sin\theta_1 & a\sin\theta_2 + b\sin(90°+\theta_2) \end{pmatrix} \begin{pmatrix} \omega_1^2 \\ \omega_2^2 \end{pmatrix}$$

$$(3\text{-}24)$$

通过上述对四杆机构运动的分析过程可见，用解析法做机构运动分析的关键是位置方程的建立和求解。至于其速度和加速度分析只不过是对其位置方程做进一步的数学运算而已。位置方程的求解需解非线性方程组，难度较大，而速度方程和加速度方程的求解，则只需解

线性方程组，相对而言较容易。上述分析方法对于复杂的机构同样适用。

课后习题

3-1　何谓速度瞬心？相对瞬心和绝对瞬心有何异同点？

3-2　何谓三心定理？什么情况下需要用三心定理来确定瞬心？

3-3　何谓速度影像和加速度影像？它们在什么情况下使用？

3-4　速度瞬心法和矢量方程图解法各有哪些优缺点？各适用于什么场合？

3-5　确定图 3-10 中各机构在图示位置时的所有速度瞬心。

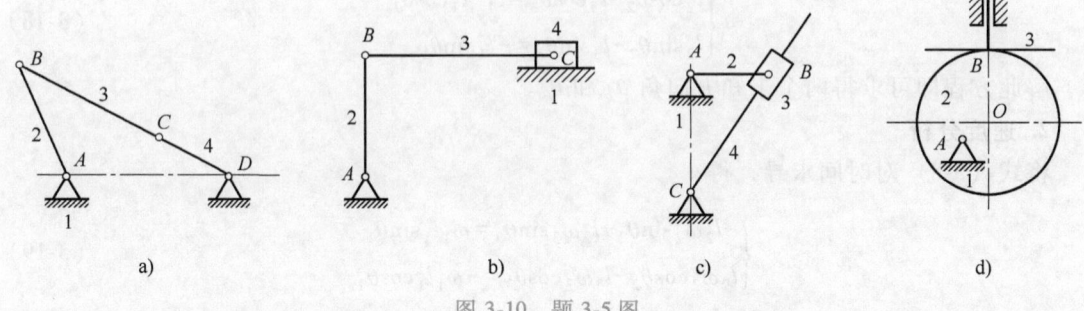

图 3-10　题 3-5 图

3-6　在图 3-11 所示的曲柄摇块机构中，已知曲柄 1 以等角速度 $\omega_1 = 10\text{rad/s}$ 逆时针转动，$\varphi_1 = 45°$，$l_{AB} = 30\text{mm}$，$l_{AC} = 100\text{mm}$，$l_{BD} = 50\text{mm}$，$l_{DE} = 40\text{mm}$，求点 D、E 的速度、加速度，以及构件 3 的角速度和角加速度。

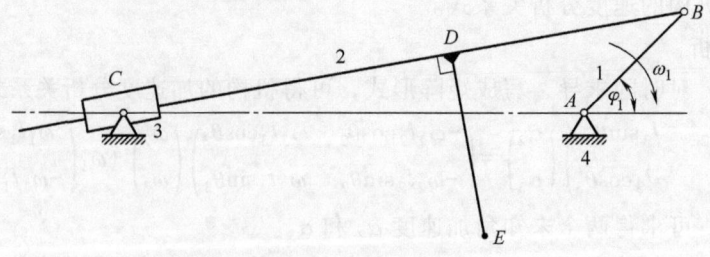

图 3-11　题 3-6 图

3-7　在图 3-12 所示的四杆机构中，$l_{AB} = 60\text{mm}$，$l_{CD} = 90\text{mm}$，$l_{AD} = l_{BC} = 120\text{mm}$，$\omega_2 = 10\text{rad/s}$，试用瞬心法求：

1) 当 $\varphi = 165°$ 时，点 C 的速度 v_C。

2) 当 $\varphi = 165°$ 时，构件 3 的线 BC 上（或其延长线上）速度最小的点 E 的位置及其速度的大小。

3) 当 $v_C = 0$ 时，φ 角之值（有两个解）。

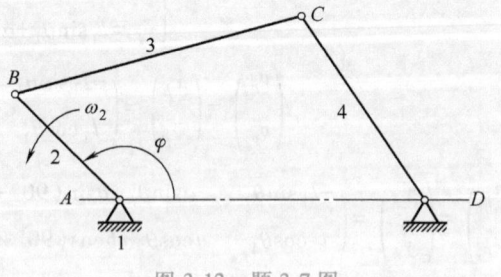

图 3-12　题 3-7 图

第3篇

常用机构设计

第 4 章 连杆机构及其设计

4.1 连杆机构及其传动特点

连杆机构的应用十分广泛，它不仅在众多工农业机械和工程机械中得到广泛应用，而且诸如人造卫星太阳能板的展开机构、机械手的传动机构、折叠伞的收放机构及人体假肢等也都应用连杆机构。

图 4-1 所示为三种常见的连杆机构。连杆机构的共同特点是主动件的运动都要经过一个不与机架直接相连的中间构件才能传动至从动件，故称之为连杆机构。

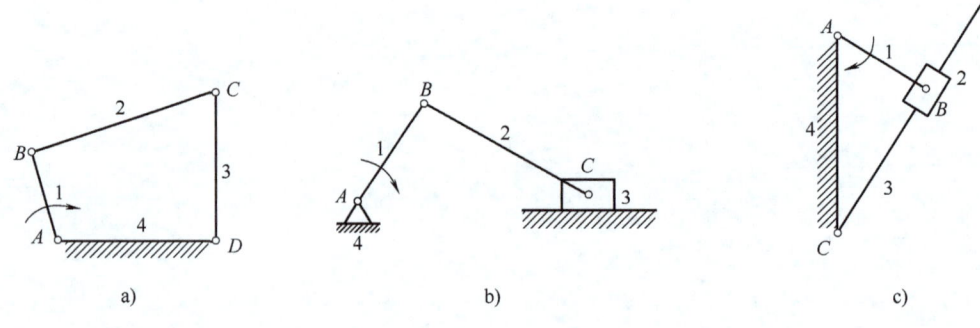

图 4-1 常见的连杆机构

连杆机构具有以下一些传动特点：

1）连杆机构中的运动副一般为低副。其运动副元素为面接触，压力较小，承载能力较大，磨损小，加工制造简单，对工作的可靠性有利。

2）连杆机构中，在主动件运动规律不变的条件下，通过改变各构件的长度可以使从动件得到不同的运动规律。

3）在连杆机构中，连杆上各点的轨迹是不同形状的曲线，其形状随着各构件相对长度的改变而改变，故连杆曲线的形式多样，可以满足一些特定工作需求。

4）利用连杆机构可以改变运动传递方向、扩大行程、实现远距离传动等。

码 4-1 铰链四杆机构演示动画

连杆机构也存在一些缺点：由于连杆机构的运动必须经过中间构件进行传递，因而传动路线较长，易产生较大的误差累积，机械效率降低。另外，在连杆机构运动中，连杆及滑块所产生的惯性力难以消除，因此连杆机构不适用于高速运动的场合。

根据连杆机构中各构件间的相对运动是平面运动还是空间运动，连杆机构可分为平面连杆机构和空间连杆机构两大类，在一般机械中应用最多的是平面连杆机构。在连杆机构中，其构件大多数是杆状，故常简称其构件为杆。连杆机构常根据所含杆数来命名，如四杆机构、六杆机构等。其中平面四杆机构不仅应用特别广泛，还是多杆机构的基础，如图4-2所示的六杆机构就可看作是由 ABCD 和 DEF 两个四杆机构构成的。本章将重点讨论平面四杆机构的基本知识和设计问题。

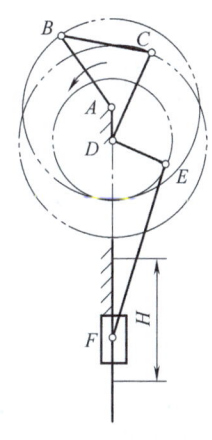

图 4-2 六杆机构

4.2 平面四杆机构的基本类型和应用

4.2.1 平面四杆机构的基本型式

图 4-1a 所示的铰链四杆机构是平面四杆机构的基本型式。在此机构中，AD 为机架，AB、CD 两杆与机架相连称为连架杆。而在连架杆中，能够做整周回转的杆称为曲柄，只能在一定范围内摆动的杆称为摇杆。

在铰链四杆机构中，各运动副都是转动副。如组成转动副的两构件能相对整周转动（如图 4-1a 中的 A、B 副），则称其为周转副，不能做相对整周转动的，则称为摆转副。

1. 曲柄摇杆机构

铰链四杆机构的两个连架杆中，若一个为曲柄，另一个为摇杆（图 4-3a），则称为曲柄摇杆机构。在曲柄摇杆机构中，若以曲柄为主动件时，可将曲柄的连续回转运动转变为摇杆的往复摆动；若以摇杆为主动件时，可将摇杆的摆动转变为曲柄的整周转动。

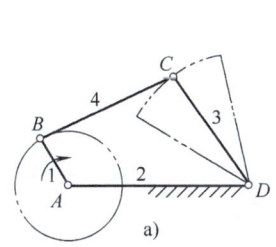 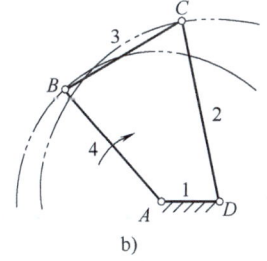 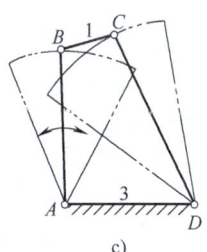

a)　　　　　　　　　　　b)　　　　　　　　　　　c)

图 4-3 平面四杆机构

2. 双曲柄机构

若铰链四杆机构中的两个连架杆均为曲柄（图 4-3b），则称为双曲柄机构。

在此机构中，当主动曲柄 AB 做匀速转动时，从动曲柄 CD 则做变速运动，在图 4-4a 所示的惯性筛机构中，就利用了双曲柄机构的这种特性，即从动曲柄 3 的变速运动使筛子 6 具有所需加速度，从而完成筛分物料的目的。图 4-4b 所示的播种机四杆组合（连杆做平行移

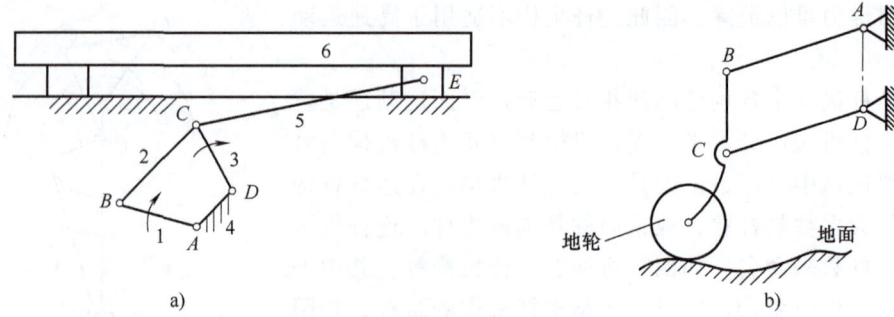

图 4-4 双曲柄机构应用

动使地轮始终与地面接触,从而保证播种深度)也是双曲柄机构的应用实例。

在双曲柄机构中,若相对两杆平行且长度相等,则称为平行四边形机构,如图 4-5a 所示。它有两个显著特点:一是两曲柄以相同速度同向转动;二是连杆做平动。若两相对杆的长度分别相等,但不平行,则称为反平行四边形机构,当以其长边为机架时,两曲柄回转方向相反,如图 4-5b 所示。

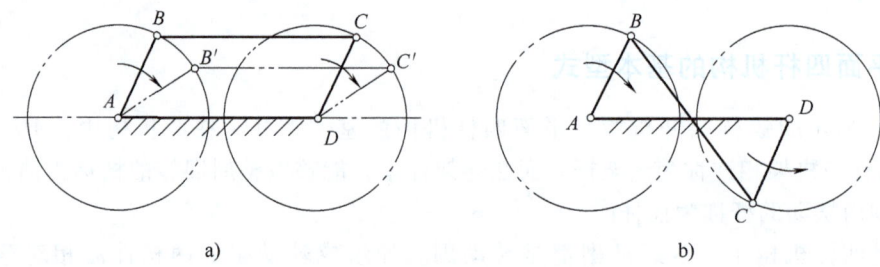

图 4-5 平行四边形机构

3. 双摇杆机构

若铰链四杆机构的两个连架杆都是摇杆,则称为双摇杆机构。如图 4-6 所示,鹤式起重机的主体机构就是一个双摇杆机构。在双摇杆机构中,若两摇杆长度相等并最短,则构成等腰梯形机构,如图 4-7 所示,其在汽车、轮式拖拉机前轮的转向机构中应用较多。

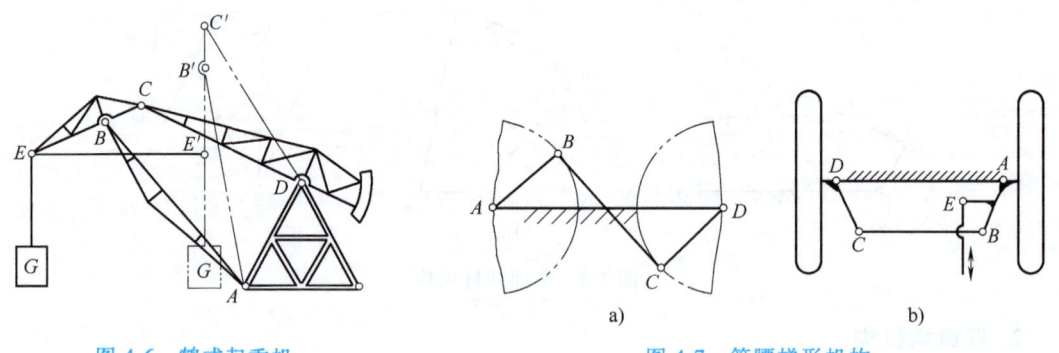

图 4-6 鹤式起重机　　　　　　　图 4-7 等腰梯形机构

4.2.2 平面四杆机构的演化型式

除上述 3 种型式的铰链四杆机构之外,还有很多其他型式的四杆机构。不过,这些型式的机构都可认为是由四杆机构的基本型式演化而来的。机构的演化,不仅是为了满足运动方面的要求,还有改善受力状况以及满足结构设计的需求。这些四杆机构的性质以及分析和设计方法常常是相同的或类似的,这就为连杆机构的研究提供了方便。下面对各种演化方法及其应用进行举例介绍。

1. 改变构件的形状和运动尺寸

图 4-8a 所示的曲柄摇杆机构运动时,铰链 C 将沿圆弧做往复运动。如图 4-8b 所示,将摇杆 3 做成滑块形式,使其沿圆弧导轨 β-β 往复滑动,显然其运动性质不发生改变,但此时铰链四杆机构已演化为具有曲线导轨的曲柄滑块机构。

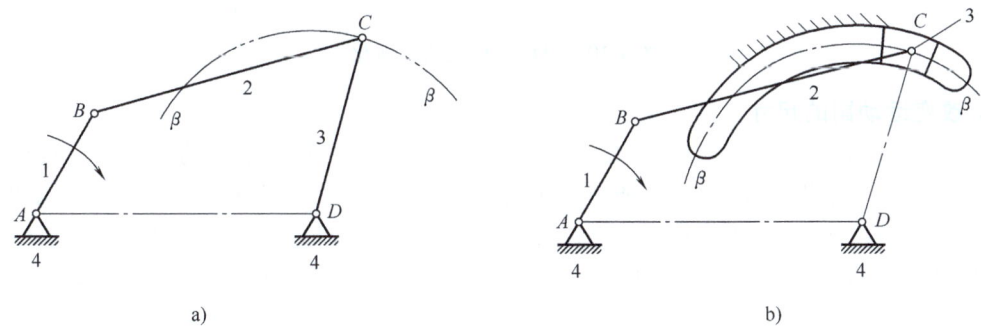

图 4-8 曲线导轨机构的演化

若将图 4-8a 中摇杆 3 的长度增至无穷大,则图 4-8b 中的曲线导轨将变成直线导轨,于是机构就演化成为曲柄滑块机构 (图 4-9)。图 4-9a 所示为具有偏距的偏置曲柄滑块机构;图 4-9b 所示则为无偏距的对心曲柄滑块机构。曲柄滑块机构在压力机、内燃机、空气压缩机等设备中得到了广泛的应用。

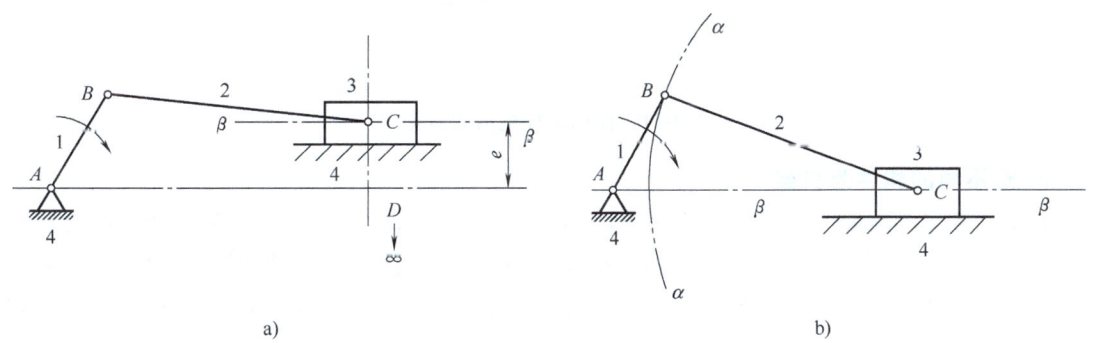

图 4-9 曲柄滑块机构的演化

在图 4-10a 所示的对心曲柄滑块机构中,连杆 2 上的 B 点相对于转动副 C 的运动轨迹为圆弧 $\overset{\frown}{nn}$,如果设想连杆 2 的长度变为无限长,圆弧 $\overset{\frown}{nn}$ 将变成直线,如果再把连杆 2 做成滑块,转动副 C 将演化成移动副,则该曲柄滑块机构就演化成具有两个移动副的四杆机构。如图 4-10b 所示,这种机构多用于仪表、解算装置中。由于从动件位移 s 和曲柄转角 φ 的关系为 $s = l_{AB}\sin\varphi$,故将该机构称为正弦机构。

码 4-2 曲柄滑块机构演示动画

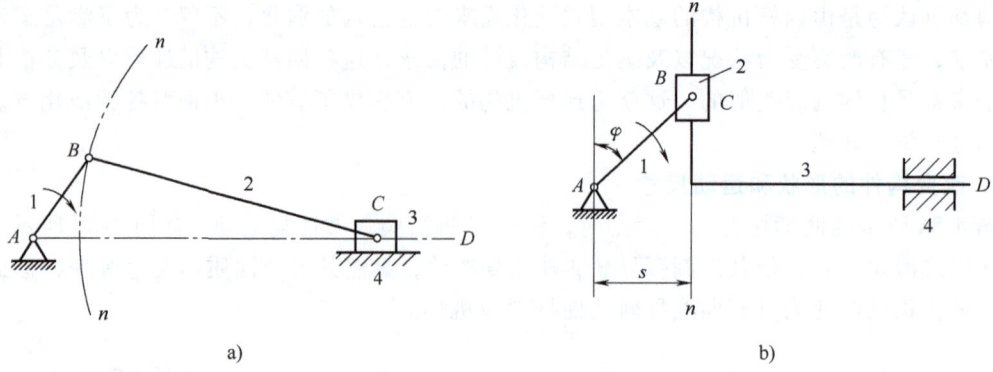

图 4-10　滑块四杆机构的演化

2. 改变运动副的尺寸

在图 4-11a 所示的曲柄摇杆机构中,如果将曲柄 1 端部的转动副 B 的半径加大至超过曲柄 1 的长度 AB,便得到如图 4-11b 所示的机构。此时,曲柄 1 变成了一个几何中心为 B、回转中心为 A 的偏心圆盘,其偏心距 e 即为原曲柄长。该机构与原曲柄摇杆机构的运动特性完全相同,其机构运动简图也完全一样。在设计机构时,当曲柄长度很短、曲柄销需承受较大冲击载荷而工作行程很小时,常采用这种偏心盘结构型式,这种机构在锻压设备和柱塞泵等设备中应用较广。

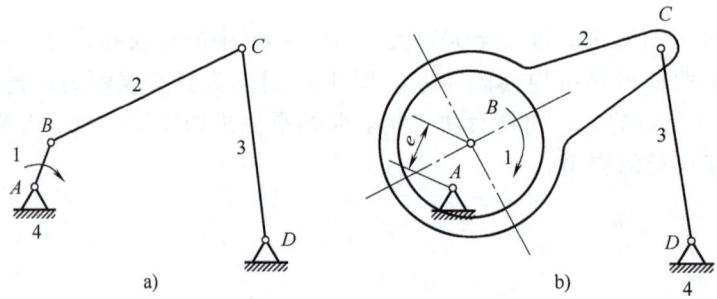

图 4-11　曲柄摇杆机构的演化

3. 选不同的构件为机架

低副机构具有运动可逆性,即无论哪一个构件为机架,机构中各构件间的相对运动不变。但是,选取不同构件为机架时,却可得到不同形式的机构。这种采用不同构件为机架的方式称为机构的倒置。对于图 4-12a 所示的曲柄滑块机构,若改选构件 AB 为机架,如

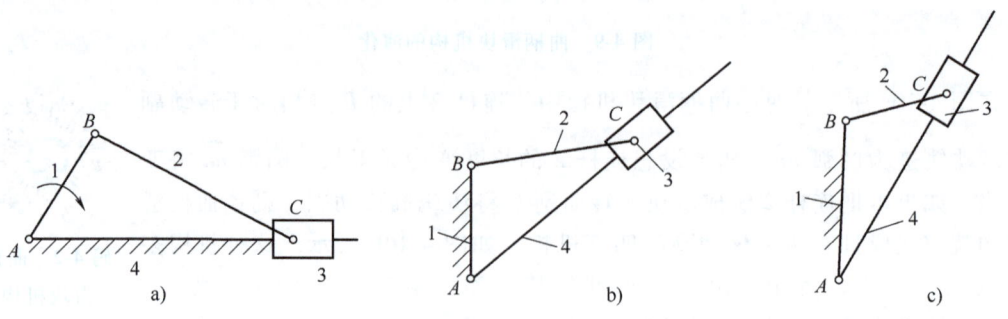

图 4-12　曲柄滑块机构的演化

图 4-12b 所示，此时构件 4 绕轴 A 转动，而构件 3 则以构件 4 为导路沿其相对移动，构件 4 被称为导杆，此机构称为导杆机构。

在导杆机构中，如果导杆能够做整周转动，则称为回转导杆机构。在图 4-13 所示的小型刨床中，ABC 部分即为回转导杆机构。如果导杆仅能摆动，则称为摆动导杆机构，图 4-14 所示牛头刨床的导杆机构 ABC 即为其应用。

如果在图 4-12a 中改选构件 2 为机架，此时构件 3 仅能绕 C 点摇摆，则演化成为曲柄摇块机构，如图 4-15 所示。这种机构经常应用于自卸货车车厢的倾翻机构，如图 4-16 所示。

码 4-3 曲柄摇块机构演示动画

码 4-4 连杆机构演示动画

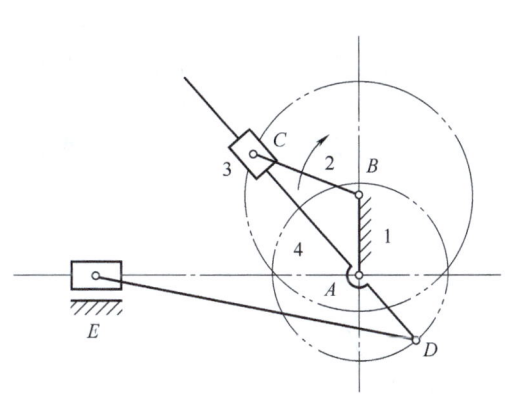

图 4-13 小型刨床

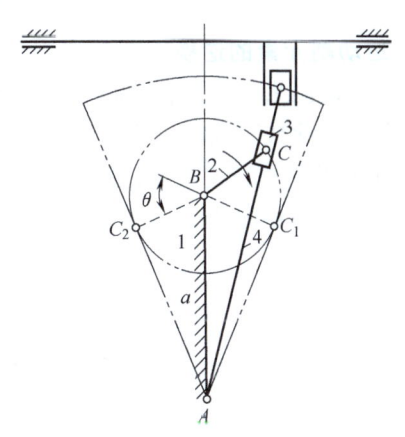

图 4-14 牛头刨床

若将图 4-12a 所示的曲柄滑块机构改选构件 3 为机架，如图 4-17a 所示该机构则演化成移动导杆机构或称直动滑杆机构；图 4-17b 所示的手动打水筒就是其应用实例。

用同样的方法，还可以将正弦机构做进一步的演化。图 4-18a 所示也是正弦机构的一种画法，若选取构件 3 为机架，则得到如图 4-18b 所示的双滑块机构，该机构的典型应用就是图 4-18c 所示的椭圆仪机构。

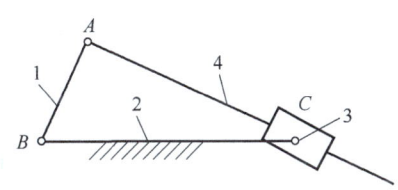

图 4-15 曲柄摇块机构

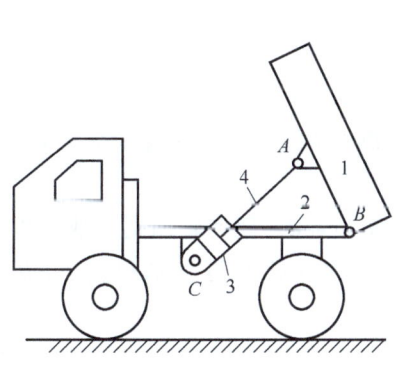

图 4-16 货车倾翻机构

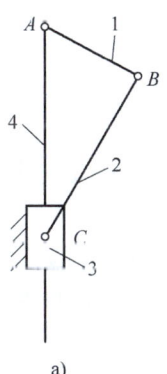

a)

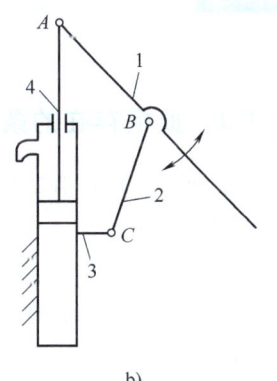

b)

图 4-17 直动滑杆机构及其应用

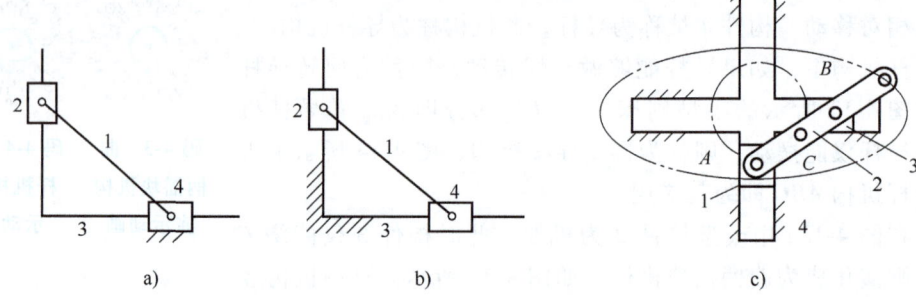

图 4-18 正弦机构的演化及应用

4. 运动副元素的逆换

对于移动副来说，将移动副两元素的包容关系进行逆换，并不影响两构件之间的相对运动，但却能演化成不同的机构。例如图 4-19a 所示的摆动导杆机构，当将构成移动副的构件 2、3 的包容关系进行逆换后，即演化为图 4-19b 所示的曲柄摇块机构。由此可见，这两种机构的运动特性是相同的。

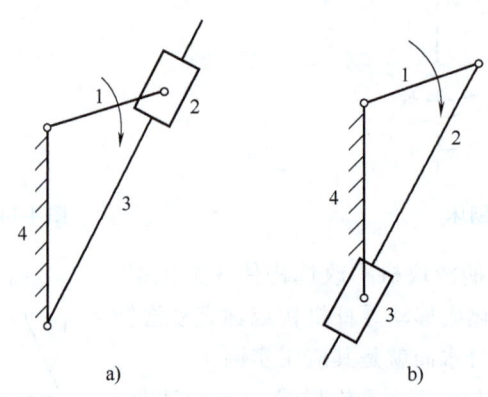

图 4-19 摆动导杆机构的演化

4.3 平面四杆机构的基本知识

4.3.1 曲柄存在的条件

平面四杆机构有曲柄的前提是其运动副中必有周转副存在，故下面先来确定转动副为周转副的条件。

如图 4-20 所示，设四杆机构各杆的长度分别为 a、b、c、d。要使转动副 A 成为周转副，则杆 AB 应能处于图中任何位置。而当杆 AB 与杆 AD 两次共线时可分别得到 $\triangle DB_2C_2$ 和 $\triangle DB_1C_1$，由三角形的边长关系可得

$$a+d \leqslant b+c \tag{4-1}$$

$$b \leqslant (d-a)+c \text{ 即 } a+b \leqslant c+d \tag{4-2}$$

$$c \leqslant (d-a)+b \text{ 即 } a+c \leqslant b+d \quad (4\text{-}3)$$

将上述三式分别两两相加,则得

$$a \leqslant b, a \leqslant c, a \leqslant d \quad (4\text{-}4)$$

即 AB 杆应为最短杆。

分析上述各式可得出转动副 A 为周转副的条件:

1) 最短杆长度+最长杆长度≤其余两杆长度之和,此条件称为杆长条件。

2) 组成该周转副的两杆中必有一杆为最短杆。

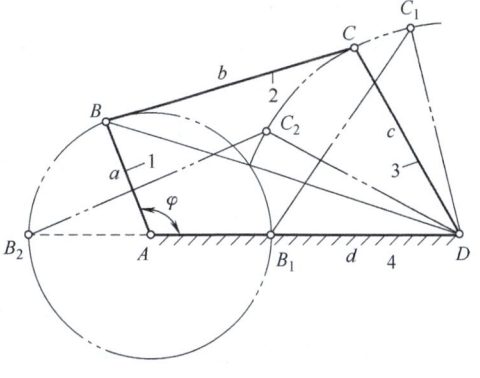

图 4-20 四杆机构的曲柄存在条件

上述条件表明,当满足杆长条件时,有最短杆参与构成的转动副都是周转副,而其余的转动副则是摆转副。

根据曲柄的概念可得出四杆机构有曲柄的条件:

1) 各杆的长度应满足杆长条件。

2) 其最短杆为连架杆或机架。

根据四杆机构曲柄存在的条件,可以进行四杆机构基本类型的判断:

1) 如图 4-21a、b 所示,若该四杆机构满足杆长条件,当最短杆为连架杆时,该铰链四杆机构成为曲柄摇杆机构。

2) 如图 4-21c 所示,若该四杆机构满足杆长条件,当最短杆为机架时,在连架杆 BC 整周转动过程中,连架杆 AD 的相对转动也是整周,因此连架杆 AD 和 BC 均可做 360°转动,故此时该机构成为双曲柄机构。

3) 如图 4-21d 所示,当最短杆不为连架杆或机架(即最短杆为连杆)时,铰链四杆机构中无曲柄,此时成为双摇杆机构。值得注意的是,此时最短杆为连杆,由于连杆上的两个转动副都是周转副,故该连杆能相对于两连架杆整周回转。

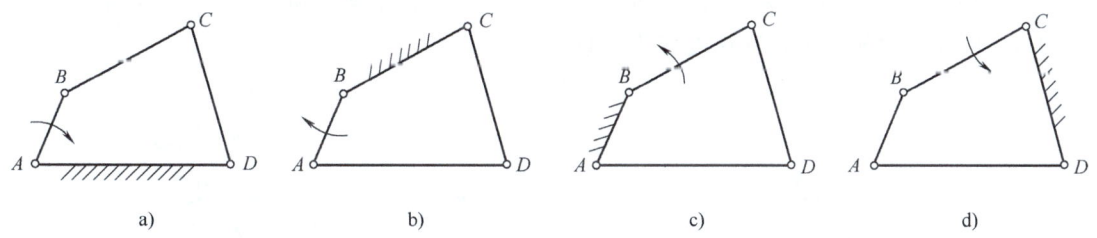

图 4-21 铰链四杆机构不同杆作为机架

如果铰链四杆机构各杆的长度不满足杆长条件,则无周转副,此时不论以何杆为机架,均为双摇杆机构。

4.3.2 急回运动和行程速度变化系数

从动件做往复运动的平面连杆机构中,若从动件工作行程的平均速度小于回程的平均速度,则称该机构具有急回运动特性。图 4-22 所示为曲柄摇杆机构,设曲柄 AB 为主动件,在其转动一周的过程中,有两次与连杆共线,这时摇杆 CD 分别处于两个极限位置 C_1D 和

C_2D。机构所处的这两个位置称为极位。机构在两个极位时,主动件 AB 所在两个位置之间所夹的锐角 θ 称为极位夹角。

如图 4-22 所示,当曲柄以等角速度 ω 顺时针转过 $\alpha_1 = 180°+\theta$ 时,摇杆将由位置 C_1D 摆到 C_2D,其摆角为 φ,设所需时间为 t_1,则点 C 的平均速度为 $v_1 = \widehat{C_1C_2}/t_1$;当曲柄继续转过 $\alpha_2 = 180°-\theta$ 时,摇杆又从位置 C_2D 回到 C_1D,摆角仍然是 φ,设所需时间为 t_2,则点 C 的平均速度为 $v_2 = \widehat{C_1C_2}/t_2$。由于曲柄为等角速度转动,而 $\alpha_1 > \alpha_2$,所以有 $t_1 > t_2$,$v_2 > v_1$。

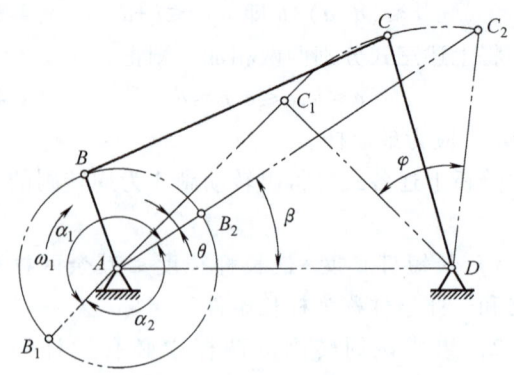

图 4-22 具有急回特性的四杆机构

为了表明急回运动的急回程度,可用行程速度变化系数 K 来衡量,即

$$K = v_2/v_1 = (\widehat{C_1C_2}/t_2)/(\widehat{C_1C_2}/t_1) = t_1/t_2 = \alpha_1/\alpha_2 = (180°+\theta)/(180°-\theta) \quad (4-5)$$

式(4-5)表明,当机构存在极位夹角 θ 时,机构便具有急回运动特性,θ 角越大,K 值越大,机构的急回运动现象也越显著。对于有急回运动要求的机械,在设计时,应先确定行程速度变化系数 K,根据式(4-6)求出 θ 角后,再设计各杆的尺寸。

$$\theta = 180°(K-1)/(K+1) \quad (4-6)$$

平面四杆机构具有急回特性的条件是:
1)主动件做等角速度整周转动。
2)输出件做具有正、反行程的往复运动。
3)极位夹角 $\theta > 0°$。

图 4-23a、b 所示分别表示偏置曲柄滑块机构和摆动导杆机构的极位夹角,通过式(4-5)可以求得相应的行程速度变化系数 K。

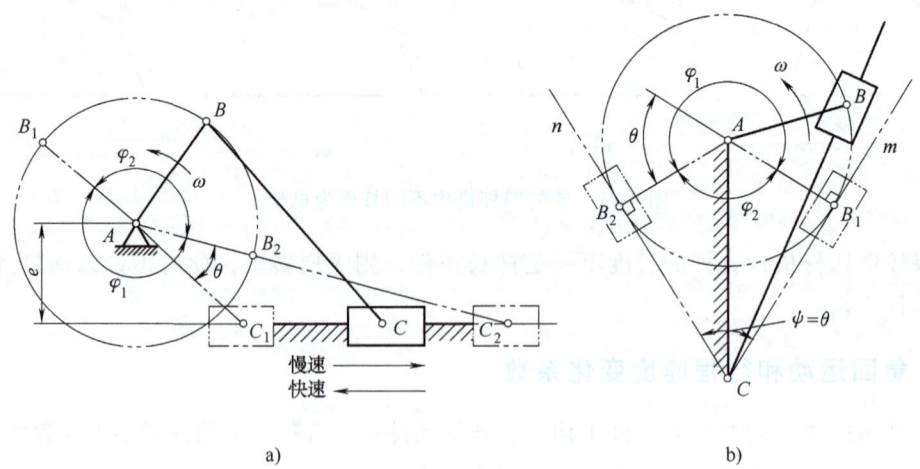

a)   b)

图 4-23 偏置曲柄滑块机构和摆动导杆机构

4.3.3 压力角和传动角

在图 4-24 所示的四杆机构中,若不考虑各运动副中的摩擦力、构件重力和惯性力的影响,则由主动件 AB 经连杆 BC 传递到从动件 CD 上点 C 的力 F,将沿 BC 方向,力 F 与点 C 速度方向之间的夹角 α 称为机构在此位置时的压力角。连杆 BC 和从动件 CD 之间所夹的锐角 $\angle BCD = \gamma$ 称为连杆机构在此位置时的传动角。γ 和 α 互为余角,传动角 γ 越大,对机构的传力越有利。因此,在连杆机构中常用传动角的大小及变化情况来衡量机构传力性能的好坏。

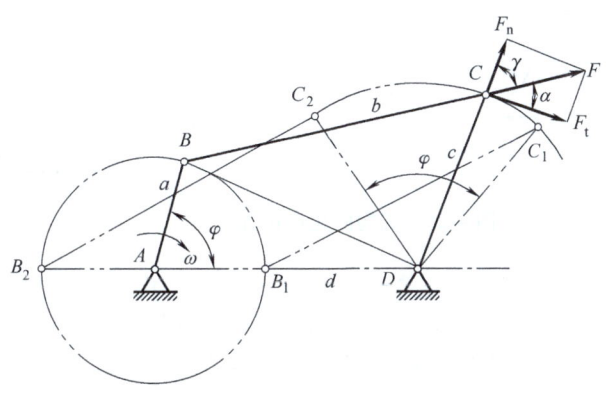

图 4-24 机构压力角和传动角

对于曲柄摇杆机构,在机构的运动过程中,传动角的大小是变化的,它是机构主动曲柄转角位置的函数。传动角的最小值 $\gamma_{\min}$ 将出现在主动曲柄与机架共线的两位置(图 4-24 中曲柄 AB 转到与机架 AD 重叠共线和拉直共线两位置 AB_1、AB_2)之一处,这时有

$$\gamma_1 = \angle B_1 C_1 D = \arccos \frac{b^2 + c^2 - (d+a)^2}{2bc} \tag{4-7a}$$

$$\gamma_2 = 180° - \arccos \frac{b^2 + c^2 - (d+a)^2}{2bc} \quad (\angle B_2 C_2 D > 90°) \tag{4-7b}$$

或

$$\gamma_2 = \angle B_2 C_2 D = \arccos \frac{b^2 + c^2 - (d+a)^2}{2bc} \quad (\angle B_2 C_2 D < 90°) \tag{4-7c}$$

γ_1 和 γ_2 中的较小者即为 $\gamma_{\min}$。

在设计受力较大的四杆机构时,应使机构的最小传动角具有最大值,但最小传动角与四杆机构的其他性能参数是彼此制约的。在机构运动过程中,传动角 γ 的大小是变化的。为了保证机构传力性能良好,应使 $\gamma_{\min} \geq 40° \sim 50°$;对于一些受力很小或不常使用的操纵机构,则可允许传动角小些,只要不发生自锁即可。

4.3.4 机构的死点位置

在图 4-25 所示的曲柄摇杆机构中,设以摇杆 CD 为主动件,则当连杆与从动曲柄共线时(细双点画线位置),机构的传动角 γ = 0°,这时主动件 CD 通过连杆作用于从动件 AB 上的力恰好通过其回转中心,所以出现了不能使构件 AB 转动的"顶死"现象,机构的这种位置称为死点。

为了使机构能顺利地通过死点而正常运转,必须采取适当的措施,如可采用将两组以上的相同机构组合使用,且使各组机构的死点相互错开排列的方法,如图 4-26 所示的蒸汽机车车轮联动机构,就是由两组曲柄滑块机构 EFG 与 E'F'G'组成的,两者的曲柄位置相互错开 90°,也可采用安装飞轮加大惯性的方法,借惯性作用闯过死点等。

码 4-5 机车车轮联动机构演示动画

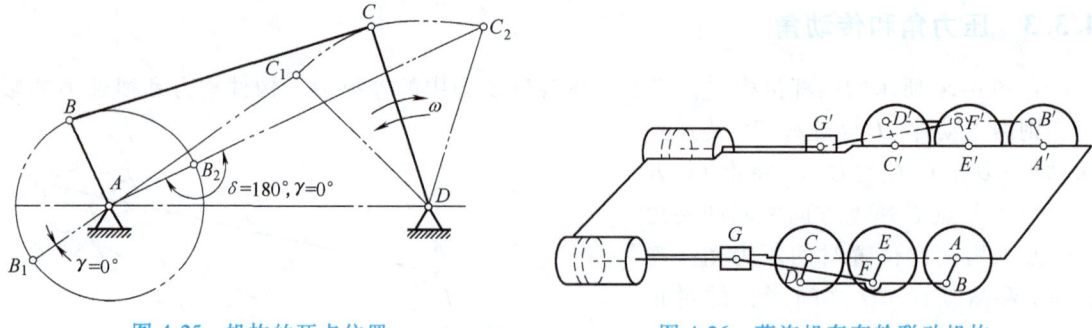

图 4-25 机构的死点位置　　　　图 4-26 蒸汽机车车轮联动机构

机构的死点位置并非总是起消极作用。在工程实际中，不少场合也利用机构的死点位置来实现特定的工作要求。例如，在图 4-27 所示的飞机起落架机构中，当机轮放下时，杆 BC 与 CD 成一直线，此时机轮上虽然受到很大的力，但由于机构处于死点位置，起落架不会反转（折回），这可使飞机起落更加可靠。图 4-28 所示的折叠桌收放机构也属这一原理的应用。

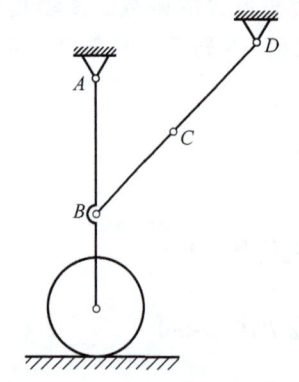 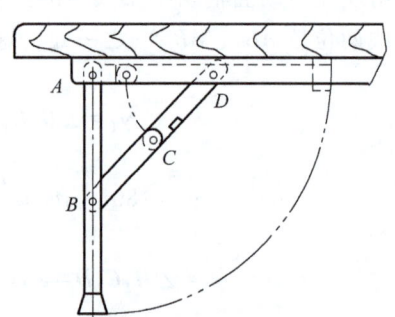

图 4-27 飞机起落架机构简图　　　　图 4-28 折叠桌收放机构

4.3.5 机构运动的连续性

机构运动的连续性是指当主动件连续运动时，从动件能否连续实现给定的各个位置的运动。运动不连续问题可以分为错位不连续和错序不连续。如在图 4-29 所示的曲柄摇杆机构中，当曲柄 AB 连续转动时，摇杆 CD 的摆动范围 φ_3 或 φ_3'，称为其可行域，而不可行域是指由 δ_3 和 δ_3' 所决定的范围。显然，若给定的摇杆的各个位置不在同一可行域内，且这两个可行域又不连通，机构不可能实现连续运动，一般称这种运动不连续为错位不连续。

在连杆机构的运动过程中，其连杆所经过的给定位置一般是有顺序的。当主动件按同一方向连续转动时，若其连杆不能按顺序通过给定的各个位置，称为机构的错序不连续。如在图 4-30 所示的连杆机构中，若要求其连杆依次占据 B_1C_1、B_2C_2、B_3C_3、B_4C_4 位置，则此四杆机构 ABCD 便不能满足此要求，因为无论主动件运动方向如何，其连杆都不能按上述顺序完成要求，故知此机构存在错序不连续问题。

在设计四杆机构时，必须检查所设计的机构是否满足运动连续性要求，即检查其是否有错位、错序问题，并考虑能否补救，若不能则必须考虑其他方案。

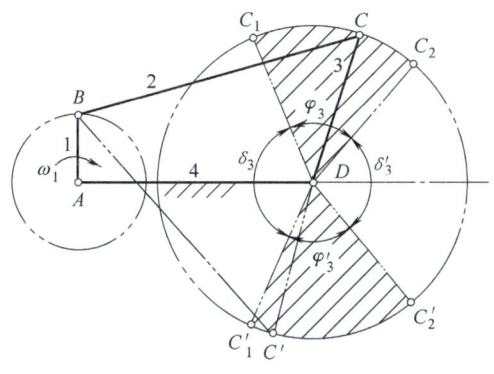
图 4-29 可行域示意图

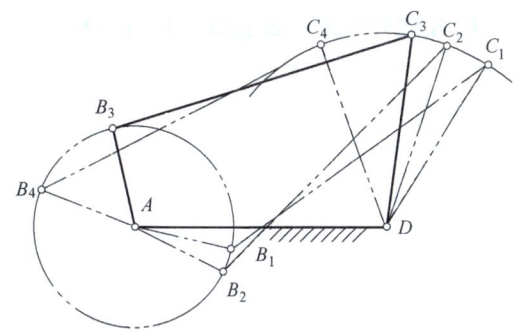
图 4-30 错序不连续机构

4.4 平面四杆机构的设计

4.4.1 平面四杆机构设计的基本问题

平面四杆机构的设计是指根据给定的运动条件,确定机构中各个构件的尺寸。有时还需要考虑机构的一些附加的几何条件或动力条件,如机构的结构要求、安装要求和最小传动角等,保证机构设计可靠、合理。

在实际生产中,对机构的设计要求是多种多样的,给定的条件也各不相同,归纳起来一般分为以下三类:

1) 满足预定的连杆位置要求,即要求连杆能占据一系列的预定位置。
2) 满足预定运动规律要求,如要求两连架杆的转角能够满足预定的对应位移关系;或要求在主动件运动规律一定的条件下,从动件能准确或近似地满足预定的运动规律要求。
3) 按照给定的运动轨迹设计,简称轨迹设计。

平面四杆机构的设计方法有多种,常用的有以下两种:

1) 图解法。该方法是通过几何作图来设计四杆机构,首先根据设计要求找出机构运动的几何尺寸之间的关系,然后按比例作图并确定出机构的运动尺寸。这种方法比较直观,由于作图过程会有一定的误差,因此精度不高。
2) 解析法。该方法首先要建立运动方程,然后根据已知的参数对方程求解,设计的结果比较精确,能够解决复杂的设计问题,但计算过程比较繁琐,宜采用计算机辅助设计。

下面依次按照以上两种方法设计平面四杆机构。

4.4.2 图解法设计四杆机构

对于四杆机构来说,当其铰链中心位置确定后,各杆的长度也就确定了。用作图法进行设计,就是利用各铰链之间相对运动的几何关系,通过作图确定各铰链的位置,从而定出各杆的长度。图解法的优点是直观、简单、快捷,下面根据设计要求的不同分四种情况分别加以介绍。

1. 按连杆预定的位置设计四杆机构

1) 已知活动铰链中心的位置设计四杆机构。如图 4-31 所示，设连杆上两活动铰链中心 B、C 的位置已经确定，给定连杆的三个运动位置 B_1C_1、B_2C_2、B_3C_3。要求确定两固定铰链中心 A、D 的位置。由于在铰链四杆机构中，活动铰链 B、C 的轨迹为圆弧，故 A、D 应分别为其圆心。因此，可分别作 B_1B_2 和 B_2B_3 的垂直平分线 b_{12}、b_{23}，其交点即为固定铰链 A 的位置；同理，可求得固定铰链 D 的位置，连接 AB_1、C_1D，即得所求四杆机构 AB_1C_1D。

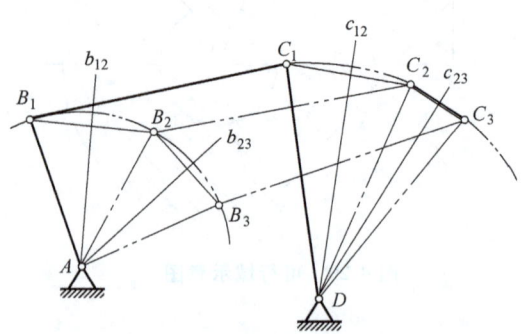

图 4-31 按连杆预定的位置设计四杆机构

2) 已知固定铰链中心的位置设计四杆机构。如图 4-32 所示，设四杆机构的连杆为机架，则原机构（图 4-32a）中的固定铰链 A、D 将变为活动铰链，而活动铰链 B、C 将变为固定铰链（图 4-32b）。这样，就将已知固定铰链中心的位置设计四杆机构的问题转化成了前述问题。而为了求出新连杆 AD 相对于新机架 BC 运动时活动铰链 A、D 的第二个位置，可如图 4-32c 所示，将原机构的第二个位置的构型 AB_2C_2D 视为刚体进行移动，使 B_2C_2 与 B_1C_1 相重合，即可求得活动铰链中心 A、D 在倒置机构中的第二个位置 A'、D'。下面举例说明上述原理的应用。

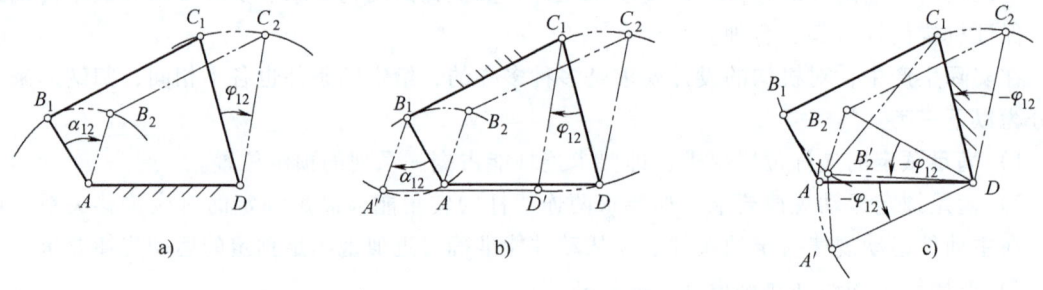

图 4-32 已知固定铰链中心的位置设计四杆机构

如图 4-33 所示，设已知固定铰链中心 A、D 的位置及机构在运动过程中其连杆上的标线 EF 分别占据的三个位置 E_1F_1、E_2F_2、E_3F_3。现要求确定两活动铰链中心 B、C 的位置。

设计时，以 E_1F_1 为倒置机构中新机架的位置，将四边形 AE_2F_2D、四边形 AE_3F_3D 分别作为刚体进行移动，使 E_2F_2 与 E_3F_3 均与 E_1F_1 重合。即作四边形 $A'E_1F_1D' \cong$ 四边形 AE_2F_2D，四边形 $A''E_1F_1D'' \cong$ 四边形 AE_3F_3D，

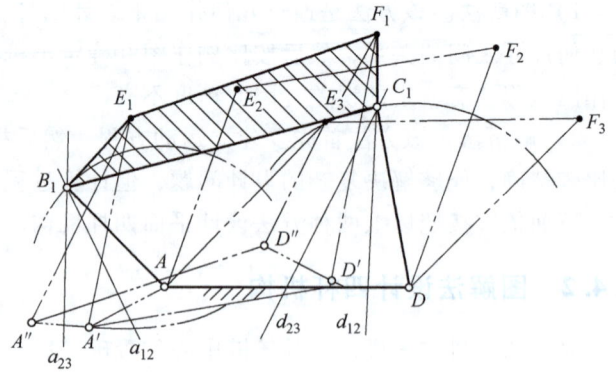

图 4-33 已知固定铰链中心设计四杆机构

由此即可求得点 A、D 的第二位置 A'、D' 及第三位置 A''、D''。由点 A、A'、A'' 所确定的圆弧的圆心即为活动铰链 B 的中心位置 B_1；同样点 D、D'、D'' 可确定活动铰链 C 的中心位置 C_1。AB_1C_1D 即为所求的四杆机构。

2. 按两个连架杆预定的位置设计四杆机构

1）按给定两对连架杆的对应位置设计铰链四杆机构。如图 4-34a 所示，设已知四杆机构机架长度为 d，要求主动件和从动件顺时针依次相应转过对应角度 α_{12}、φ_{12}、α_{13}、φ_{13}。试设计此四杆机构。

根据上述理论，如图 4-34b 所示，先根据给定的机架长度 d 定出铰链 A、D 的位置，再适当选取主动件 AB 的长度，并任取其第一位置 AB_1，然后再根据其转角 α_{12}、α_{13} 定出其第二位置 AB_2、第三位置 AB_3。为了求得铰链 C 的位置，连接 B_2D、B_3D，并根据反转法原理，将其分别绕 D 点反转 $-\varphi_{12}$ 及 $-\varphi_{13}$，从而得到点 B'_2、B'_3。则点 B_1、B'_2、B'_3 确定的圆弧的

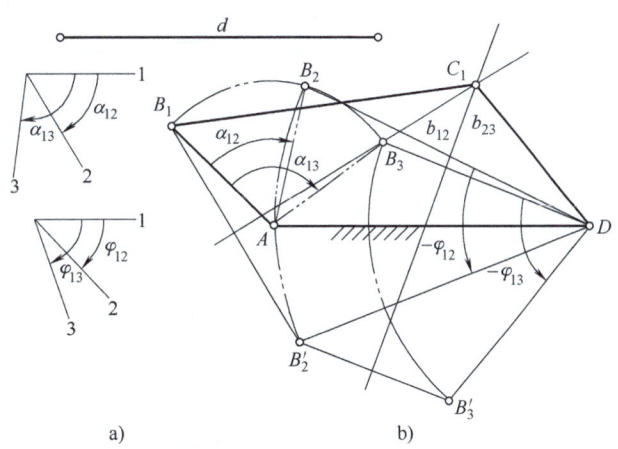

图 4-34 按给定两对连架杆的对应位置设计铰链四杆机构

圆心即为所求的铰链 C 的位置 C_1，而 AB_1C_1D 即为所求的四杆机构。由于 AB 杆的长度和初始位置可以任选，故有无穷多解。

2）按给定三对连架杆的对应位置设计铰链四杆机构。如图 4-35a 所示，设已知构件 AB 和机架 AD 的长度，要求在该四杆机构的传动过程中，构件 CD 上一标线 DE 能占据三组预定的对应位置（AB_1、AB_2、AB_3 与 DE_1、DE_2、DE_3 相对应，三组摆角 α_1、α_2、α_3 和 φ_1、φ_2、φ_3 相对应）。现需设计此四杆机构。

如上所述，此设计问题可以转化为以构件 CD 为机架，以构件 AB 为连杆，按照构件 AB 相对于构件 CD 依次占据的三个位置进行设计的问题。而为了求出构件 AB 相对于构件 CD 依次占据的三个位置，以 E_1D 为底边依次作四边形 $E_1B'_2A_2D \cong E_2B_2AD$，$E_1B'_3A_3D \cong E_3B_3AD$（相当于将机构绕点 D 依次反转 $\varphi_1-\varphi_2$ 和 $\varphi_1-\varphi_3$），从而求得构件 AB 相对于构件 CD 运动时所占据的三个位置 A_1B_1、$A_2B'_2$ 及 A_3B_3'。然后，分别作 $B_1B'_2$ 和 $B'_2B'_3$ 的垂直平分线，此两平分线的交点即为所求铰链 C 的位置。图 4-35b 所示 AB_1C_1D 即为所求的四杆机构。

3. 按给定的急回要求设计四杆机构

根据急回运动要求设计四杆机构，主要利用机构在极位时的几何关系进行求解。下面以曲柄摇杆机构为例来介绍其设计方法。设已知摇杆的长度 $\overline{CD}$、摆角 φ 及行程速度变化系数 K，试设计此曲柄摇杆机构，如图 4-36 所示。

1）先利用 $\theta = 180°(K-1)/(K+1)$ 算出极位夹角 θ。

2）根据摇杆长度 $\overline{CD}$ 及摆角 φ，确定摇杆的两极位 C_1D 及 C_2D，如图 4-36 所示。

3）求固定铰链 A。分别作 $C_2M \perp C_1C_2$ 和 $\angle C_2C_1N = 90°-\theta$，$C_2M$ 与 C_1N 交于点 P；再作 $\triangle PC_1C_2$ 的外接圆，则圆弧 $\overset{\frown}{C_1PC_2}$ 上任一点 A 都满足 $\angle C_1AC_2 = \theta$，所以固定铰链 A 应选在

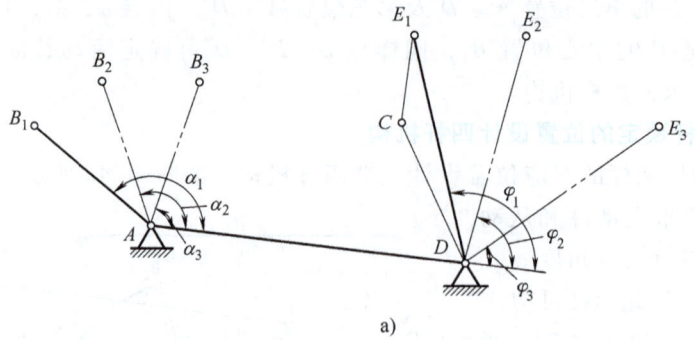

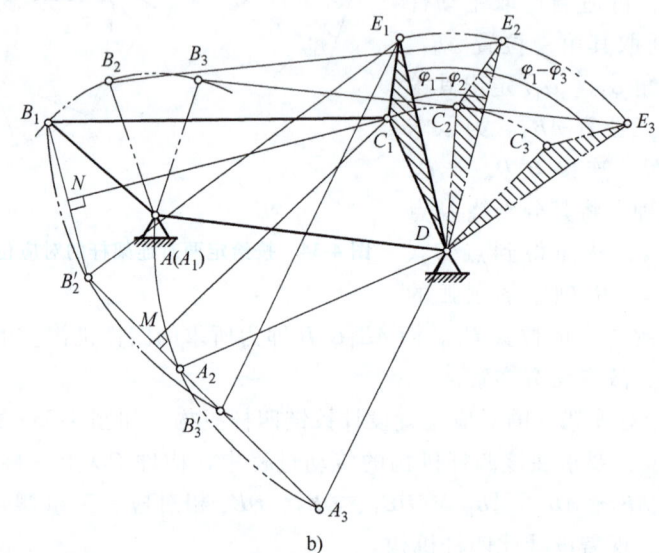

图 4-35 按给定三对连架杆的对应位置设计铰链四杆机构

此圆弧段上。

4)假设 A 点的位置已确定,曲柄和连杆的长度 a、b 也随之确定。即 $\overline{AC_1}=b+a$,$\overline{AC_2}=b-a$,则曲柄和连杆的长度分别为 $a=(\overline{AC_1}-\overline{AC_2})/2$ 和 $b=(\overline{AC_1}+\overline{AC_2})/2$。

设计时,应注意铰链 A 不能选在劣弧段 $\overset{\frown}{FG}$ 上,否则机构将不满足运动连续性要求。因为这时机构的两极位 DC_1、DC_2,将分别在两个不连通的可行域内。若铰链 A 选在 $\overset{\frown}{C_1G}$、$\overset{\frown}{C_2F}$ 两圆弧段上,则当 A 向 $G(F)$ 靠近时,机构的最小传动角将随之减小而趋向零,故铰链 A 适当远离 $G(F)$ 点较为有利。

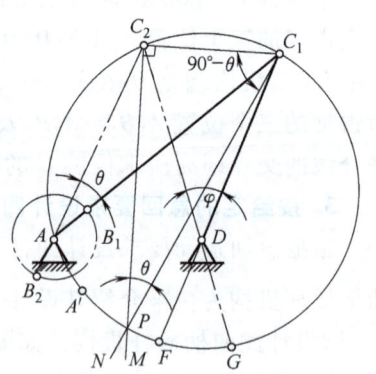

图 4-36 具有急回特性的曲柄摇杆机构设计

4. 按给定的运动轨迹设计

按照给定的运动轨迹设计机构就是设计一个四杆机构,使其连杆上某一点实现给定的一段轨迹曲线或某一封闭轨迹曲线。可以按照以下步骤进行设计，如图 4-37 所示。

1) 在给定轨迹 $t\text{-}t$ 附近选取曲柄中心 A（图 4-37），根据点 A 至轨迹 $t\text{-}t$ 的最近点和最远点的距离（$R_{\min}$ 和 $R_{\max}$），决定两自由度辅助机构 ABM 的曲柄 R_1 和浮动连杆 R_2 的长度。

2) 令两自由度机构中的曲柄 R_1 绕点 A 回转的同时，令浮动连杆 R_2 上的点 M 沿给定轨迹 $t\text{-}t$ 顺序运动。

3) 作出与浮动连杆 R_2 固结在一起的点 M_1、M_2、M_3、……的轨迹曲线，即连杆曲线（图 4-37）。

4) 找出轨迹全长为近似圆弧或近似直线的连杆曲线，如图 4-37 中的 M 点的轨迹为近似圆弧，该圆弧的

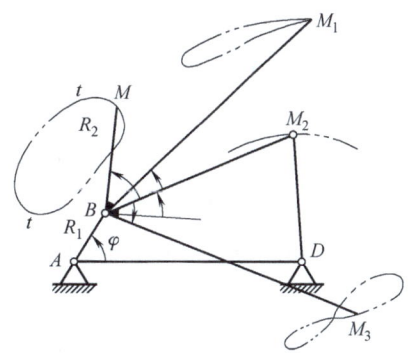

图 4-37 按给定的运动轨迹设计四杆机构

中心 D 即可作为所求四杆机构另一个固定铰链的中心位置，则 ABM_2D 即为所求机构。若浮动连杆 R_2 上有某一点 M_i 的轨迹为近似直线，则可用曲柄滑块机构实现要求的轨迹。

4.4.3 解析法设计四杆机构

解析法就是以机构的尺寸参数来表达各构件之间的相对运动函数关系，从而按给定的条件来求解未知的参数。在用解析法设计四杆机构时，首先需建立包含机构各尺度参数和运动变量在内的解析式，然后根据已知的运动变量求机构的尺寸参数。现按照预定的连杆位置设计四杆机构为例讨论如下。

码 4-6 连杆曲线

由于连杆做平面运动，可以用在连杆上任选一个基点 M 的坐标（x_M，y_M）和连杆的方位角 θ_2 来表示连杆位置（图 4-38a）。因而，按预定的连杆位置设计可表示为按连杆上的 M 点能占据一系列预定的位置 M_i（x_{M_i}，y_{M_i}）及连杆具有相应转角 θ_{2_i} 的设计。

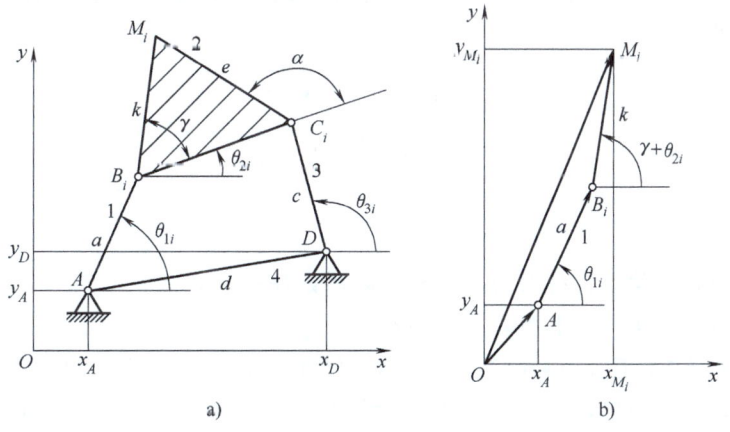

图 4-38 预定的连杆位置设计

如图 4-38 所示建立坐标系 Oxy，将四杆机构分为左、右侧两个双杆组来加以讨论。建立左侧双杆组的矢量封闭图（图 4-38b）可得

$$\vec{OA} + \vec{AB_i} + \vec{B_iM_i} - \vec{OM_i} = 0 \tag{4-8}$$

其在 x、y 轴上投影,得

$$\begin{cases} x_A + a\cos\theta_{1i} + k\cos(\gamma+\theta_{2i}) - x_{M_i} = 0 \\ y_A + a\sin\theta_{1i} + k\sin(\gamma+\theta_{2i}) - y_{M_i} = 0 \end{cases} \tag{4-9}$$

将式(4-9)中的 θ 消去,并经整理可得

$$(x_{M_i} - x_A)^2 + (y_{M_i} - y_A)^2 + k^2 - a^2 - 2[(x_{M_i} - x_A)k\cos\gamma + (y_{M_i} - y_A)k\sin\gamma]\cos\theta_{2i} + 2[(x_{M_i} - x_A)k\sin\gamma + (y_{M_i} - y_A)k\cos\gamma]\sin\theta_{2i} = 0 \tag{4-10}$$

同理,由其右侧双杆组可得

$$(x_{M_i} - x_D)^2 + (y_{M_i} - y_D)^2 + e^2 - c^2 - 2[(y_{M_i} - y_D)e\sin\alpha + (x_{M_i} - x_D)e\cos\alpha]\cos\theta_{2i} + 2[(x_{M_i} - x_D)e\sin\alpha + (y_{M_i} - y_D)e\cos\alpha]\sin\theta_{2i} = 0 \tag{4-11}$$

式(4-10)和式(4-11)为非线性方程,各含有 5 个待定参数,分别为 x_A、y_A、a、k、γ 和 x_D、y_D、c、e、α,故最多也只能按 5 个连杆预定位置精确求解。当预定位置 $N<5$ 时,可预选 $N_0 = 5-N$ 个参数。当 $N=3$,并预选 x、y 后,式(4-10)可化为线性方程

$$X_0 + A_{1i}X_1 + A_{2i}X_2 + A_{3i} = 0 \tag{4-12}$$

其中,$X_0 = k^2 - a^2$,$X_1 = k\cos\gamma$,$X_2 = k\sin\gamma$ 为新变量;$A_{1i} = 2[(x_A - x_{M_i})\cos\theta_{2i} + (y_A - y_{M_i})\sin\theta_{2i}]$,$A_{2i} = 2[(y_A - y_{M_i})\cos\theta_{2i} + (x_A - x_{M_i})\sin\theta_{2i}]$,$A_{3i} = (x_{M_i} - x_A)^2 + (y_{M_i} - y_A)^2$ 为已知系数。

由式(4-12)解得 X_0、X_1、X_2 后,即可求得待定参数

$$k = \sqrt{X_1^2 + X_2^2}, \quad a = \sqrt{k^2 - 2X_0}, \quad \tan\gamma = X_2/X_1 \tag{4-13}$$

B 点的坐标为

$$\begin{cases} x_{B_i} = x_{M_i} - k\cos(\gamma+\theta_{2i}) \\ y_{B_i} = y_{M_i} - k\sin(\gamma+\theta_{2i}) \end{cases} \tag{4-14}$$

同理,当预选 x_D、y_D 后,由式(4-11)可求得 e、c、α 及 x_{C_i}、y_{C_i}。而四杆机构的连杆长 b 和机架长 d 为

$$\begin{cases} b = \sqrt{(x_{B_i} - x_{C_i})^2 + (y_{B_i} - y_{C_i})^2} \\ d = \sqrt{(x_A - x_D)^2 + (y_A - y_D)^2} \end{cases} \tag{4-15}$$

课后习题

4-1 铰链四杆机构中,转动副成为周转副的条件是什么?

4-2 铰链四杆机构的基本型式有哪些?

4-3 平面四杆机构存在曲柄的条件是什么?何时为曲柄摇杆机构?何时为双曲柄机构?

4-4 曲柄摇杆机构中,当以曲柄为主动件时,机构是否一定存在急回运动,且一定无死点?为什么?

4-5 什么是连杆机构的压力角和传动角?最小传动角发生在什么位置?

4-6 什么是行程速度变化系数、急回运动特性、极位夹角?

4-7 图 4-39a 所示为偏心轮式容积泵;图 4-39b 所示为由四个四杆机构组成的转动翼

板式容积泵。试绘出两种泵的机构运动简图，并说明它们为何种四杆机构，为什么？

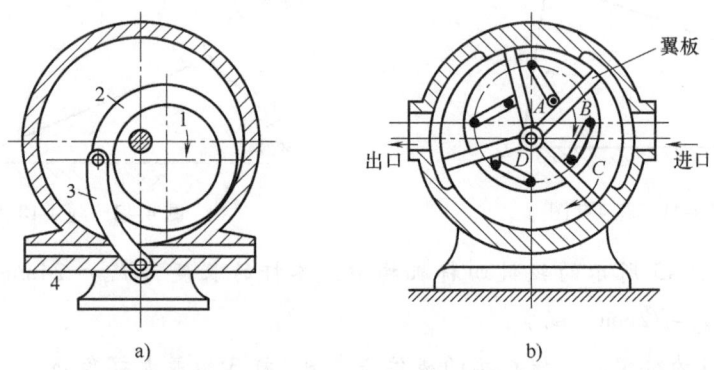

图 4-39　题 4-7 图

4-8　试画出图 4-40 所示两种机构的机构运动简图，并说明它们各为何种机构。

图 4-40a 中，偏心盘 1 绕固定轴 O 转动，迫使偏心盘 2 在圆盘 3 中绕其几何中心 B 相对转动，而圆盘 3 又相对于机架绕其几何中心 C 转动。

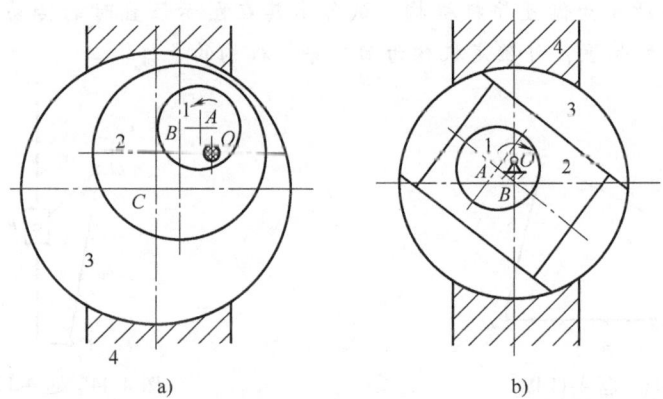

图 4-40　题 4-8 图

图 4-40b 中，偏心盘 1 绕固定轴 O 转动，迫使滑块 2 在圆盘的槽中来回滑动，而圆盘 3 又相对于机架转动。

4-9　如图 4-41 所示，设已知四杆机构各构件的长度为 $a=240\mathrm{mm}$，$b=600\mathrm{mm}$，$c=400\mathrm{mm}$，$d=500\mathrm{mm}$。试问：

1）当取杆 4 为机架时，是否有曲柄存在？

2）若各构件长度不变，能否采用选不同杆为机架的办法获得双曲柄机构和双摇杆机构？如何获得？

3）若 a、b、c 三杆的长度不变，取杆 4 为机架，要获得曲柄摇杆机构，d 的取值范围应为何值？

4-10　图 4-42 所示为一偏置曲柄滑块机构，试求杆 AB 为曲柄的条件。若偏距 $e=0$，则杆 AB 为曲柄的条件是什么？

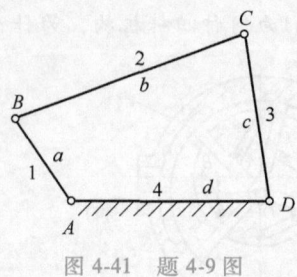

图 4-41 题 4-9 图

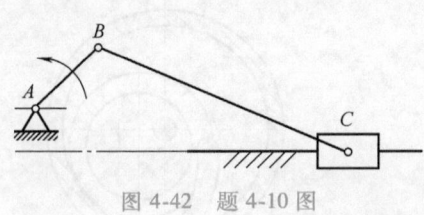

图 4-42 题 4-10 图

4-11 在图 4-43 所示的铰链四杆机构中,各杆的长度为 $l_{AB}=24\mathrm{mm}$, $l_{BC}=52\mathrm{mm}$, $l_{CD}=50\mathrm{mm}$, $l_{AD}=72\mathrm{mm}$,试求:

1) 当取杆 4 为机架时,该机构的极位夹角 θ、杆 3 的最大摆角 φ、最小传动角 $\gamma_{\min}$ 和行程速度变化系数 K。

2) 当取杆 1 为机架时,将演化成何种类型的机构?为什么?并说明这时 C、D 两个转动副是周转副还是摆转副。

3) 杆 3 为机架时,又将演化成何种机构?这时 A、B 两个转动副是否仍为周转副?

4-12 图 4-44 所示为偏置导杆机构,试作出其在图示位置时的传动角以及机构的最小传动角及其出现的位置,并确定机构为回转导杆机构的条件。

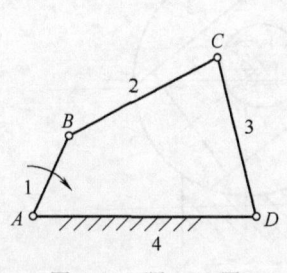

图 4-43 题 4-11 图

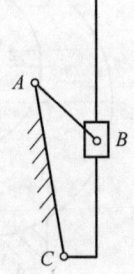

图 4-44 题 4-12 图

4-13 图 4-45 所示为一试验用小电炉的炉门装置,关闭时为位置 E_1,开启时为位置 E_2。试设计一个四杆机构来操作炉门的开关(各有关尺寸见图)。开起时,炉门应向外开起,炉门与炉体不得发生干涉。而关闭时,炉门应有一个自动压向炉体的趋势(图中 S 为炉门质心位置)。B、C 为两活动铰链所在位置。

4-14 图 4-46 所示为公共汽车车门开关机构。已知车门上铰链 C 沿水平直线移动,铰链 B 绕固定铰链 A 转动,车门关闭位置与开起位置夹角为 $\alpha=115°$,$AB_1/\!/C_1C_2$,$l_{BC}=400\mathrm{mm}$,$l_{C_1C_2}=550\mathrm{mm}$。试求构件 AB 的长度,验算最小传动角,并绘出在运动中车门所占据的空间(作为公共汽车的车门,要求其在开关过程中所占据的空间越小越好)。

4-15 图 4-47 所示为一已知的曲柄摇杆机构,现要求用一连杆将摇杆 CD 和滑块 F 连接起来,使摇杆的三个已知位置 C_1D、C_2D、C_3D 和滑块的三个位置 F_1、F_2、F_3 相对应(图示尺寸是按比例绘出的)。试确定此连杆的长度及其与摇杆 CD 铰接点的位置。

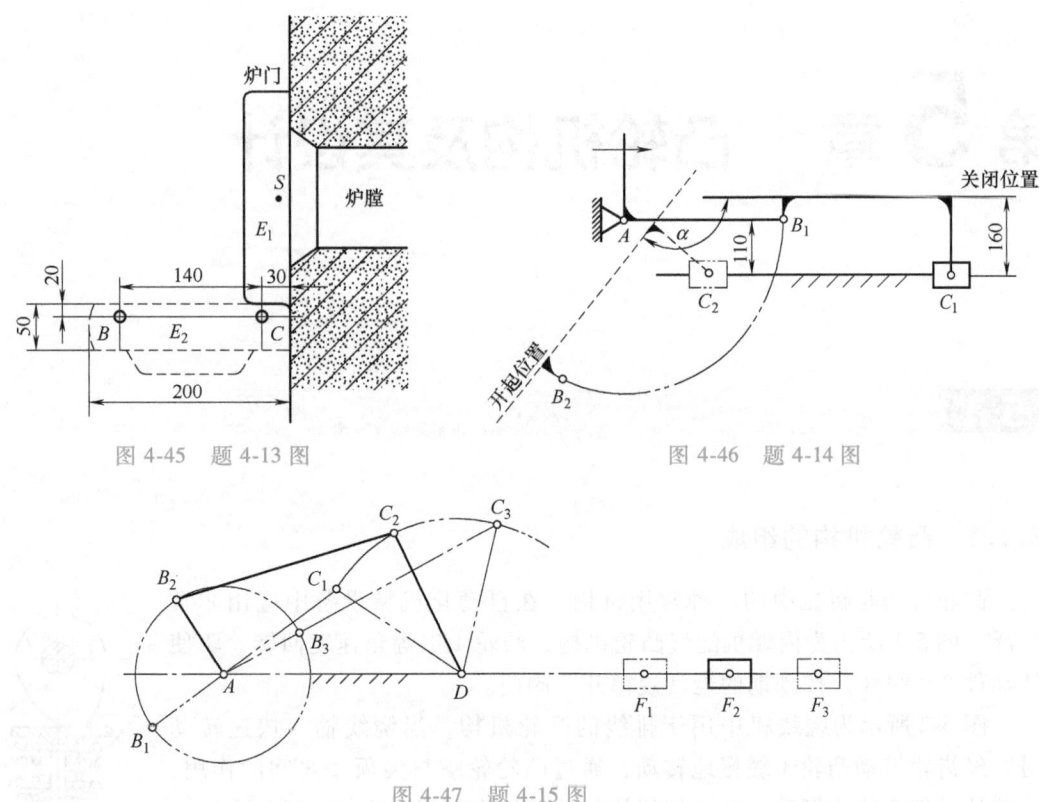

图 4-45　题 4-13 图　　　　　图 4-46　题 4-14 图

图 4-47　题 4-15 图

4-16　图 4-48 所示为某仪表中采用的摇杆滑块机构，若已知滑块和摇杆的对应位置为 $s_1=36$mm，$s_{12}=4$mm，$s_{23}=9$mm，$\varphi_{12}=25°$，$\varphi_{23}=35°$，摇杆的第Ⅱ位置在铅垂方向上，滑块上铰链点取在点 B，偏距 $e=24$mm。试确定曲柄和连杆长度。

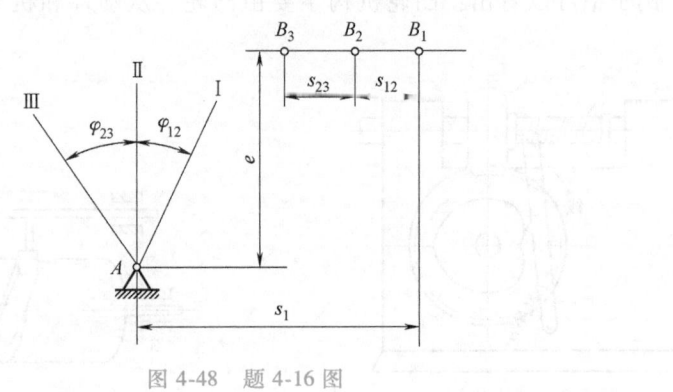

图 4-48　题 4-16 图

第 5 章 凸轮机构及其设计

5.1 凸轮机构概述

5.1.1 凸轮机构的组成

凸轮机构是机械中的一种常用机构,在自动化机械设备中应用非常广泛。图 5-1 所示为内燃机配气凸轮机构,凸轮 1 以等角速度回转,驱使从动件 2（阀杆）按预期的运动规律开关阀门。

图 5-2 所示为绕线机中用于排线的凸轮机构,当绕线轴 3 快速转动时,经齿轮带动凸轮 1 缓慢地转动,通过凸轮轮廓与尖顶 A 之间的作用,驱使从动件 2 往复摆动,从而使线均匀地缠绕在绕线轴上。

图 5-3 所示为自动送料机构,当带有凹槽的凸轮 1 转动时,通过槽中的滚子驱使从动件 2 做往复移动。凸轮每回转一周,从动件即从储料器中推出一个毛坯,送到加工位置。

从以上例子中可以看出:凸轮机构主要由凸轮、从动件和机架三个构件组成。

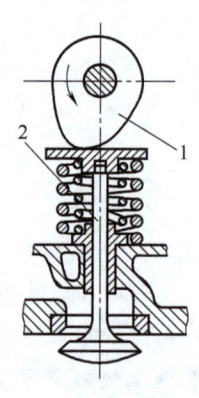

图 5-1 内燃机配气凸轮机构

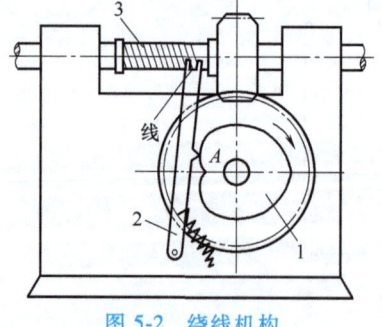

图 5-2 绕线机构

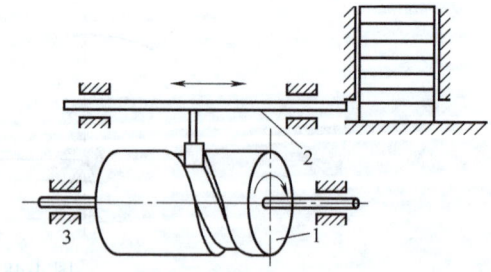

图 5-3 自动送料机构

5.1.2 凸轮机构的优缺点

凸轮机构的最大优点是只要适当地设计出凸轮的轮廓曲线,就可以使从动件得到各种预期的运动规律,而且具有响应快速、机构简单、紧凑的优点。因此,凸轮机构不可能被数控、电控等装置完全代替。凸轮机构的

码 5-1 凸轮机构应用的展示动画

缺点是凸轮廓线与从动件之间为点接触或线接触，易磨损，制造困难。

现代机械正向高速运动方向发展，凸轮机构的运动速度也越来越高。因此，高速凸轮的设计及其动力学问题的研究已引起普遍重视，并已提出了许多适于在高速条件下采用的从动件运动规律以及一些新型的凸轮机构。另外，随着计算机的发展，凸轮机构的计算机辅助设计和制造、反求设计已获得普遍应用，从而提高了设计和加工的速度及质量，这也为凸轮机构的更广泛应用创造了条件。

5.2 凸轮机构的分类与应用

5.2.1 凸轮机构的分类

根据凸轮及从动件形状和运动形式的不同，凸轮机构可以分为多种类型。

1. 按凸轮的形状分

（1）盘形凸轮　如图 5-4a 所示，这种凸轮是一个具有变向径的盘形构件。当它绕固定轴转动时，可推动从动件在垂直于凸轮轴的平面内运动。图 5-4b 所示为具有曲线轮廓做往复直线运动的盘形移动凸轮。由于这两种凸轮运动平面与从动件运动平面平行，故称为平面凸轮。

（2）圆柱凸轮　这种凸轮是一个在圆柱端面上作出曲线轮廓或在圆柱面上开有曲线凹槽的构件，如图 5-4c、d 所示。当其转动时，可使从动件在与圆柱凸轮轴线平行的平面内运动。由于凸轮与从动件的运动不在同一平面内，故又称圆柱凸轮为空间凸轮。圆柱凸轮可看作是将移动凸轮卷在圆柱体上形成的。

2. 按从动件的形状和运动形式分

（1）尖底从动件　如图 5-5a、b 所示，这种从动件结构简单，实际中尖底常做成小圆弧状，由于接触应力高，易磨损，故只适用于低速、轻载的场合。

（2）滚子从动件　如图 5-5c、d 所示，由于滚子的存在，这种从动件与凸轮间属于滚动摩擦，磨损小，可传递较大的动力，应用较广。

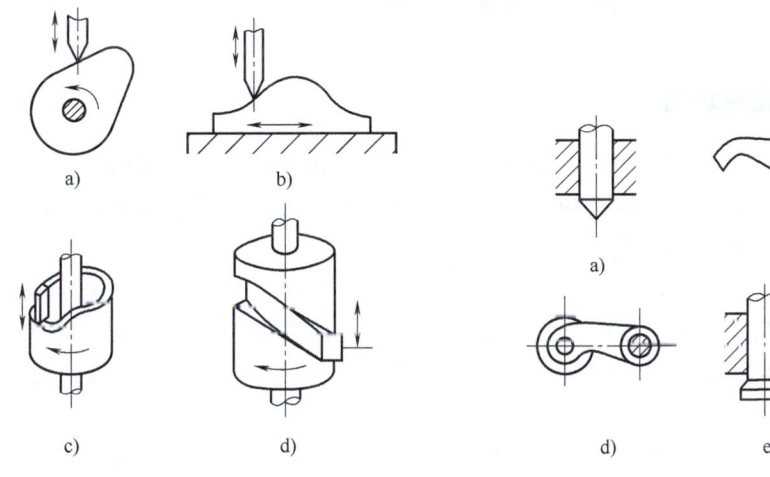

图 5-4　凸轮类型

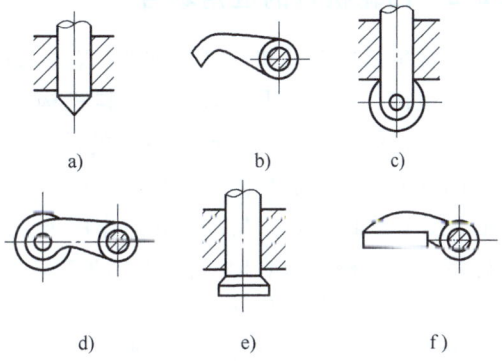

图 5-5　从动件类型

（3）平底从动件　如图5-5e、f所示，这种从动件与凸轮间的作用力方向不变，故受力平稳，两者之间易形成油膜，润滑较好，常用于高速传动。

根据从动件运动形式的不同，把做往复直线运动的从动件称为移动从动件，做往复摆动的从动件称为摆动从动件。导路通过凸轮回转中心的从动件称为对心从动件；不通过凸轮回转中心的从动件称为偏置从动件。当凸轮逆时针方向转动时，导路在回转中心左侧称为左偏置，否则称为右偏置。

3. 按凸轮与从动件保持接触（锁合）的方法分

（1）力锁合凸轮机构　利用从动件重力、弹簧力或其他外力使从动件与凸轮保持接触。

（2）几何锁合凸轮机构　依靠凸轮和从动件的特殊几何形状而始终保持接触。例如，在图5-6a所示的凸轮机构中，是利用凸轮上的凹槽与置于槽中从动件的滚子使凸轮与从动件始终保持接触的。在图5-6b所示的等宽凸轮机构中，因与凸轮轮廓相切的任意两平行线间的距离始终相等，且等于框形从动件内框上、下壁间的宽度，所以凸轮和从动件可始终保持接触。在图5-6c所示的等径凸轮机构中，因凸轮理论廓线在径向线上两点之间的距离处处相等，故可使凸轮与推杆始终保持接触。图5-6d所示为共轭凸轮（或称主回凸轮）机构，在此机构中，用两个固结在一起的凸轮控制同一从动件，从而形成几何形状封闭，使凸轮与从动件始终保持接触。

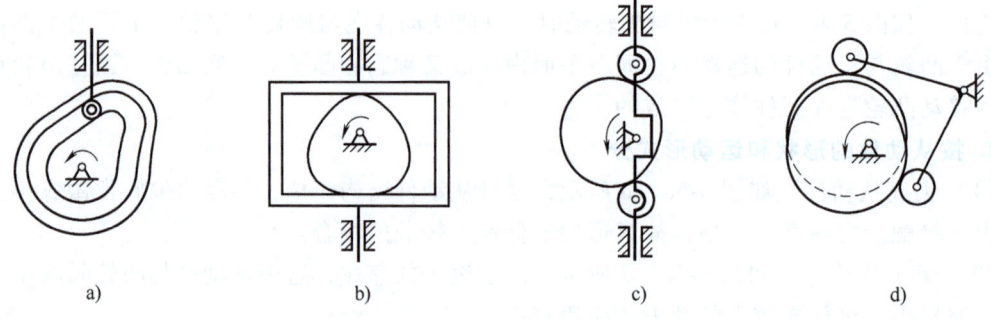

a)　　　　　　　　b)　　　　　　　　c)　　　　　　　　d)

图 5-6　几何锁合凸轮机构

5.2.2　凸轮机构的应用场合

日常生活中凸轮机构使用非常广泛，如图5-1所示的内燃机配气凸轮机构、图5-2所示的绕线机构、图5-3所示的自动送料机构等。又如图5-7所示的录音机卷带装置、图5-8所示的刀具进给机构，均有凸轮机构的使用。

图5-7所示为录音机卷带装置中的凸轮机构，凸轮1随放音键上下移动。放音时，凸轮1处于图示最低位置，在弹簧6的作用下，安装于带轮轴上的摩擦轮4紧靠卷带轮5，从而将磁带卷紧。停止放音时，凸轮1随按键上移，其轮廓压迫从动件2顺时针摆动，使摩擦轮与卷带轮分离，从而停止卷带。

图5-8所示为自动机床中用来控制刀具进给运动的凸轮机构，凸轮1等角速度转动，带动从动件2往复摆动，其上的扇形齿轮与齿条3啮合传动，齿条3的往复运动带动刀具4往

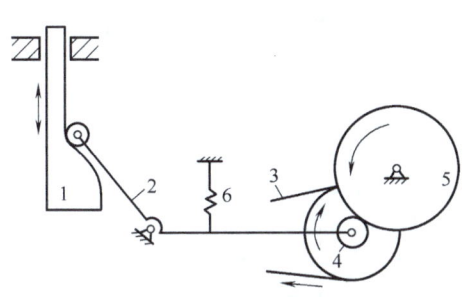
图 5-7 录音机卷带装置

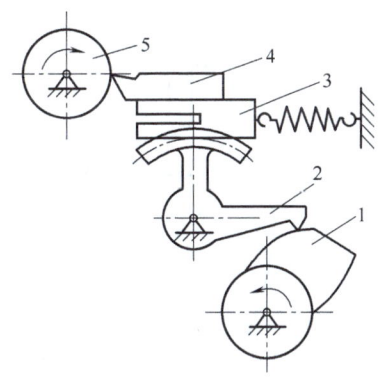
图 5-8 刀具进给机构

复运动，工件 5 转动，则刀具 4 切削工件 5。刀具的一个进给运动循环包括：刀具以较快的速度接近工件；刀具等速前进以切削工件；完成切削动作后，刀具快速退回；刀具复位后，停留一段时间等待更换工件等动作。然后重复上述运动循环。这样一个复杂的运动规律，是由一个做等速回转运动的凸轮通过摆动从动件来控制实现的。

码 5-2 气动
手指凸轮
演示动画

5.3 从动件的运动规律

凸轮机构设计的基本任务是根据工作要求选定合适的凸轮机构形式、从动件的运动规律、相关结构的基本尺寸，然后根据选定的从动件运动规律设计出凸轮应有的轮廓曲线。从动件运动规律选择关系到凸轮机构的工作质量。本节将介绍凸轮机构的基本术语，以及从动件常用的五种运动规律，并对从动件运动规律选择问题做简要的讨论。

5.3.1 凸轮机构的基本术语

在介绍从动件的运动规律之前，首先介绍关于凸轮的基本术语。

（1）基圆　以凸轮的回转中心为圆心、凸轮轮廓的最小向径（即凸轮最小半径）为半径所作的圆，称为凸轮的基圆，基圆半径通常用 r_b 表示，如图 5-9 所示。基圆是设计凸轮轮廓曲线的基准。

（2）推程　从动件从距凸轮回转中心的最近点向最远点运动的过程。

（3）回程　从动件从距凸轮回转中心的最远点向最近点运动的过程。

（4）远休止　从动件在距凸轮回转中心的最远点静止不动的过程。

（5）近休止　从动件在距凸轮回转中心的最近点静止不动的过程。

（6）行程　从动件从距凸轮回转中心的最近点运动到最远点所通过的距离，或从最远点回到最近点所通过的距离。行程是指从动件的最大运动距离，常用 h 来表示。

（7）凸轮转角　凸轮绕回转中心转过的角度，称为凸轮转角，用 δ 表示。

（8）推程运动角　从动件从距凸轮回转中心的最近点运动到最远点时，对应凸轮所转过的角度称为推程运动角，用 δ_0 表示。

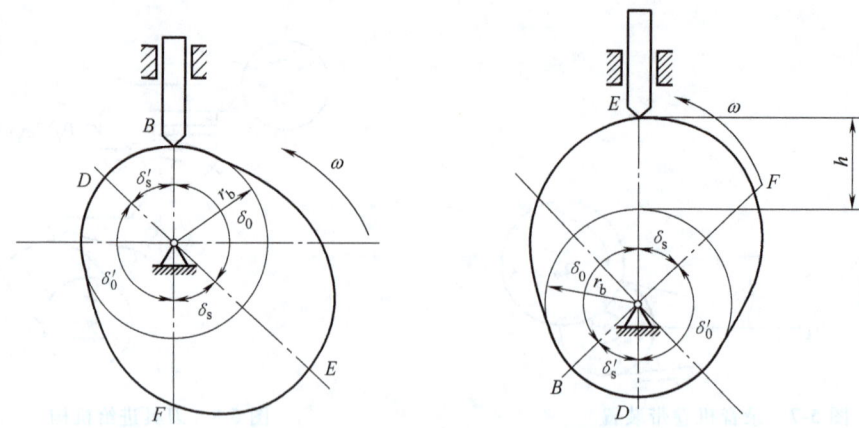

图 5-9 凸轮机构的部分基本术语

（9）回程运动角　从动件从距凸轮回转中心的最远点运动到最近点时，对应凸轮所转过的角度称为回程运动角，用 δ_0' 表示。

（10）远休止角　从动件在距凸轮回转中心的最远点静止不动时，对应凸轮所转过的角度称为远休止角，用 δ_s 表示。

（11）近休止角　从动件在距凸轮回转中心的最近点静止不动时，对应凸轮所转过的角度称为近休止角，用 δ_s' 表示。

（12）从动件的位移　凸轮转过转角 δ 时，从动件所运动的距离称为从动件的位移。位移 s 从距凸轮回转中心的最近点开始度量。对于摆动从动件，其位移为角位移，只需把直动从动件的运动参数转化为相应的摆动运动参数即可。

码 5-3　凸轮工作过程动画展示

图 5-10 所示为对心直动尖底从动件盘形凸轮机构的运动循环图。随着凸轮的转动，从动件逐渐升高，当升高到最高点时，推程运动角为 $\delta_0 = \angle BOE$。凸轮升高到最高点后，凸轮远休止轮廓线 EF 段为圆弧，其远休止角为 $\delta_s = \angle EOF$。从点 F 开始，随着凸轮的继续转动，从动件开始下降，当下降到最低点时，回程运动角为 $\delta_0' = \angle FOD$，凸轮从 D 点继续转到 B 点时，从动件在最低位置静止不动，DB 段的凸轮转角为近休止角 $\delta_s' = \angle DOB$。显然，在一个运动循环中，推程运动角、远休止角、回程运动角和近休止角之间应该满足以下关系：

$$\delta_0 + \delta_0' + \delta_s + \delta_s' = 360° \quad (5-1)$$

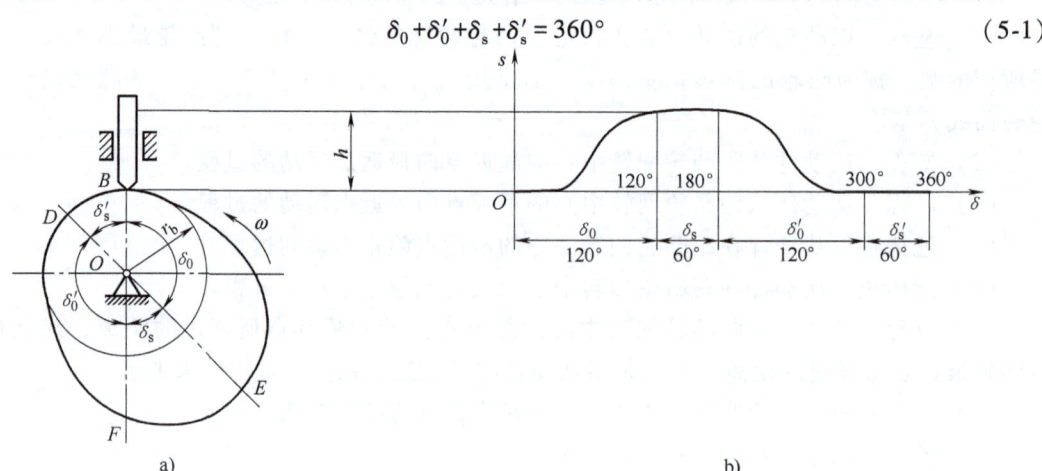

a)　　　　　　　　　　　　　　b)

图 5-10　对心直动尖底从动件盘形凸轮机构的运动循环图

在设计凸轮机构时,凸轮的运动应根据实际的工作要求进行设计。如果没有远休止过程和近休止过程,则其远休止角和近休止角均等于零。

5.3.2 从动件运动规律

所谓从动件运动规律,是指从动件的位移 s、速度 v 和加速度 a,随凸轮转角 δ 变化的规律。根据从动件运动规律所用的数学表达式不同,常用的主要有多项式运动规律和三角函数运动规律两大类。下面分别加以介绍。

1. 常用的运动规律

(1) 多项式运动规律　多项式运动规律的表达形式为

$$s = C_0 + C_1\delta + C_2\delta^2 + \cdots + C_n\delta^n \tag{5-2}$$

式中,s 为从动件的位移;δ 为凸轮转角;C_0、C_1、C_2、$\cdots$、C_n 为待定系数,必须由边界条件来确定。

1) 一次多项式运动规律。下面以推程为例,推导从动件的运动规律。设凸轮以等角速度 ω 转过 δ 时从动件的升程为 s,可得从动件的运动规律为

$$\begin{cases} s = C_0 + C_1\delta \\ v = C_1\omega \\ a = 0 \end{cases} \tag{5-3}$$

提取边界条件为:
起始点:$\delta = 0$,$s = 0$。
终止点:$\delta = \delta_0$,$s = h$。
将边界条件代入式 (5-3),可得从动件的运动规律为

$$\begin{cases} s = h\delta/\delta_0 \\ v = h\omega/\delta_0 \\ a = 0 \end{cases} \tag{5-4}$$

同样可推导出从动件回程阶段的运动规律。

由上述可知,从动件此时做等速运动,故又称为等速运动规律。图 5-11 所示为其运动规律线图。从动件在运动起始和终止位置时速度有突变,此时加速度为无穷大,从而使从动件突然产生无穷大的惯性力。虽然由于材料的弹性,加速度和惯性力不至于达到无穷大,但仍会使机构产生极大的冲击,这种冲击称为刚性冲击。

2) 二次多项式运动规律。二次多项式运动规律的表达形式为

$$\begin{cases} s = C_0 + C_1\delta + C_2\delta^2 \\ v = C_1\omega + 2C_2\omega\delta \\ a = 2C_2\omega^2 \end{cases} \tag{5-5}$$

由式 (5-5) 可见,从动件运动的加速度为常数。而从动件在升程或回程的起始和终止位置的速度皆为零,所以从动件在运动过程中必须先做等加速运动后再做等减速运动(又称等加速等减速运动规律)。为方便研究,假定加速、减速阶段加速度的绝对值相等,加

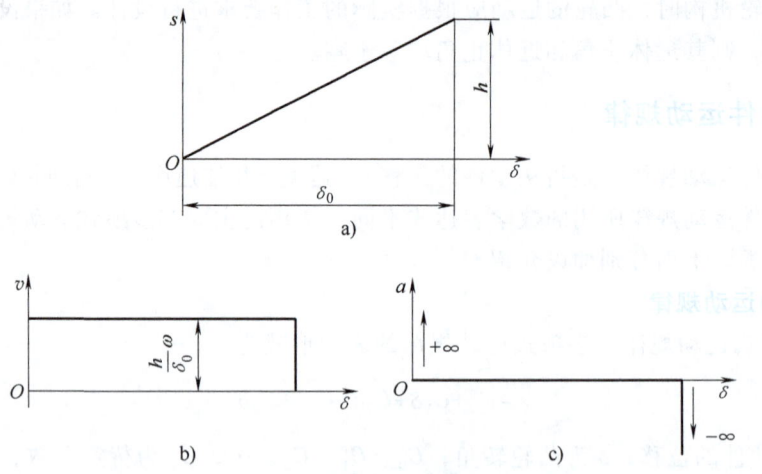

图 5-11 等速运动规律线图

速、减速阶段所用的时间相等。因此，加速和减速阶段从动件的位移自然也相等。下面以推程为例来推导从动件的运动规律。

提取从动件在加速阶段的边界条件为：

起始点：$\delta=0$，$s=0$，$v=0$。

终止点：$\delta=\delta_0$，$s=h/2$。

将边界条件代入式（5-5），可得从动件在加速阶段的运动规律为

$$\begin{cases} s = 2h\delta^2/\delta_0^2 \\ v = 4h\omega\delta/\delta_0^2 \\ a = 4h\omega^2/\delta_0^2 \end{cases} \tag{5-6}$$

从动件在减速阶段的边界条件为：

起始点：$\delta=\delta_0/2$，$s=h/2$。

终止点：$\delta=\delta_0$，$s=h$，$v=0$。

将边界条件代入式（5-5），可得从动件在减速阶段的运动规律为

$$\begin{cases} s = h - 2h(\delta_0-\delta)^2/\delta_0^2 \\ v = 4h\omega(\delta_0-\delta)/\delta_0^2 \\ a = -4h\omega^2/\delta_0^2 \end{cases} \tag{5-7}$$

同样可推导出从动件回程阶段的运动规律。

从动件推程的运动规律线图如图 5-12 所示，虽然速度曲线连续，不会产生刚性冲击，但由于加速度曲线不连续，仍然有冲击存在。因为加速度的变化为有限值，即加速度所产生的惯性力为有限值，所以这种冲击称为柔性冲击。它适用于中速运动的场合。

3）五次多项式运动规律。五次多项式运动规律的表达形式为

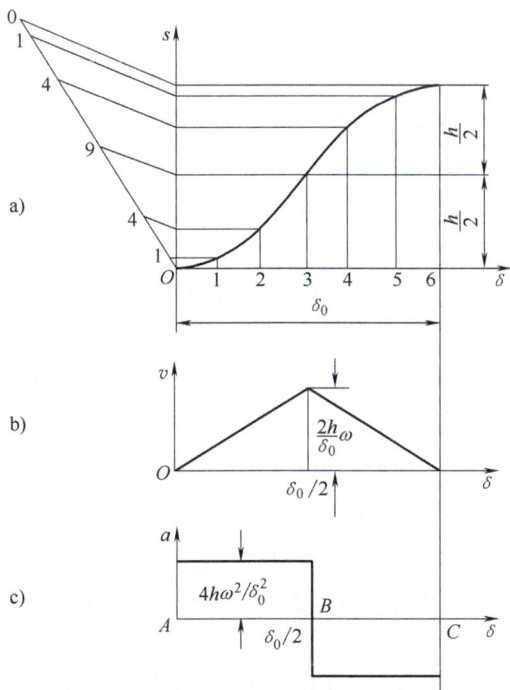

图 5-12 等加速等减速运动线图

$$\begin{cases} s = C_0 + C_1\delta + C_2\delta^2 + C_3\delta^3 + C_4\delta^4 + C_5\delta^5 \\ v = \dfrac{ds}{dt} = C_1\omega + 2C_2\omega\delta + 3C_3\omega\delta^2 + 4C_4\omega\delta^3 + 5C_5\omega\delta^4 \\ a = \dfrac{dv}{dt} = 2C_2\omega^2 + 6C_3\omega^2\delta + 12C_4\omega^2\delta^2 + 20C_5\omega^2\delta^3 \end{cases} \quad (5\text{-}8)$$

因待定系数有 6 个，故设 6 个边界条件为：

起始点：$\delta=0$，$s=0$，$v=0$，$a=0$。

终止点：$\delta=\delta_0$，$s=h$，$v=0$，$a=0$。

将边界条件代入式（5-8），可解得

$$C_0 = C_1 = C_2 = 0$$

从动件在推程中的位移方程为

$$s = 10h\left(\dfrac{\delta}{\delta_0}\right)^3 - 15h\left(\dfrac{\delta}{\delta_0}\right)^4 + 6h\left(\dfrac{\delta}{\delta_0}\right)^5$$

将上式对时间两次求导，分别得

$$\begin{cases} s = h\left[10\left(\dfrac{\delta}{\delta_0}\right)^3 - 15\left(\dfrac{\delta}{\delta_0}\right)^4 + 6\left(\dfrac{\delta}{\delta_0}\right)^5\right] \\ v = \dfrac{h}{t_0}\left[30\left(\dfrac{\delta}{\delta_0}\right)^2 - 60\left(\dfrac{\delta}{\delta_0}\right)^3 + 30\left(\dfrac{\delta}{\delta_0}\right)^4\right] \\ a = \dfrac{h}{t_0^2}\left[60\left(\dfrac{\delta}{\delta_0}\right) - 180\left(\dfrac{\delta}{\delta_0}\right)^2 + 120\left(\dfrac{\delta}{\delta_0}\right)^3\right] \end{cases} \quad (5\text{-}9)$$

式中，t_0 为推程所用时间，$t_0 = \dfrac{\delta_0}{\omega}$。

因式（5-9）表示的位移方程中仅含有 3、4、5 次项，故这种运动规律又称为 3-4-5 次多项式运动规律。此运动规律既无刚性冲击又无柔性冲击，适用于高速中载的场合。

根据工作要求还可以推导出其他运动规律，但当边界条件增多时，会使设计计算复杂，加工精度也难以达到，故目前太高次项的多项式运动规律应用不多。

（2）三角函数运动规律

1）余弦加速度运动规律。该运动规律又称简谐运动规律，其加速度按余弦曲线变化。余弦加速度运动规律的几何解释是：质点在圆周上做匀速运动时，它在直径上的运动投影即为余弦加速度运动规律。从动件在推程阶段的余弦加速度运动规律为

$$\begin{cases} s = h[1-\cos(\pi\delta/\delta_0)]/2 \\ v = h\pi\omega\sin(\pi\delta/\delta_0)/(2\delta_0) \\ a = h\pi^2\omega^2\cos(\pi\delta/\delta_0)/(2\delta_0^2) \end{cases} \tag{5-10}$$

同样可推导出从动件回程阶段的运动规律。

从图 5-13 可知，其加速度曲线在运动的起始和终止位置有突变，因此也会产生柔性冲击，它适用于中速运动场合。

2）正弦加速度运动规律。该运动规律又称为摆线运动规律，其加速度按正弦曲线变化。正弦加速度运动规律的几何解释是：当滚圆沿纵轴做匀速纯滚动时，其上任一点在纵轴上的投影运动即为正弦加速度运动规律。从动件在推程阶段的正弦加速度运动规律为

$$\begin{cases} s = h[(\delta/\delta_0) - \sin(2\pi\delta/\delta_0)/(2\pi)] \\ v = h\omega[1-\cos(2\pi\delta/\delta_0)]/\delta_0 \\ a = 2\pi h\omega^2\sin(2\pi\delta/\delta_0)/\delta_0^2 \end{cases} \tag{5-11}$$

同样可推导出从动件回程阶段的运动规律。

由图 5-14 可知，其速度曲线和加速度曲线均连续而无突变，故它既无刚性冲击又无柔性冲击，适用于高速运动场合。

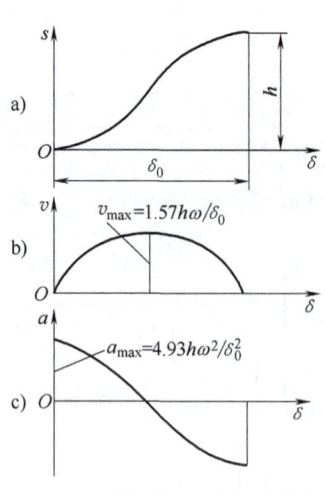

图 5-13 余弦加速度运动线图

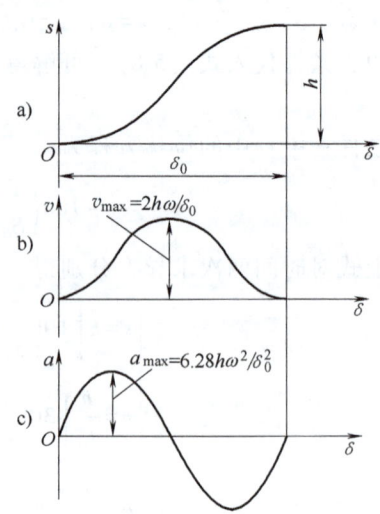

图 5-14 正弦加速度运动线图

2. 组合型运动规律

在实际应用中，除了选用上面介绍的几种基本运动规律外，还可以选用其他类型的运动规律，也可以将几种不同的基本运动规律组合起来，形成新的组合型运动规律，可以改善凸轮机构的运动和动力特性，以满足工程实际中的多样化要求。

运动规律的组合原则：

1) 按凸轮机构的工作要求选择一种基本运动规律作为主体运动规律，然后用其他运动规律与之组合，通过优化对比，寻求最佳的组合形式。

2) 在行程的起点和终点处，有较好的边界条件。

3) 在运动规律的连接点处，根据不同的使用要求，应满足位移、速度、加速度甚至是更高一阶导数的连续条件，以减少或避免冲击。

4) 各段运动规律要有较好的动力特性。

例如，要求从动件做等速运动，但在行程的起点和终点处应能够避免任何形式的冲击。这里以等速运动规律为主体，在行程的起点和终点处可用摆线运动规律或五次多项式运动规律来组合。图 5-15 所示为等速运动规律与五次多项式运动规律的组合。改进后，等速运动 (AB) 段与原直线的斜率相比略有变化，其速度也存在一些变化，但对运动影响不大。

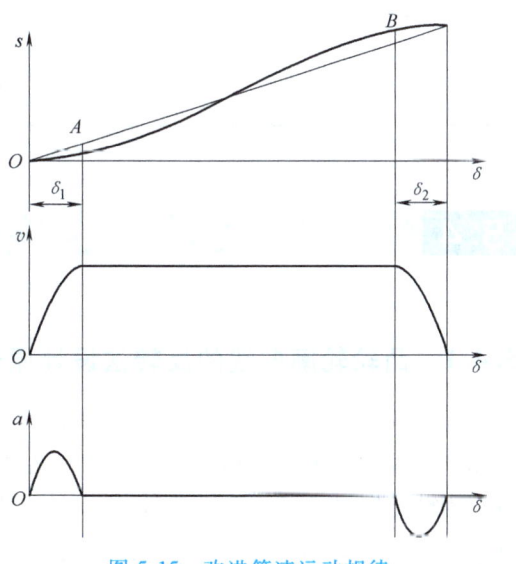

图 5-15　改进等速运动规律

5.3.3　从动件运动规律的选择

选择从动件运动规律时，涉及的问题很多，首先应考虑机器的工作过程对其提出的要求，同时又应使凸轮机构具有良好的动力性能和可加工性等，一般可从以下几个方面着手考虑：

1. 满足机器的工作要求

需要保证从动件按一定的运动规律运动，例如，在图 5-8 所示的自动机床进刀机构用凸轮机构中，为保证加工厚度均匀、表面光滑，则要求刀架工作行程的速度不变，故选用等速运动规律。

2. 使凸轮机构具有良好的动力性能

除了考虑各种运动规律的刚性、柔性冲击外，还应对其所产生的最大速度 v_{max} 和最大加速度 a_{max} 及其影响加以分析比较。通常最大速度 v_{max} 越大，则从动件系统的最大动量 mv_{max}（m 为从动件系统的质量）越大，故在起动、停止或突然制动时会产生很大冲击。因此，对于质量大的从动件系统，应选择 v_{max} 较小的运动规律。另外，最大加速度 a_{max} 越大，则惯性力越大，由惯性力引起的动压力对机构的强度和磨损都有很大的影响。a_{max} 是影响动力学性能的主要因素，因此高速凸轮机构要注意 a_{max} 不宜太大。表 5-1 可供选择从动件运动规律时参考。

表 5-1 从动件常用运动规律特性比较

运动规律	v_{max}	a_{max}	冲击	适用范围
等速	$1.00 \times \frac{h\omega}{\delta_0}$	∞	刚性	低速轻载
等加速等减速	$2.00 \times \frac{h\omega}{\delta_0}$	$4.00 \times \frac{h\omega^2}{\delta_0^2}$	柔性	中速轻载
余弦	$1.57 \times \frac{h\omega}{\delta_0}$	$4.93 \times \frac{h\omega^2}{\delta_0^2}$	柔性	中速中载
正弦	$2.00 \times \frac{h\omega}{\delta_0}$	$6.28 \times \frac{h\omega^2}{\delta_0^2}$	无	高速轻载

5.4 凸轮轮廓曲线的绘制

5.4.1 凸轮轮廓曲线的反转法设计原理

如图 5-16 所示，凸轮以等角速度 ω 绕轴 O 逆时针方向转动时，从动件将按预定的运动规律在导路中上下往复移动。当从动件处在最低位置时，凸轮轮廓曲线与从动件在 A 点接触；当凸轮转过 δ_1 角时，凸轮轮廓将转到图中细双点画线所示的位置，而从动件尖端将从最低位置 A 上升到 B'，上升的距离为 $s_1 = \overline{AB'}$。凸轮机构工作时，凸轮与从动件接触点的集合实际上就是凸轮的轮廓线，凸轮的轮廓线相当于从动件绕着凸轮母体反转"画"出来的。下面以图 5-16 所示的对心尖底直动从动件盘形凸轮机构为例说明反转法设计的思路。

先给整个凸轮机构附加一个"$-\omega$"的运动，其相当于凸轮固定不动，而从动件连同导路一起绕点 O 以角速度"$-\omega$"转动，同时又在导路中做预定规律的相对移动。如图 5-16 所示，当从动件反转过 δ_1 角运动到图中细双点画线所示的位置时，从动件移动的距离为 $\overline{A_1B}$，$\overline{A_1B} = \overline{AB'} = s_1$，即在上述两种情况下从动件移动的距离是相等的。由于从动件的尖底在运动过程中始终与凸轮的轮廓曲线保持接触，所以此时从动件尖底所占据的位置 B 一定是凸轮轮廓曲线上的一点。若继续反转从动件，即可得到凸轮轮廓曲线上的其他点，将所有点用光滑曲线连起来即得凸轮轮廓曲线。反转法的关键在于抓住凸轮机构实际工作中从动件与凸轮轮廓曲线之间保持接触的基本特征。

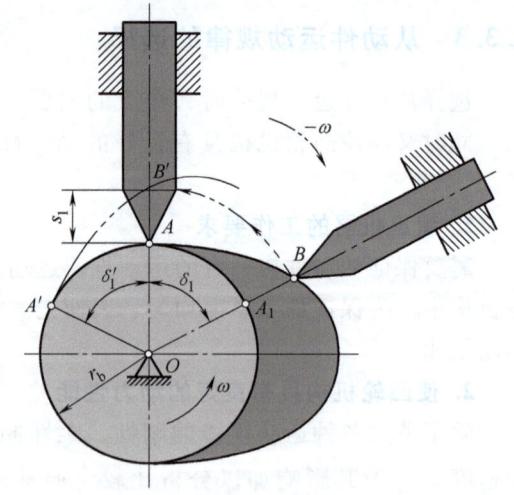

图 5-16 反转法设计原理

依据凸轮轮廓曲线的反转法设计原理，凸轮轮廓曲线的设计方法可以分为图解法和解析法两大类。

5.4.2 凸轮轮廓曲线的图解法设计

1. 偏置直动尖底从动件盘形凸轮机构

图 5-17a 所示为一偏置直动尖底从动件盘形凸轮机构，图 5-17b 所示为给定的从动件位移曲线。设凸轮以等角速度 ω 逆时针方向转动，其基圆半径 r_b 和偏距 e 均为已知，则作图步骤如下：

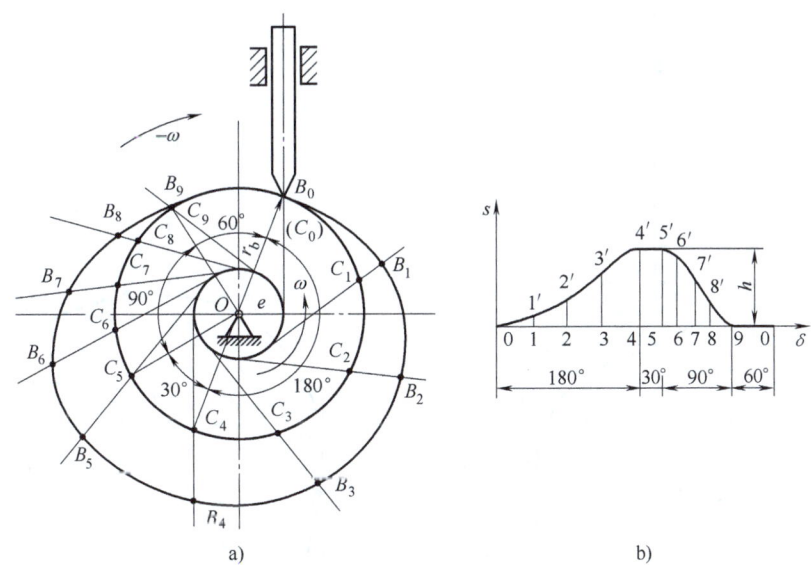

图 5-17 偏置直动尖底从动件盘形凸轮廓线设计

选定机构图比例尺，画出基圆、偏距圆、从动件的初始位置 B_0 及导路。

1) 将位移曲线 $s\text{-}\delta$ 的推程运动角和回程运动角分别作若干等分（此处均为四等分），得到从动件各位置的位移量 $11'$，$22'$，$\cdots$，$88'$。

2) 在基圆上从 B_0 开始按 $-\omega$ 方向取推程运动角 $180°$，远休止角 $30°$，回程运动角 $90°$，近休止角 $60°$，并将推程和回程运动角分成与图 5-17b 对应的相同等分，得 C_1，C_2，$\cdots$，C_9。

码 5-4 轮廓曲线绘制

3) 过点 C_1，C_2，$\cdots$，C_9 作偏距圆的切线，该切线即为从动件在反转运动中依次占有的位置。

4) 沿以上各切线自基圆向外量取各位置的位移量，即 $C_1B_1 = 11'$，$C_2B_2 = 22'$，$\cdots$，得反转后尖底的一系列位置 B_1，B_2，$\cdots$，即凸轮轮廓上的点。将 B_0，B_1，B_2，$\cdots$ 连成光滑曲线，便得到所求的凸轮轮廓曲线。

2. 偏置直动滚子从动件盘形凸轮机构

偏置直动滚子从动件盘形凸轮机构的凸轮轮廓曲线设计，具体作图步骤如下：

1) 如图 5-18 所示，将滚子中心 A 作为尖底从动件的尖底，按照偏置直动尖底从动件盘形凸轮机构廓线的设计方法作出反转过程中滚子中心 A 的运动轨迹，称其为凸轮的理论廓线。

2) 在理论廓线上取一系列的点为圆心，以滚子半径 r 为半径作一系列的滚子圆，再作此滚子圆族的内包络线，就是凸轮的实际廓线（或称为凸轮的工作廓线）。

应该注意的是：实际廓线和理论廓线是法向等距曲线，其距离为滚子半径；作滚子圆族的包络线时，根据工作情况，可能作其内包络线，也可能作其外包络线，或同时作其内、外包络线；在滚子从动件盘形凸轮机构的设计中，基圆半径 r_b 是针对理论廓线而言的。

3. 对心直动平底从动件盘形凸轮机构

对心直动平底从动件盘形凸轮机构如图 5-19 所示，平底从动件盘形凸轮机构凸轮轮廓曲线的设计方法与滚子从动件盘形凸轮机构相似，具体设计步骤如下：

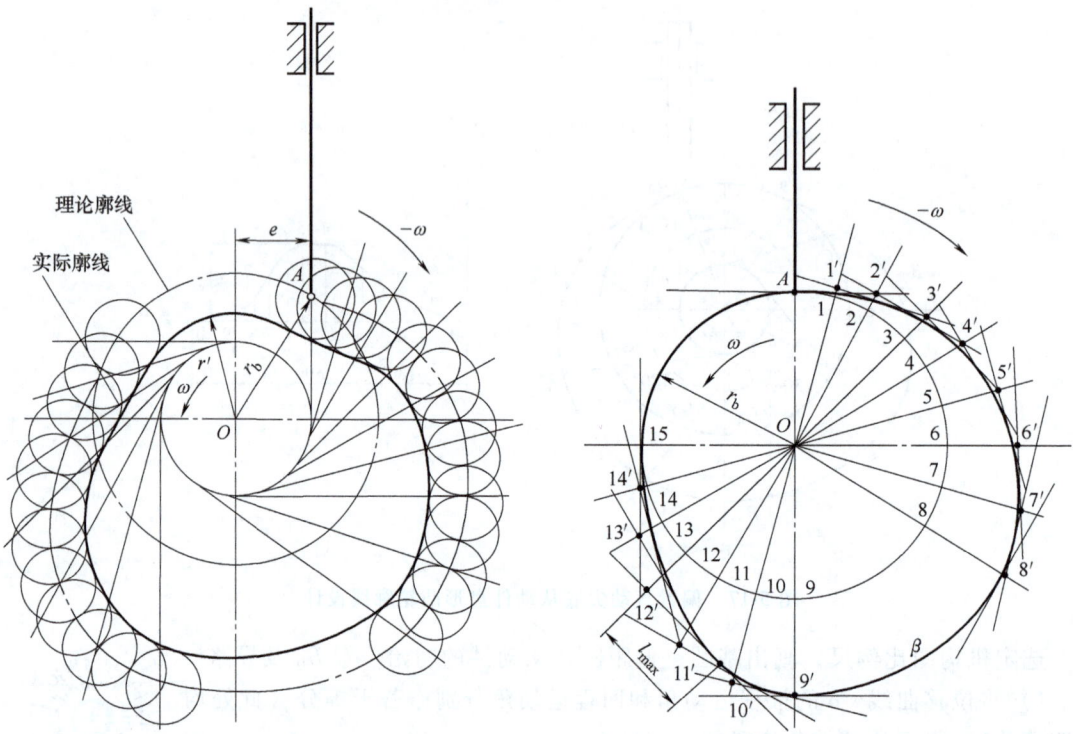

图 5-18 偏置直动滚子从动件盘形凸轮廓线设计　　图 5-19 对心直动平底从动件盘形凸轮廓线设计

1）将平底与导路中线的交点 A 作为尖底从动件的尖底，按照尖底从动件盘形凸轮机构廓线的设计方法，求出尖底在反转过程中的一系列位置 $1'$、$2'$、…。

2）过点 $1'$，$2'$，…作出各点处代表平底的直线，这一直线族就是从动件在反转过程中平底依次占据的位置。

码 5-5　盘形凸轮运动动画演示

3）作该直线族的包络线，即可得到凸轮的实际廓线。

如前所述，平面移动凸轮机构是平面盘形凸轮机构的一种特例，二者的设计过程相似。由于移动凸轮回转中心在无穷远处，因此，机构反转法变成了机构反向移动法。

4. 摆动尖底从动件盘形凸轮机构

图 5-20a 所示为一摆动尖底从动件盘形凸轮机构。设已知凸轮基圆半径 r_b、凸轮轴心与摆杆中心的中心距 l_{OA}、从动件（摆杆）长度 l_{AB}、从动件的最大摆角 ψ_{max}，从动件的运动规律如图 5-20b 所示，凸轮以等角速度 ω 沿逆时针方向回转，要求绘制凸轮轮廓曲线。根据

反转原理，当给整个机构以$-\omega$反转后，凸轮将不动，而从动件的摆动中心A则以$-\omega$绕点O做圆周运动，同时从动件按给定的运动规律相对机架OA摆动，因此凸轮轮廓曲线的设计步骤如下：

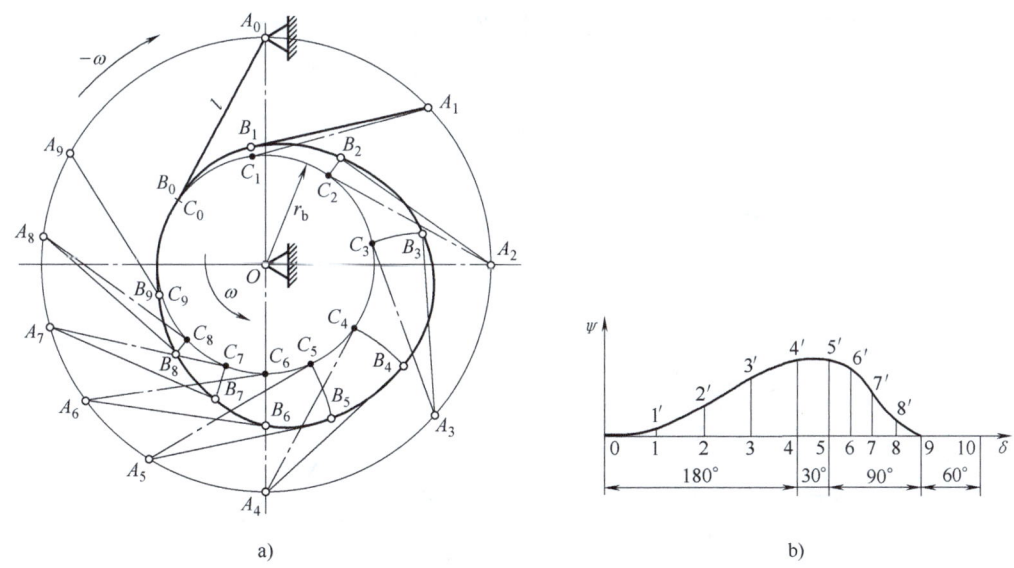

图 5-20 摆动尖底从动件盘形凸轮廓线设计

1）选取适当的比例尺，作出从动件的位移线图，在位移曲线的横坐标上将推程角和回程角区间各分成若干等份，如图 5-20b 所示。与直动从动件不同的是，这里纵坐标代表从动件的角位移 ψ，故其比例尺应为 μ_ψ [(°)/mm]。

2）以 O 为圆心、以 r_b 为半径作出基圆，并根据已知的中心距 l_{OA}，确定从动件转轴 A 的位置 A_0。然后以 A_0 为圆心，以从动件长度 l_{AB} 为半径作圆弧，交基圆于点 C_0，$A_0 C_0$ 即代表从动件的初始位置，C_0 即为从动件尖底的初始位置。

3）以 O 为圆心、OA_0 为半径作圆，并自 A_0 点开始沿着 $-\omega$ 方向将该圆分成与图 5-20b 中横坐标对应的区间和等份，得点 A_1、A_2、…、A_9。它们代表反转过程中从动件摆动中心 A 依次占据的位置。

4）以上述各点为圆心、从动件长度 l_{AB} 为半径分别作圆弧，交基圆于 C_1、C_2、…、C_9 各点，得到从动件各初始位置 $A_1 C_1$、$A_2 C_2$、…、$A_9 C_9$；再分别作 $\angle C_1 A_1 B_1$、$\angle C_2 A_2 B_2$、…、$\angle C_9 A_9 B_9$，使它们与图 5-20b 中对应的角位移相等，即得线段 $A_1 B_1$、$A_2 B_2$、…、$A_9 B_9$。这些线段代表反转过程中从动件所依次占据的位置，而点 B_1、B_2、…、B_9 为反转过程中从动件尖底所处的对应位置。

5）将点 B_0、B_1、B_2、…、B_9 连成光滑曲线，即得凸轮的轮廓曲线。

5.4.3 凸轮轮廓曲线的解析法设计

1. 偏置直动尖底从动件盘形凸轮机构

已知凸轮以等角速度 ω 逆时针回转，凸轮的基圆半径为 r_b，尖底从动件偏于凸轮转动轴心 O 的右边，偏距为 e，要求实现的运动规律为 $s=s(\delta)$，试设计凸轮轮廓曲线。

建立图 5-21 所示的直角坐标系 Oxy，B_0 点为凸轮轮廓上的推程起始点。当凸轮转过 δ 角时，直动尖底从动件将从点 B_0 外移 $s=s(\delta)$ 至点 $B'(x', y')$。根据反转法，将点 B' 绕原点 O（凸轮轴心）沿凸轮转动的相反方向转过 δ 角，即得直动从动件尖底的对应点 $B(x, y)$。它也是凸轮轮廓上的一点，这相当于矢量 $\overrightarrow{OB'}$ 沿顺时针转 δ 角到达 OB 位置。根据绕坐标原点转动的构件上点运动前后的坐标系，可得凸轮轮廓的坐标为

$$\begin{pmatrix} x \\ y \end{pmatrix} = \boldsymbol{R}_\delta \begin{pmatrix} x' \\ y' \end{pmatrix} \tag{5-12}$$

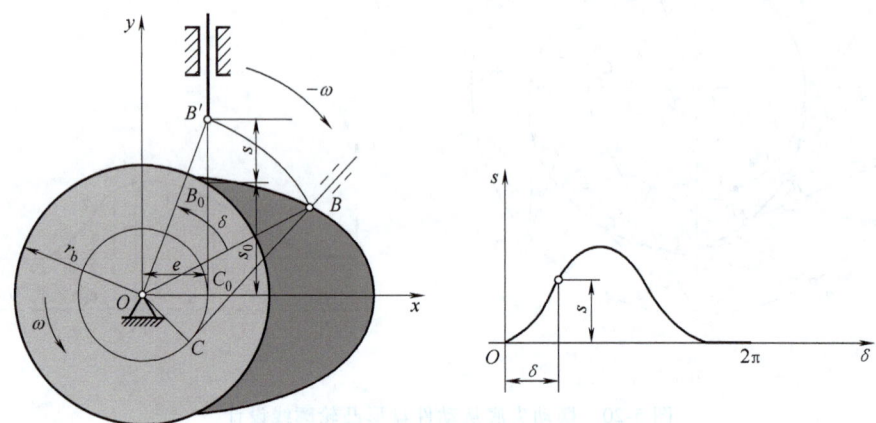

图 5-21 解析法设计偏置直动尖底从动件盘形凸轮廓线

式中，旋转矩阵

$$\boldsymbol{R}_\delta = \begin{pmatrix} \cos\delta & \sin\delta \\ -\sin\delta & \cos\delta \end{pmatrix} \tag{5-13}$$

由图 5-21 可得点 B' 坐标 $B'(x', y')$ 为

$$\begin{pmatrix} x' \\ y' \end{pmatrix} = \begin{pmatrix} e \\ s_0+s \end{pmatrix} \tag{5-14}$$

所以有

$$\begin{pmatrix} x \\ y \end{pmatrix} = \begin{pmatrix} \cos\delta & \sin\delta \\ -\sin\delta & \cos\delta \end{pmatrix} \begin{pmatrix} e \\ s_0+s \end{pmatrix} \tag{5-15}$$

即

$$\begin{cases} x = (s+s_0)\sin\delta + e\cos\delta \\ y = (s+s_0)\cos\delta - e\sin\delta \end{cases} \quad (0 \leq \delta \leq 2\pi) \tag{5-16}$$

式中，$s_0 = \sqrt{r_b^2 - e^2}$。

式 (5-16) 即为直动尖底从动件盘形凸轮轮廓曲线方程。

2. 偏置直动滚子从动件盘形凸轮机构

如图 5-22 所示，建立 Oxy 坐标系，B_0 点为凸轮推程段轮廓曲线的起始点。开始时从动件滚子中心处于 B_0 点处，当凸轮转过 δ 角时，

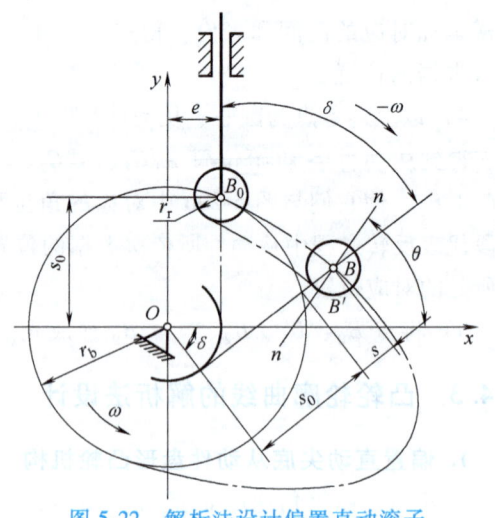

图 5-22 解析法设计偏置直动滚子从动件盘形凸轮廓线

从动件产生相应的位移 s。由图 5-22 可看出，此时滚子中心处于 B 点，其直角坐标为

$$\begin{cases} x = (s_0+s)\sin\delta + e\cos\delta \\ y = (s_0+s)\cos\delta - e\sin\delta \end{cases} \quad (5\text{-}17)$$

式中，e 为偏距；$s_0 = \sqrt{r_b^2 - e^2}$。式（5-17）即为凸轮的理论廓线方程式。

因为实际廓线与理论廓线在法线方向的距离应等于滚子半径 r_r，故当已知理论廓线上任意一点 $B(x, y)$ 时，沿理论廓线在该点的法线方向取距离为 r_r，即得实际廓线上的相应点 $B'(x', y')$。由高等数学知识可知，理论廓线点 B 处法线 $n\text{-}n$ 的斜率（与切线斜率互为负倒数）应为

$$\tan\theta = \mathrm{d}x/\mathrm{d}y = (\mathrm{d}x/\mathrm{d}y)/(-\mathrm{d}y/\mathrm{d}\delta) = \sin\theta/\cos\theta \quad (5\text{-}18)$$

根据式（5-18）有

$$\begin{cases} \mathrm{d}x/\mathrm{d}\delta = (\mathrm{d}s/\mathrm{d}\delta - e)\sin\delta + (s_0+s)\cos\delta \\ \mathrm{d}y/\mathrm{d}\delta = (\mathrm{d}s/\mathrm{d}\delta - e)\cos\delta - (s_0+s)\sin\delta \end{cases} \quad (5\text{-}19)$$

可得

$$\begin{cases} \sin\theta = (\mathrm{d}s/\mathrm{d}\delta)/\sqrt{(\mathrm{d}x/\mathrm{d}\delta)^2 + (\mathrm{d}y/\mathrm{d}\delta)^2} \\ \cos\theta = -(\mathrm{d}y/\mathrm{d}\delta)/\sqrt{(\mathrm{d}x/\mathrm{d}\delta)^2 + (\mathrm{d}y/\mathrm{d}\delta)^2} \end{cases} \quad (5\text{-}20)$$

实际廓线上对应点 $B'(x', y')$ 的坐标为

$$\begin{cases} x' = x \mp r_r\cos\theta \\ y' = y \mp r_r\sin\theta \end{cases} \quad (5\text{-}21)$$

此即为凸轮的实际廓线方程式。式中"-"号用于内等距曲线，"+"号用于外等距曲线。

另外，式（5-19）中，e 为代数值，其正负规定如下：当凸轮沿逆时针方向回转时，若从动件处于凸轮回转中心的右侧，e 为正，反之为负；若凸轮沿顺时针方向回转，则相反。

3. 对心直动平底从动件盘形凸轮机构

直动平底推杆盘形凸轮机构中，推杆的平底通常垂直于其移动导路，凸轮的实际廓线是平底一系列位置的包络线。如图 5-23 所示的对心直动平底推杆盘形凸轮机构，取坐标系 y 轴与推杆轴线重合，推杆处于推程起始位置时，与凸轮在 B_0 点接触。当凸轮转角为 δ 时，推杆的位移为 s，根据反转法原理，推杆平底与凸轮应在 B 点接触。当推杆反转至该位置时，由瞬心知识可知，过高副接触点 B 作公法线 BP，过凸轮回转中心作推杆导路的垂线 OP，两条直线的交点 P 即为此时凸轮与推杆的相对瞬心。推杆此时的移动速度为

$$v = v_P = \overline{OP}\omega$$

所以

$$\overline{OP} = \frac{v}{\omega} = \frac{\mathrm{d}s}{\mathrm{d}\delta}$$

由图 5-23 可知，B 点的坐标为

$$\begin{cases} x = (r_b+s)\sin\delta + \dfrac{\mathrm{d}s}{\mathrm{d}\delta}\cos\delta \\ y = (r_b+s)\cos\delta - \dfrac{\mathrm{d}s}{\mathrm{d}\delta}\sin\delta \end{cases} \quad (5\text{-}22)$$

式（5-22）即为凸轮实际廓线的方程。

4. 摆动滚子从动件盘形凸轮机构

图 5-24 所示为一摆动滚子从动件盘形凸轮机构。已知凸轮转动轴心 O 与摆杆摆动轴心 A_0 之间的中心距为 a，摆杆长度为 l，以凸轮的回转中心 O 为原点，OA_0 为 y 轴，建立直角坐标系 Oxy，当摆杆处于起始位置时，滚子中心处于 B_0 点，摆杆与连心线 OA_0 间的夹角为 φ_0；当凸轮转过 δ 角度后，从动件摆角为 φ。由反转法可知，此时滚子中心将处于 B 点，其坐标 (x, y) 即凸轮理论轮廓方程为

$$\begin{cases} x = a\sin\delta - l\sin(\delta + \varphi + \varphi_0) \\ y = a\cos\delta - l\cos(\delta + \varphi + \varphi_0) \end{cases} \quad (5\text{-}23)$$

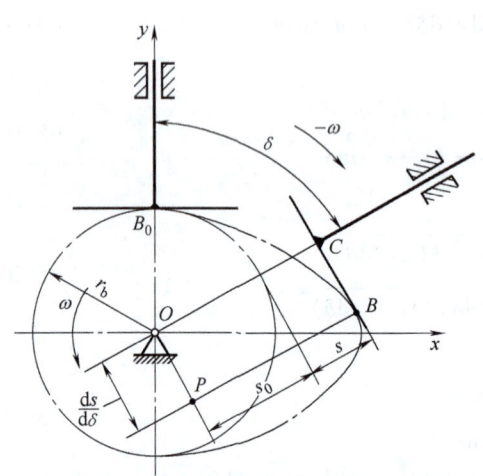

图 5-23　解析法设计对心直动平底从动件盘形凸轮廓线

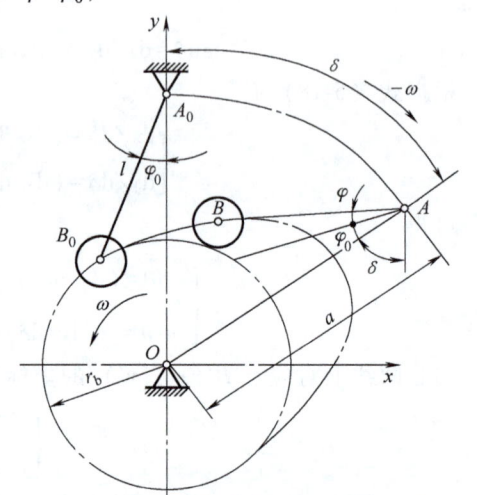

图 5-24　解析法设计摆动滚子从动件盘形凸轮廓线

凸轮实际廓线方程推导思路与直动滚子从动件盘形凸轮机构相同，不再赘述。

5.5　凸轮机构的基本参数

如上所述，无论是用图解法还是解析法，在设计凸轮轮廓曲线之前，除了需要根据工作要求选定从动件的运动规律外，还需要确定凸轮机构的一些基本参数，如基圆半径、偏距、滚子半径等。一般来讲，这些参数的选择除应保证从动件能够准确地实现预期的运动规律外，还应当使机构具有良好的受力状况和紧凑的尺寸。如果这些参数选择不当，将会出现一些其他问题。

5.5.1　压力角及其许用值

同连杆机构一样，压力角也是衡量凸轮机构传力特性好坏的一个重要参数。所谓凸轮机构的压力角，是指在不计摩擦的情况下，凸轮对从动件作用力的方向线与从动件上力作用点的速度方向之间所夹的锐角。对于图 5-25 所示的凸轮机构来说，过滚子中心所作理论廓线的法线 n-n 与从动件的运动方向线之间的夹角 α 就是其压力角。

1. 压力角与作用力的关系

由图 5-25 可以看出，凸轮对从动件的作用力 F 可以分解成两个力，即沿着从动件运动方向的分力 F' 和垂直于运动方向的分力 F''。前者是推动从动件克服载荷的有效分力，而后者将增大从动件与导路间的滑动摩擦，它是一种有害分力。压力角 α 越大，有害分力越大。因此，为了减小推力，使机构具有良好的受力状况，压力角 α 越小越好。

2. 压力角与机构尺寸的关系

设计凸轮机构时，除了应使机构具有良好的受力状况外，还希望机构结构紧凑。而凸轮尺寸的大小取决于基圆半径的大小。在实现相同运动规律的情况下，基圆半径越大，凸轮的尺寸也越大。因此，要获得轻便紧凑的凸轮机构，就应当使基圆半径尽可能小。但是基圆半径的大小又和凸轮机构的压力角有直接关系，下面以图 5-25 为例来说明这种关系。

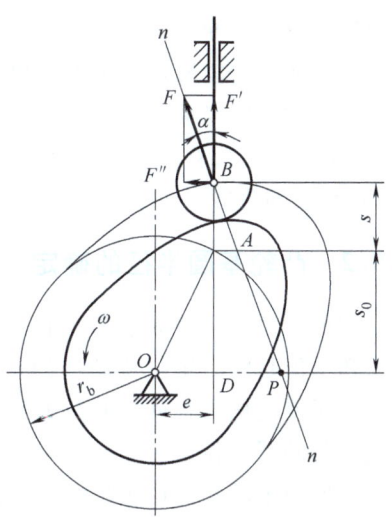

图 5-25　凸轮机构压力角

图 5-25 中，过滚子中心 B 所作理论廓线的法线 n-n 与过凸轮轴心 O 所作从动件导路的垂线交于 P 点，由瞬心定义可知，该点即为凸轮与从动件在此位置时的瞬心，且 $\overline{OP}=\dfrac{v}{\omega}=\dfrac{\mathrm{d}s}{\mathrm{d}\delta}$。于是，由图中 $\triangle BDP$ 可得

$$\tan\alpha=\frac{\left|\dfrac{\mathrm{d}s}{\mathrm{d}\delta}-e\right|}{s+s_0}=\frac{\left|\dfrac{\mathrm{d}s}{\mathrm{d}\delta}-e\right|}{s+\sqrt{r_b^2-e^2}} \tag{5-24}$$

式中，$\mathrm{d}s/\mathrm{d}\delta$ 为位移曲线的斜率，推程时为正，回程时为负。

式（5-24）是在凸轮逆时针方向转动、从动件偏于凸轮轴心右侧的情况下直动滚子从动件盘形凸轮机构压力角的计算公式。当凸轮顺时针方向转动、从动件偏于凸轮轴心左侧时，可推导出与此完全相同的计算公式。而当凸轮逆时针方向转动、从动件偏于凸轮轴心左侧或凸轮顺时针方向转动、从动件偏于凸轮轴心右侧时，仿照上述推导过程，可得压力角的计算公式为

$$\tan\alpha=\frac{\left|\dfrac{\mathrm{d}s}{\mathrm{d}\delta}+e\right|}{s+\sqrt{r_b^2-e^2}} \tag{5-25}$$

综合式（5-24）和式（5-25），可以得出

$$r_b=\sqrt{\left(\frac{\left|\dfrac{\mathrm{d}s}{\mathrm{d}\delta}\mp e\right|}{\tan\alpha}-s\right)^2+e^2} \tag{5-26}$$

由式（5-26）可以看出，在其他条件不变的情况下，压力角 α 越大，基圆半径越小，亦即凸轮的尺寸越小。因此，从使机构结构紧凑的观点来看，压力角 α 应越大越好。

3. 许用压力角

在一般情况下，总希望所设计的凸轮机构既有较好的传力特性，又具有较紧凑的尺寸。

但由以上分析可知,这两者是互相制约的,因此,在设计凸轮机构时,应兼顾两者统筹考虑。为了使机构能够顺利工作,规定了压力角的许用值 $[\alpha]$,在 $\alpha \leq [\alpha]$ 的前提下,选取尽可能小的基圆半径。根据工程实践的经验,推荐推程时许用压力角取以下数值:直动从动件,$[\alpha] = 30° \sim 38°$,当要求凸轮尺寸尽可能小时,可取 $[\alpha] = 45°$;摆动从动件,$[\alpha] = 35° \sim 45°$。回程时,由于通常受力较小,故许用压力角可取得大些,通常取 $[\alpha] = 70° \sim 80°$。

5.5.2 凸轮基圆半径的确定

如前所述,凸轮的基圆半径应在 $\alpha \leq [\alpha]$ 的前提下选择。由于在机构的运转过程中,压力角的值是随凸轮与从动件的接触点的不同而变化的,即压力角是机构位置的函数,因此,为了使机构具有良好的受力状况且结构紧凑,应在保证 $\alpha_{max} \leq [\alpha]$ 的前提下,选择尽可能小的基圆半径。

需要指出的是,在实际设计工作中,凸轮基圆半径的最后确定,还需要考虑机构的具体结构条件等。例如,当凸轮与凸轮轴做成一体时,凸轮的基圆半径必须大于凸轮轴的半径;当凸轮是单独加工然后再装在凸轮轴上时,凸轮上要做出轴毂,凸轮的基圆直径应大于轴毂的外径。通常可取凸轮的基圆直径大于或等于轴径的 $1.6 \sim 2$ 倍。

在用计算机对凸轮轮廓曲线进行辅助设计时,通常是先根据结构条件初选基圆半径 r_b,然后用式(5-24)校核压力角,若 $\alpha_{max} > [\alpha]$,则应增大基圆半径重新设计,直至满足许用压力角的条件。

5.5.3 滚子半径的选择

滚子从动件盘形凸轮的实际廓线,是以理论廓线上各点为圆心作一系列滚子圆,然后作该圆族的包络线得到的。因此,凸轮实际廓线的形状将受滚子半径大小的影响。若滚子半径选择不当,有时可能使从动件不能准确地实现预期的运动规律。下面以图 5-26 为例来分析凸轮实际廓线形状与滚子半径的关系。

图 5-26a 所示为内凹的凸轮廓线,a 为实际廓线,b 为理论廓线。实际廓线的曲率半径 ρ_a

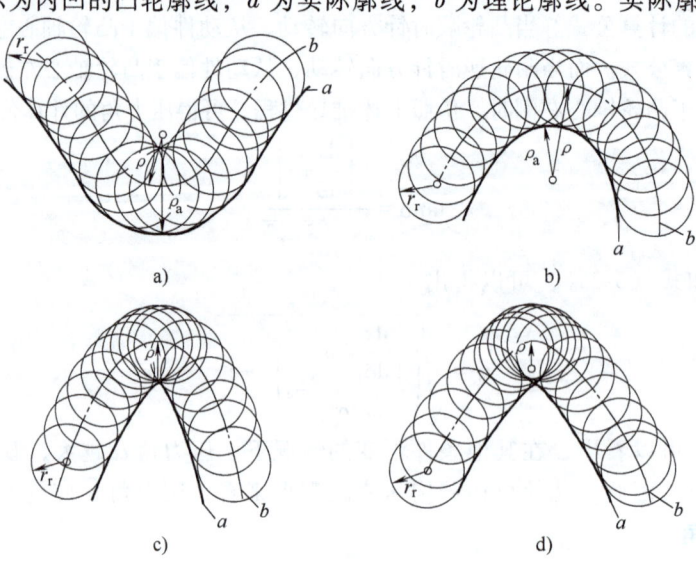

图 5-26 凸轮实际廓线形状与滚子半径的关系

等于理论廓线的曲率半径 ρ 与滚子半径 r_r 之和，即 $\rho_a = \rho + r_r$。因此，无论滚子半径大小如何，实际廓线总可以根据理论廓线作出。但是，对于图 5-26b 所示外凸的凸轮廓线，由于 $\rho_a = \rho - r_r$，所以，当 $\rho > r_r$ 时，$\rho_a > 0$，实际廓线总可以作出；若 $\rho = r_r$，则 $\rho_a = 0$，即实际廓线将出现尖点，如图 5-26c 所示，由于尖点处极易磨损，故不能付之实用；若 $\rho < r_r$，则 $\rho_a < 0$，这时实际廓线将出现交叉，如图 5-26d 所示，当进行加工时，交点以外的部分将被刀具切去，使凸轮廓线产生过度切割，致使从动件不能准确地实现预期的运动规律，这种现象称为运动失真。

为防止凸轮实际廓线产生过度切割并减小应力集中和磨损，设计时一般应保证凸轮实际廓线的最小曲率半径不小于某一许用值 $[\rho_a]$，即

$$\rho_{amin} = \rho_{min} - r_r \geq [\rho_a] \tag{5-27}$$

一般取 $[\rho_a] = 3 \sim 5\text{mm}$。

综上所述，凸轮实际廓线产生过度切割的原因在于其理论廓线的最小曲率半径 ρ_{min} 小于滚子半径 r_r，即 $\rho_{min} - r_r < 0$，因此，为了避免凸轮实际廓线产生过度切割，可从两方面着手：其一是减小滚子半径 r_r，其二是通过增大基圆半径来加大理论廓线的最小曲率半径 ρ_{min}。

但是，由于滚子的尺寸还受到其结构和强度等方面的限制，因此滚子半径也不宜取得太小。当直接选用滚动轴承作为滚子时，还应考虑轴承的标准尺寸。

在用计算机对凸轮机构进行辅助设计时，通常是先根据结构和强度条件选择滚子半径 r_r，然后校核 ρ_{amin}，若不满足 $\rho_{amin} = \rho_{min} - r_r \geq [\rho_a]$，则应增大基圆半径重新设计。

由高等数学知识可知，由参数方程表示的曲线上任一点的曲率半径的计算公式为

$$\rho = \frac{(\dot{x}^2 + \dot{y}^2)^{3/2}}{\dot{x}\ddot{y} - \ddot{x}\dot{y}} \tag{5-28}$$

式中，$\dot{x} = \mathrm{d}x/\mathrm{d}\delta$；$\ddot{x} = \mathrm{d}^2 x/\mathrm{d}\delta^2$；$\dot{y} = \mathrm{d}y/\mathrm{d}\delta$；$\ddot{y} = \mathrm{d}^2 y/\mathrm{d}\delta^2$。用计算机对凸轮理论廓线逐点计算，即可得到 ρ_{min}。

5.5.4 平底宽度的确定

在设计平底从动件盘形凸轮机构时，为了保证机构在运转过程中，从动件平底与凸轮廓线始终正常接触，还必须确定平底的宽度。在任一瞬时，凸轮与平底的接触点偏离凸轮轴心的距离 L 等于该瞬时的 $\dfrac{\mathrm{d}s}{\mathrm{d}\delta}$ 值。因此，为了保证从动件平底与凸轮线正常接触，从凸轮转轴算起，平底的最小宽度必须至少向右侧延长 $\left(\dfrac{\mathrm{d}s}{\mathrm{d}\delta}\right)_{max}$ 和向左侧延长 $\left|\left(\dfrac{\mathrm{d}s}{\mathrm{d}\delta}\right)_{min}\right|$，即平底宽度

$$B \geq \left(\dfrac{\mathrm{d}s}{\mathrm{d}\delta}\right)_{max} + \left|\left(\dfrac{\mathrm{d}s}{\mathrm{d}\delta}\right)_{min}\right| \tag{5-29}$$

课后习题

5-1 对心滚子从动件盘形凸轮机构如图 5-27 所示。在图上标出凸轮基圆及基圆半径 r_b、理论廓线，以及凸轮机构在 A、B 两点处的压力角和凸轮机构的最大升程 h。

5-2 图 5-28 所示为对心直动滚子从动件盘形凸轮机构，凸轮为偏心圆盘、圆盘半径 $R = 40\text{mm}$，该圆盘的回转中心与几何中心间的距离 $\overline{AO} = 25\text{mm}$，滚子半径 $r_r = 10\text{mm}$，试求：

1) 该凸轮的基圆半径 r_b。

2)从动件的行程 h。

3)推程中的最大压力角 $\alpha_{\max}$。

4)推程压力角为最大时所对应的从动件的位移 s。

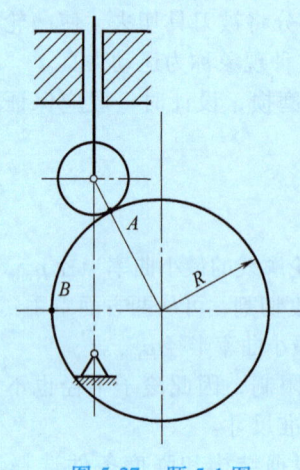

图 5-27 题 5-1 图

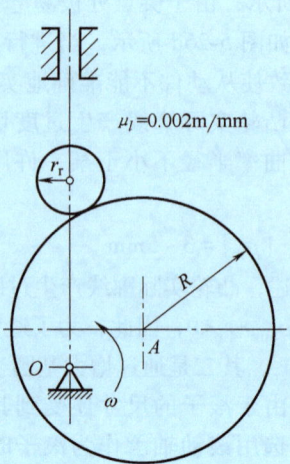

$\mu_l=0.002\text{m/mm}$

图 5-28 题 5-2 图

第 6 章 齿轮机构及其设计

6.1 齿轮机构的特点及类型

齿轮机构是一种高副机构，它通过轮齿齿廓直接接触来传递空间任意两轴间的运动和动力。其优点是：传递功率范围大、传动效率高、传动比准确、使用寿命长、工作可靠，因此，它是应用最为广泛的传动机构之一。其缺点是：制造和安装精度高，故成本较高。

齿轮机构的类型很多。依据两齿轮轴线相对位置的不同，齿轮机构可分为如下几类：

1. 用于平行轴间传动的齿轮机构

图 6-1 所示为用于平行轴间传动的齿轮机构。其中，图 6-1a 所示为外啮合直齿圆柱齿轮机构，两轮转向相反；图 6-1b 所示为内啮合直齿圆柱齿轮机构，两轮转向相同；图 6-1c 所示为齿轮与齿条机构，齿条可视为轴心在无穷远处的圆形齿轮，工作时做直线移动；图 6-1d 所示为斜齿轮机构，斜齿轮轮齿的齿向相对于齿轮的轴线倾斜了一个角度；图 6-1e 所示为人字齿轮机构，人字齿轮可视为由螺旋角方向相反的两个斜齿轮所组成。

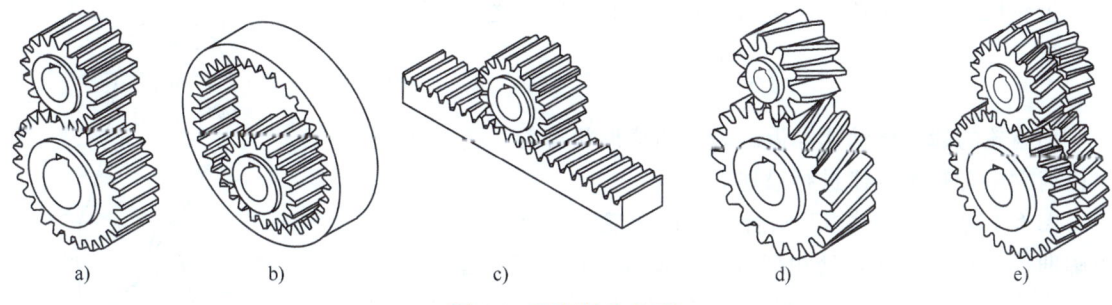

图 6-1 平行轴齿轮副

2. 用于相交轴间传动的齿轮机构

图 6-2 所示为用于相交轴间传动的锥齿轮机构。它有直齿和曲线齿之分。直齿锥齿轮应用最广，而曲线齿锥齿轮由于其传动平稳、承载能力高，常用于高速重载的传动中，如汽车、拖拉机、飞机等的传动机构中。

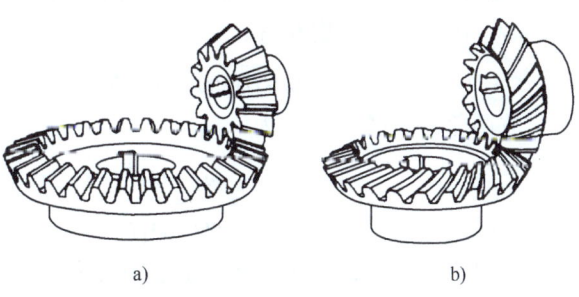

图 6-2 相交轴齿轮副

3. 用于交错轴间传动的齿轮机构

图 6-3 所示为用于交错轴间传动的齿轮机构。图 6-3a 所示为交错轴斜齿轮机构；图 6-3b 所示为蜗杆机构；图 6-3c 所示为准双曲面齿轮机构。

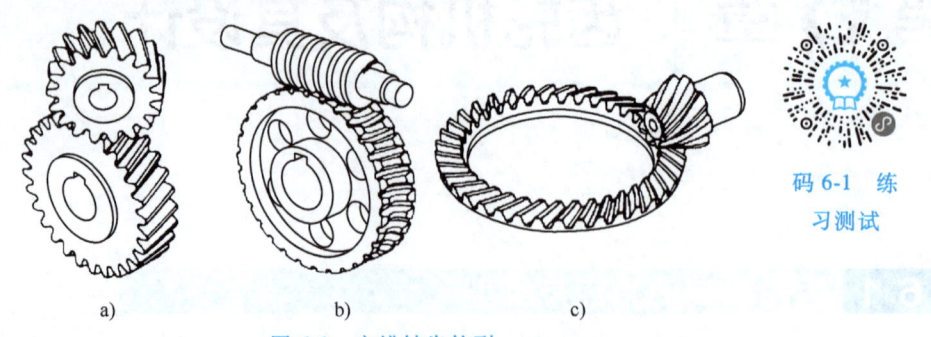

a)　　　　　　b)　　　　　　c)

图 6-3　交错轴齿轮副

6.2　齿轮的齿廓曲线

6.2.1　齿廓啮合基本定律

齿轮是通过齿廓表面的接触来传递运动和动力的，齿廓表面可以由各种曲线构成。对齿轮整周传动而言，无论两齿轮齿廓形状如何，其平均传动比总是等于两齿轮齿数的反比，即

$$i_{12} = \frac{n_1}{n_2} = \frac{z_2}{z_1} \tag{6-1}$$

齿轮机构的瞬时传动比是两齿轮的瞬时角速度之比，即

$$i_{12} = \frac{\omega_1}{\omega_2} \tag{6-2}$$

而齿轮的瞬时传动比与齿廓表面曲线形状有关，这一规律可以由齿廓啮合基本定律进行描述。

图 6-4 所示为一对相互啮合传动的齿轮，λ_1 和 λ_2 为两轮的齿廓曲线，它们在点 K 处相接触，点 K 称为啮合点。过啮合点 K 作两齿廓的公法线 $n\text{-}n'$，$n\text{-}n'$ 与两齿轮的连心线 O_1O_2 交于点 P。

根据瞬心的概念可知，交点 P 是两齿轮的相对瞬心。此时 λ_1 和 λ_2 在点 P 的速度相等：

$$v_P = \overline{O_1P}\,\omega_1 = \overline{O_2P}\,\omega_2$$

故两轮的瞬时传动比为

$$i_{12} = \frac{\omega_1}{\omega_2} = \frac{\overline{O_2P}}{\overline{O_1P}} \tag{6-3}$$

由以上分析可以得出齿廓啮合基本定律：相互啮合传动的一对齿轮，在任一位置时的传动比，都与其连心线 O_1O_2 被其啮合

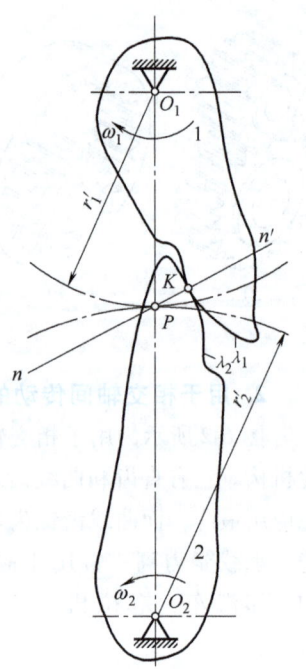

图 6-4　齿廓啮合基本定律

齿廓在接触点处的公法线所分成的两线段长成反比。

齿廓公法线 n-n' 与两轮连心线 O_1O_2 的交点 P 称为节点。由式（6-3）可知，若要求两齿轮的传动比为常数，则应使 $\overline{O_2P}/\overline{O_1P}$ 为常数。若齿轮轴心 O_1、O_2 为定点，则点 P 在连心线上也为一定点。故两齿轮做定传动比传动的条件是：不论两轮齿廓在何位置接触，过接触点所作的两齿廓公法线与两齿轮的连心线交于一定点。

由于两轮做定传动比传动时，节点 P 为连心线上的一个定点，故 P 点在齿轮 1 运动平面上的轨迹是一个以 O_1 为圆心、$\overline{O_1P}$ 为半径的圆。同理，P 点在齿轮 2 运动平面上的轨迹是一个以 O_2 为圆心、$\overline{O_2P}$ 为半径的圆。这两个圆分别称为轮 1 与轮 2 的节圆。两轮的节圆相切于 P 点，且在 P 点速度相等，即在传动过程中，两齿轮的节圆做纯滚动。

6.2.2 齿廓曲线的选择

凡能按预定传动比规律相互啮合传动的一对齿廓都称为共轭齿廓。能满足一定传动比规律的共轭齿廓曲线是很多的。但是在生产实践中，选择齿廓曲线时，不仅要满足传动比的要求，还必须从设计、制造、安装和使用等多方面予以综合考虑。对于定传动比传动的齿轮来说，目前最常用的齿廓曲线是渐开线，其次是摆线和变态摆线，近年来还有圆弧齿廓、抛物线齿廓和余弦齿廓等。

由于渐开线齿廓具有良好的传动性能，且便于制造、安装、测量和互换使用，因此它的应用最为广泛，故本章着重介绍渐开线齿廓的齿轮。

6.3 渐开线齿廓及其啮合特点

6.3.1 渐开线的形成及其特性

如图 6-5 所示，当直线 NK 沿一圆周做纯滚动时，直线上任意点 K 的轨迹 AK 就是该圆的渐开线。该圆称为渐开线的基圆，其半径用 r_b 表示；直线 NK 称为渐开线的发生线；角 θ_K 称为渐开线上 K 点的展角。

根据渐开线的形成过程，可知渐开线具有下列特性：

1）由于发生线在基圆上做纯滚动，所以发生线沿基圆滚过的直线长度等于基圆上被滚过的圆弧弧长，即 $\overline{NK} = \overparen{NA}$。

2）由于发生线在基圆上做纯滚动，所以发生线与基圆的切点 N 即为其速度瞬心，发生线 NK 即为渐开线在点 K 处的法线。故可得出结论：渐开线上任意点的法线必切于基圆。

3）发生线与基圆的切点 N 也是渐开线在点 K 处的曲率中心，而线段 NK 就是渐开线在点 K 处的曲率半径。由图 6-5 可知，基圆上的曲率半径最小，其值为零。渐开线越远离基圆，其曲率半径越大。

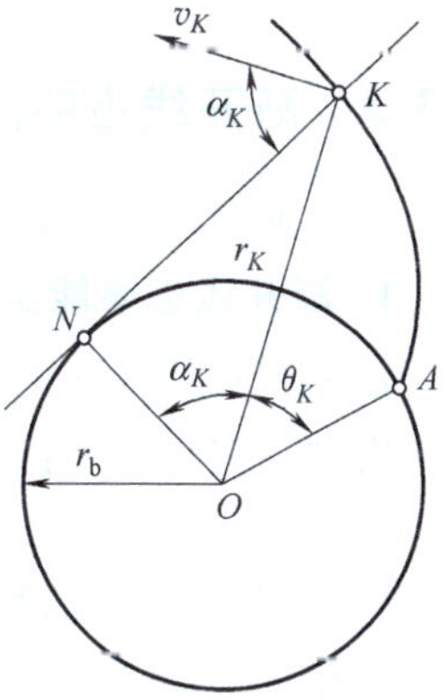

图 6-5 渐开线的形成

4）渐开线的形状取决于基圆的大小。如图 6-6 所示，在展角 θ_K 相同的条件下，基圆半径越大，其曲率半径越大，渐开线的形状越平直。当基圆半径为无穷大时，其渐开线就变成一条直线，故齿条的齿廓曲线为直线。

5）基圆以内无渐开线。

6.3.2 渐开线方程及渐开线函数

如图 6-5 所示，以 O 为极点，以 OA 为极坐标轴，渐开线上任一点 K 的极坐标可以用向径 r_K 和展角 θ_K 来确定。当以此渐开线作为齿轮的齿廓，并与其共轭齿廓在点 K 啮合时，则此齿廓在该点所受正压力的方向（即法线 NK 方向）与该点速度方向（垂直于直线 OK 方向）之间所夹的锐角称为渐开线在该点的压力角，用 α_K 表示。

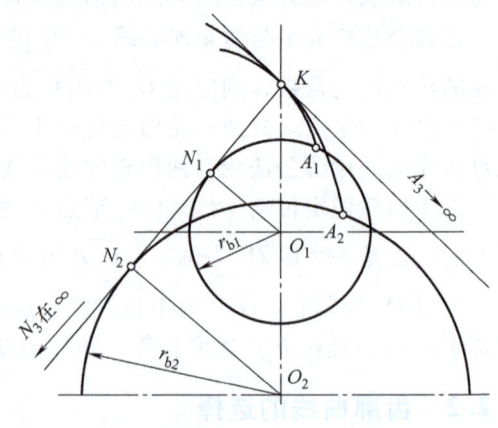

图 6-6 渐开线的形状取决于基圆的大小

由图 6-5 可知，$\alpha_K = \angle NOK$，且

$$\cos\alpha_K = \frac{r_b}{r_K} \tag{6-4}$$

由于

$$\tan\alpha_K = \frac{\overline{NK}}{\overline{ON}} = \frac{\widehat{AN}}{r_b} = \frac{r_b(\alpha_K+\theta_K)}{r_b} = \alpha_K+\theta_K$$

故

$$\theta_K = \tan\alpha_K - \alpha_K$$

上式说明，展角 θ_K 是压力角 α_K 的函数。又因该函数是根据渐开线的特性推导出来的，故称其为渐开线函数，工程上常用 $\mathrm{inv}\alpha_K$ 来表示，即

$$\mathrm{inv}\alpha_K = \theta_K = \tan\alpha_K - \alpha_K$$

综上所述，可得渐开线的极坐标方程为

$$\begin{cases} \theta_K = \mathrm{inv}\alpha_K = \tan\alpha_K - \alpha_K \\ r_K = r_b/\cos\alpha_K \end{cases} \tag{6-5}$$

6.3.3 渐开线齿廓的啮合特点

一对渐开线齿廓在啮合传动中，具有以下几个特点：

1. 渐开线齿廓能实现定传动比传动

在图 6-7 中，λ_1 和 λ_2 为两齿轮上相互啮合的一对渐开线齿廓，它们的基圆半径分别为 r_{b1}、r_{b2}。当 λ_1 和 λ_2 在任一点 K 啮合时，过点 K 所作这对齿廓的公法线为 N_1N_2。根据渐开线的特性可知，此公法线必同时与两轮的基圆相切，即 N_1N_2 为两基圆的一条内公切线。由于两轮的基圆为定圆，其在同一方向的内公切线只有一条。故不论该对齿廓在何处啮合，过啮合点 K 所作两齿廓的公法线必为一条固定的直线，它与连心线的交点 P 必为一定点。因此两个以渐开线作为齿廓曲线的齿轮，其瞬

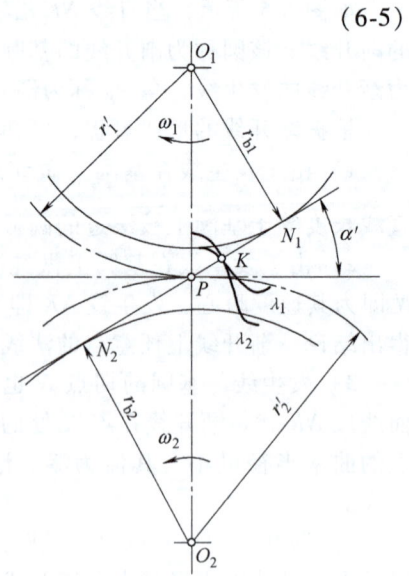

图 6-7 渐开线齿廓的啮合特点

时传动比为常数，即

$$i_{12} = \frac{\omega_1}{\omega_2} = \frac{\overline{O_2P}}{\overline{O_1P}} = 常数$$

2. 渐开线齿廓传动具有可分性

由图 6-7 可知，因 $\triangle O_1N_1P \sim \triangle O_2N_2P$，故两轮的传动比又可写成

$$i_{12} = \frac{\omega_1}{\omega_2} = \frac{\overline{O_2P}}{\overline{O_1P}} = \frac{r'_2}{r'_1} = \frac{r_{b2}}{r_{b1}} \tag{6-6}$$

式（6-6）说明，一对渐开线齿轮的传动比等于两轮基圆半径的反比。对于渐开线齿轮来说，齿轮加工完成后，其基圆的大小就已完全确定，所以两轮传动比亦即完全确定，因而即使两齿轮的实际安装中心距与设计中心距略有偏差，也不会影响两轮的传动比。渐开线齿廓传动的这一特性称为传动的可分性。该特性对于渐开线齿轮的加工、制造、装配、调整、使用和维修都十分有利。

3. 渐开线齿廓之间的正压力方向不变

既然一对渐开线齿廓在任何位置啮合时，过接触点的公法线都是同一条直线 N_1N_2，这就说明一对渐开线齿廓从开始啮合到脱离接触，所有的啮合点均在直线 N_1N_2 上，即直线 N_1N_2 是两齿廓接触点的轨迹，它称为渐开线齿轮传动的啮合线。由于在齿轮传动中两啮合齿廓间的正压力就是其接触点的公法线方向，而对于渐开线齿廓啮合传动来说，该公法线与啮合线是同一直线 N_1N_2，故知渐开线齿轮在传动过程中，两啮合齿廓之间的正压力方向是始终不变的，这对提高齿轮传动的平稳性十分有利。

正是由于渐开线齿廓具有上述这些特点，才使得渐开线齿轮在机械工程中获得了广泛的应用。

码 6-2 练习测试

6.4 渐开线标准齿轮的基本参数和几何尺寸

6.4.1 齿轮各部分的名称和符号

图 6-8 所示为一标准直齿圆柱外齿轮的一部分，齿轮的各个部分都分布在不同的圆周上。

（1）齿顶圆 过所有轮齿顶端的圆称为齿顶圆，其半径和直径分别用 r_a 和 d_a 表示。

（2）齿根圆 过所有轮齿槽底的圆称为齿根圆，其半径和直径分别用 r_f 和 d_f 表示。

（3）分度圆 是设计齿轮的基准圆，其半径和直径分别用 r 和 d 表示。

（4）齿厚、齿槽宽和齿距 沿任意圆周上，同一轮齿左右两侧齿廓间的弧长称为该圆周上的齿厚，以 s_i 表示；沿任意圆周上，相邻两轮齿之间齿槽的弧长，称为该圆周上的齿槽宽，以 e_i 表示；沿任意圆周上，相邻两齿同侧齿廓之间的弧长称为该圆周上的齿距，以 p_i 表示。在同一圆周上，齿距等于齿厚与齿槽宽之和，即

$$p_i = s_i + e_i \tag{6-7}$$

分度圆上的齿厚、齿槽宽和齿距分别用 s、e 和 p 表示。

（5）齿顶高、齿根高和齿高　轮齿介于分度圆与齿顶圆之间的部分称为齿顶，其径向高度称为齿顶高，以 h_a 表示；介于分度圆与齿根圆之间的部分称为齿根，其径向高度称为齿根高，以 h_f 表示；齿顶高与齿根高之和称为齿高，以 h 表示，即

$$h = h_a + h_f \tag{6-8}$$

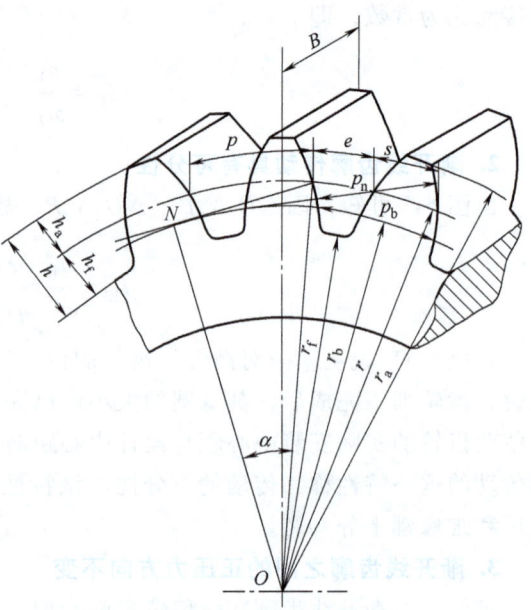

图 6-8　齿轮各部分的名称

6.4.2　渐开线齿轮的基本参数

（1）齿数　在齿轮整个圆周上轮齿的总数，用 z 表示。

（2）模数　由于齿轮分度圆的周长等于 zp，故分度圆直径 d 可表示为

$$d = zp/\pi$$

为了便于设计、计算、制造和检验，现令

$$m = p/\pi$$

m 称为齿轮的模数，其单位为 mm。于是得

$$d = mz \tag{6-9}$$

模数是齿轮的重要参数，并且已经标准化。表 6-1 为圆柱齿轮标准模数系列。若无特殊需要，应选用标准模数。齿数相同的齿轮，若模数不同，则其尺寸也不同，如图 6-9 所示。

表 6-1　圆柱齿轮标准模数系列（GB/T 1357—2008）　　　　（单位：mm）

第Ⅰ系列	1	1.25	1.5	2	2.5	3	4	5	6
	8	10	12	16	20	25	32	40	50
第Ⅱ系列	1.125	1.375	1.75	2.25	2.75	3.5	4.5	5.5	(6.5)
	7	9	11	14	18	22	28	36	45

注：选用模数时，应优先采用第Ⅰ系列，其次是第Ⅱ系列，括号内的模数尽可能不用。

（3）分度圆压力角（简称压力角）　由式（6-4）可知，同一渐开线齿廓上各点的压力角不同。通常所说的齿轮压力角是指在分度圆上的压力角，以 α 表示。根据式（6-4）有

$$\alpha = \arccos(r_b/r) \tag{6-10}$$

或

$$r_b = r\cos\alpha = \frac{zm}{2}\cos\alpha \tag{6-11}$$

压力角是决定齿廓形状的主要参数，GB/T 1356—2001 中规定，分度圆压力角的标准值为 $\alpha = 20°$。在某些特殊场合，也允许 α 采用其他值。

（4）齿顶高系数和顶隙系数　齿顶高系数和顶隙系数分别用 h_a^* 和 c^* 表示。齿轮的齿

顶高为
$$h_a = h_a^* m \quad (6\text{-}12)$$
齿根高为
$$h_f = (h_a^* + c^*) m \quad (6\text{-}13)$$
齿根高略大于齿顶高,这样从一个齿轮的齿顶到另一个齿轮的齿根的径向形成顶隙,为
$$c = c^* m \quad (6\text{-}14)$$
它既可以存储润滑油,也可以防止轮齿干涉。表 6-2 为我国标准规定的齿顶高系数和顶隙系数。

6.4.3 渐开线标准齿轮各部分的几何尺寸

为了便于计算和设计,现将渐开线标准直齿圆柱齿轮传动几何尺寸的计算公式列于表 6-3 中。这里所说的标准齿轮是指 m、α、h_a^*、c^* 均为标准值,而且 $e=s$ 的齿轮。

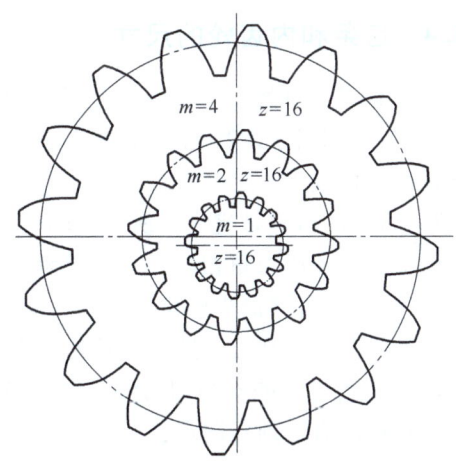

图 6-9 相同齿数、不同模数齿轮尺寸的比较

表 6-2 齿顶高系数和顶隙系数

系数	正常齿制	短齿制
齿顶高系数 h_a^*	1	0.8
顶隙系数 c^*	0.25	0.3

表 6-3 渐开线标准直齿圆柱齿轮传动几何尺寸的计算公式

名称	符号	计算公式	
		小齿轮	大齿轮
模数	m	根据齿轮受力情况和结构需要确定,选取标准值	
压力角	α	选取标准值 20°	
分度圆直径	d	$d_1 = mz_1$	$d_2 = mz_2$
齿顶高	h_a	$h_a = h_a^* m$	
齿根高	h_f	$h_f = (h_a^* + c^*) m$	
齿高	h	$h = (2h_a^* + c^*) m$	
齿顶圆直径	d_a	$d_{a1} = (z_1 + 2h_a^*) m$	$d_{a2} = (z_2 + 2h_a^*) m$
齿根圆直径	d_f	$d_{f1} = (z_1 - 2h_a^* - 2c^*) m$	$d_{f2} = (z_2 - 2h_a^* - 2c^*) m$
基圆直径	d_b	$d_{b1} = d_1 \cos\alpha$	$d_{b2} = d_2 \cos\alpha$
齿距	p	$p = \pi m$	
基圆齿距(法向齿距)	$p_b (p_n)$	$p_b = p_n = p\cos\alpha$	
齿厚	s	$s = \pi m/2$	
齿槽宽	e	$e = \pi m/2$	
顶隙	c	$c = c^* m$	
标准中心距	a	$a = m(z_1 + z_2)/2$	
节圆直径	d'	$d' = d$(当中心距为标准中心距时)	
传动比	i	$i_{12} = \dfrac{\omega_1}{\omega_2} = \dfrac{d_2'}{d_1'} = \dfrac{d_{b2}}{d_{b1}} = \dfrac{d_2}{d_1} = \dfrac{z_2}{z_1}$	

6.4.4 齿条和内齿轮的尺寸

（1）齿条　如图 6-10 所示，齿条与齿轮相比有以下 3 个主要特点：

1）齿条相当于齿数无穷多的齿轮。故齿轮中的圆在齿条中都变成了直线，即齿顶线、分度线、齿根线等。

2）齿条的齿廓是直线，所以齿廓上各点的法线是平行的，又由于齿条做直线移动，故其齿廓上各点的压力角相同，并等于齿廓直线的齿形角 α。

3）齿条上各同侧齿廓是平行的，所以在与分度线平行的各直线上其齿距相等。

齿条的基本尺寸可参照外齿轮的计算公式进行计算。

（2）内齿轮　图 6-11 所示为一内齿圆柱齿轮。它的轮齿分布在空心圆柱体的内表面上，与外齿轮相比有下列不同点：

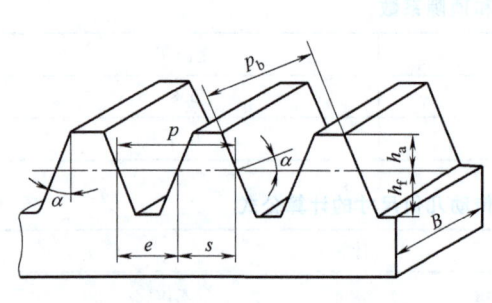

图 6-10　标准齿条

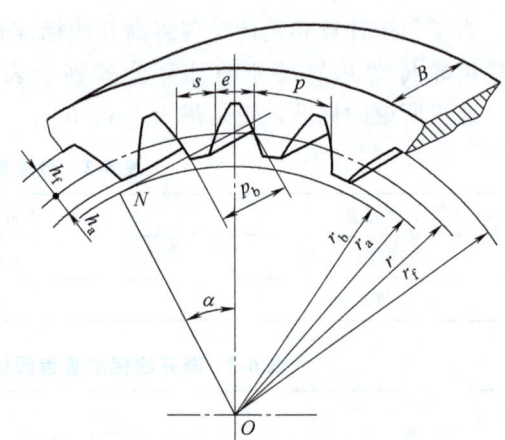

图 6-11　内齿圆柱齿轮

1）内齿轮的轮齿相当于外齿轮的齿槽，内齿轮的齿槽相当于外齿轮的轮齿。

2）内齿轮的齿根圆大于齿顶圆。

3）为了使内齿轮齿顶的齿廓全部为渐开线，其齿顶圆必须大于基圆。

码 6-3　练习测试

6.5　渐开线直齿圆柱齿轮的啮合传动

6.5.1 一对渐开线齿轮正确啮合的条件

虽然渐开线齿轮能满足定传动比传动，但并非任意两个渐开线齿轮都能实现正确的啮合传动。例如，一个大模数齿轮的轮齿就无法进入小模数齿轮的齿槽内进行啮合传动。因此，要想使齿轮的轮齿能依次正确地嵌入另一齿轮的齿间，如图 6-12 所示，一对啮合齿轮的相邻两对齿廓同时参与啮合时，根据渐开线特性可知，工作一侧齿廓的啮合点 K 和 K' 必同时

落在啮合线 N_1N_2 上，否则不是发生干涉就是产生分离。因此，要保证两齿轮能正确啮合，必须使两齿轮在啮合线上的法向齿距相等，即

$$p_{n1} = p_{n2}$$

由于渐开线齿轮的基圆齿距等于法向齿距，故 $p_{b1} = p_{b2}$，则

$$m_1 \cos\alpha_1 = m_2 \cos\alpha_2$$

式中，m_1、m_2、α_1、α_2 分别为两轮的模数和压力角。因齿轮的模数和压力角均为标准值，所以要满足上式，应使

$$m_1 = m_2 = m, \quad \alpha_1 = \alpha_2 = \alpha \quad (6\text{-}15)$$

因此，一对渐开线齿轮的正确啮合条件为：两齿轮的模数和压力角分别相等。该条件也是一对渐开线标准齿轮的互换条件。

6.5.2 齿轮传动的中心距及啮合角

由于一对齿轮啮合传动时，两节圆始终相切，故齿轮中心距应为两轮节圆半径之和。尽管渐开线齿轮传动具有可分性，中心距的改变不会影响传动比的大小，但是它会直接影响两轮传动的顶隙和齿侧间隙的大小。如图 6-13b 所示，当中心距增大时，顶隙和齿侧间隙的数值也都随之变大。而在计算齿轮的公称尺寸时，都是按顶隙为标准值和齿侧间隙为零来考虑

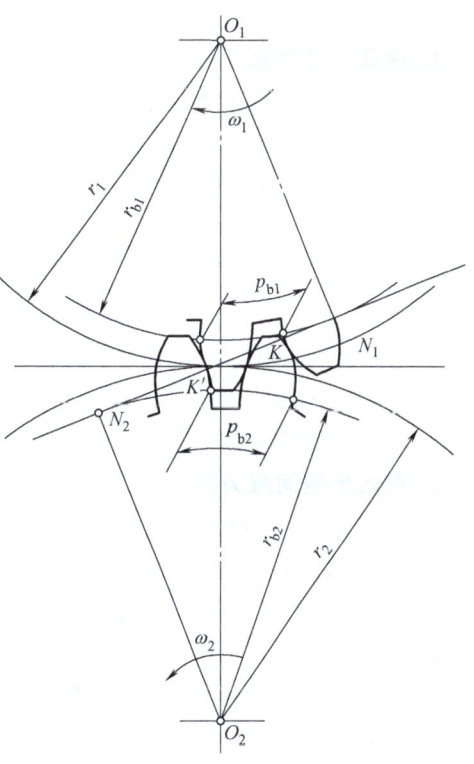

图 6-12 正确啮合条件

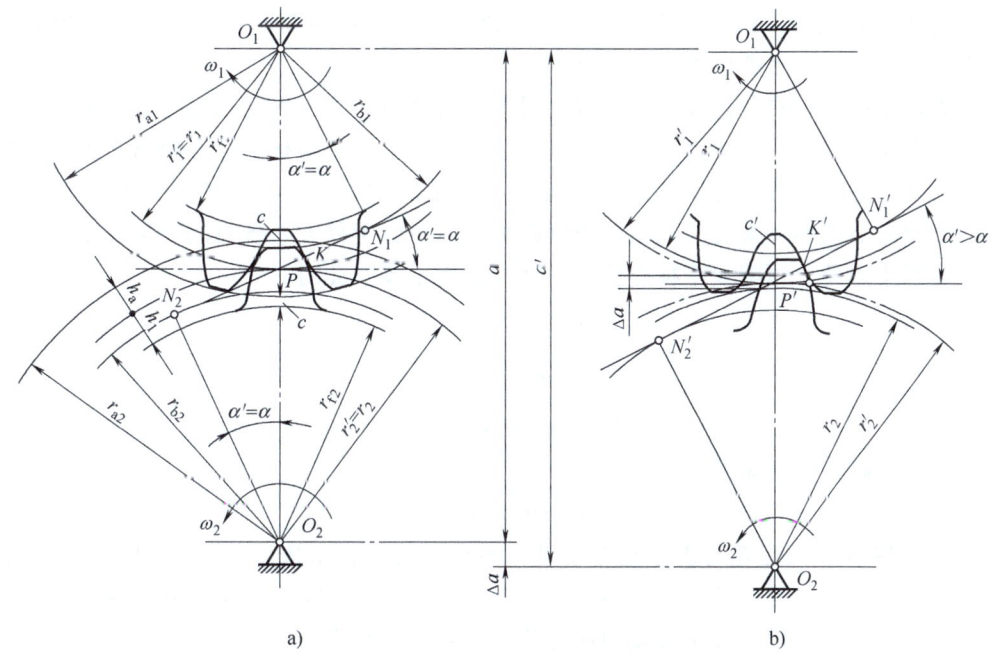

图 6-13 齿轮传动的中心距

的。因此，齿轮传动的中心距应满足以下两个条件。

1. 保证标准顶隙

如前所述，留有顶隙的目的是防止一对齿轮啮合时齿顶与齿根互相挤碰在一起，而且还可以容纳足够的润滑油，利于齿轮啮合传动。顶隙标准值为 $c=c^*m$，由此可得外啮合齿轮传动的中心距（图 6-13a）为

$$a = r_{a1}+c+r_{f2} = (r_1+h_a^*m)+c^*m+(r_2-h_a^*m-c^*m)$$
$$= r_1+r_2 = \frac{m(z_1+z_2)}{2} \tag{6-16}$$

由此可见，两轮的中心距等于两轮分度圆半径之和，这种中心距称为标准中心距，它是标准齿轮外啮合传动的最小中心距。按标准中心距进行的安装称为标准安装。此时两轮的分度圆相切，分度圆与节圆重合（图 6-13a）。

2. 保证齿侧间隙为零

齿侧间隙简称侧隙，它是沿两轮节圆来测量的，其值为一齿轮在节圆上的齿厚与另一齿轮在节圆上的齿槽宽之差。保证齿侧间隙为零，是指要求一个齿轮在节圆上的齿厚等于另一个齿轮在节圆上的齿槽宽。由前所述，当保证标准顶隙时，两轮的分度圆相切，分度圆与节圆重合，而两轮在分度圆上的齿厚与齿槽宽相等，因此两轮在节圆上的齿厚与齿槽宽也均相等，即 $s_1'=e_1'=s_2'=e_2'=\pi m/2$，故标准齿轮按标准中心距安装时能实现无侧隙啮合。

虽然理论上在计算齿轮中心距时要满足无侧隙条件，但实际应用中为了便于齿间润滑及避免轮齿受热膨胀和工作变形所引起的挤轧现象，在轮齿不受力的一侧齿廓间留有一些间隙，而且为了防止轮齿间的冲击，这种齿侧间隙一般都很小，通常是在制造时以齿厚公差来保证的，理论计算时可不予考虑。

两齿轮在啮合传动时，其节点 P 的圆周速度方向与啮合线 N_1N_2 之间所夹的锐角，称为啮合角，通常用 α' 表示。由此定义可知，啮合角等于节圆压力角。当两轮按标准中心距安装时，啮合角也等于分度圆压力角（图 6-13a）。

由于齿轮在制造、安装过程中不免存在误差，另外齿轮在工作时作用在轴上的径向力会导致轴变形以及轴承磨损等原因，均可造成齿轮的实际中心距与标准中心距略有差异，当实际中心距不等于标准中心距时，称为非标准安装。如图 6-13b 所示，实际中心距大于标准中心距，分度圆与节圆不再重合，两轮的分度圆分离，节圆半径大于各自的分度圆半径，啮合角大于分度圆压力角，顶隙大于标准值，齿侧间隙大于零。此时

$$a' = r_1'+r_2' \neq r_1+r_2$$

因
$$r_b = r\cos\alpha = r'\cos\alpha'$$

故
$$r_{b1}+r_{b2} = (r_1+r_2)\cos\alpha = (r_1'+r_2')\cos\alpha'$$

齿轮的中心距与啮合角的关系式为

$$a\cos\alpha = a'\cos\alpha' \tag{6-17}$$

对于图 6-14 所示的齿轮与齿条啮合传动，不论是否为标准安装，齿条的直线齿廓总是保持原来的方向不变，因此啮合线 N_1N_2 及节点 P 的位置始终保持不变。故齿轮的节圆恒与其分度圆重合，其啮合角恒等于分度圆压力角。只是在非标准安装时，齿条的节线与其分度线将不再重合。

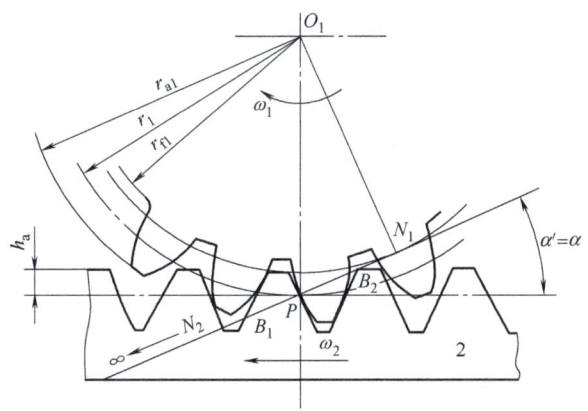

图 6-14 齿轮与齿条啮合传动

图 6-15 所示为内啮合齿轮传动，其标准中心距为

$$a = r_2 - r_1 = \frac{m(z_2 - z_1)}{2} \quad (6-18)$$

当两齿轮分度圆分离时，即实际中心距小于标准中心距时，啮合角将小于分度圆压力角。

6.5.3 齿轮的连续传动条件与重合度

图 6-16 所示为一对渐开线直齿圆柱齿轮齿廓的啮合过程。当主动轮 1 顺时针方向旋转时，拨动从动轮 2 沿逆时针方向转动。由于一对齿轮的啮合总是从主动轮轮齿的齿根推动从动轮轮齿的齿顶开始的，因此啮合的起始点即

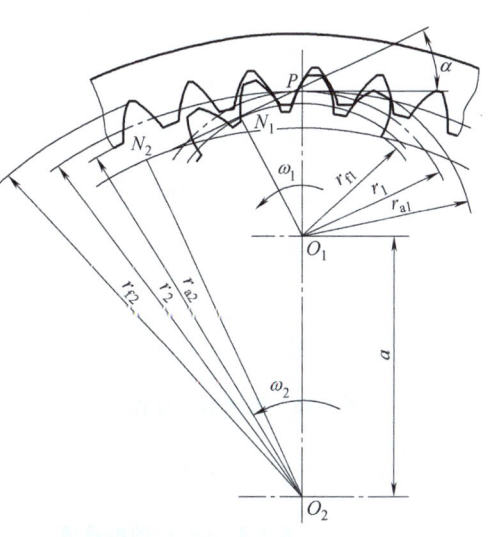

图 6-15 内啮合齿轮传动

为从动轮齿顶圆与啮合线的交点 B_2。随着啮合过程的进行，沿着主动轮的齿廓，啮合点由齿根逐步移向齿顶；沿着从动轮的齿廓，啮合点由齿顶逐步移向齿根，最终这对轮齿在啮合线 N_1N_2 上的啮合终止点 B_1 脱离啮合，该点即为主动轮的齿顶圆与啮合线的交点。由此可知，啮合点实际走过的轨迹是线段 B_1B_2，该线段称为齿轮的实际啮合线段。由于线段 B_1B_2 的长短取决于两轮齿顶圆半径的大小，故当两轮齿顶圆半径增加时，点 B_2、B_1 将分别向点 N_1、N_2 趋近，但因基圆内无渐开线，因此实际啮合线段长度不会超过 $\overline{N_1N_2}$，即 $\overline{N_1N_2}$ 是理论上可能的最长啮合线段，称为理论啮合线段，而点 N_1、N_2 则称为啮合极限点。

由啮合过程可知，在齿轮轮齿的啮合过程中，并非全部齿廓都参与工作，其工作部分只限于从齿顶到齿根的某处参与啮合，将实际参与啮合的这段齿廓称为齿廓工作段，如图 6-16 中的阴影部分所示。

由此可见，一对轮齿啮合传动的区间是有限的。所以，为了两齿轮能够连续地传动，必须保证在前一对轮齿尚未脱离啮合时，后一对轮齿能及时进入啮合，为达此目的，要求实际

啮合线段 $\overline{B_1B_2}$ 应大于齿轮的法向齿距 p_b（图 6-17）。将 $\overline{B_1B_2}$ 与 p_b 的比值 ε_a 称为齿轮传动的重合度，为了确保齿轮传动的连续，应使 ε_a 值大于或等于许用值 $[\varepsilon_a]$，即

$$\varepsilon_a = \frac{\overline{B_1B_2}}{p_b} \geq [\varepsilon_a] \tag{6-19}$$

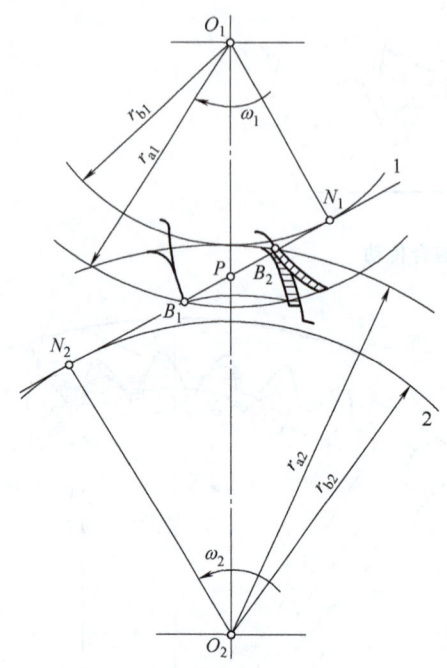

图 6-16 齿廓啮合过程

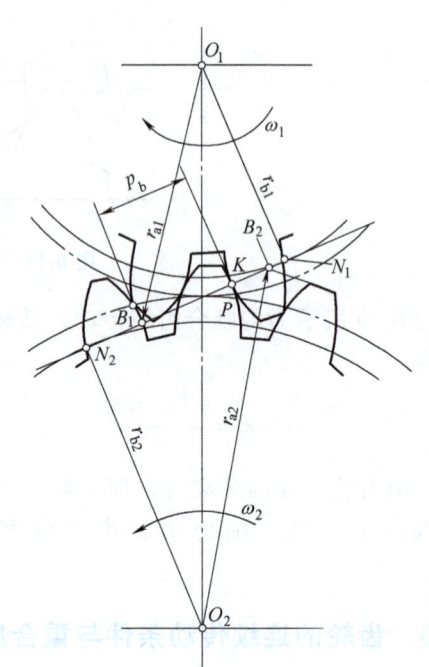

图 6-17 连续传动

$[\varepsilon_a]$ 的推荐值见表 6-4。

表 6-4 $[\varepsilon_a]$ 的推荐值

使用场合	一般机械制造业	汽车、拖拉机	金属切削机床
$[\varepsilon_a]$	1.4	1.1~1.2	1.3

对于重合度 ε_a 的计算，由图 6-18 不难得到

$$\varepsilon_a = [z_1(\tan\alpha_{a1} - \tan\alpha') + z_2(\tan\alpha_{a2} - \tan\alpha')]/(2\pi) \tag{6-20}$$

式中，α' 为啮合角；z_1、z_2 及 α_{a1}、α_{a2} 分别为齿轮 1、2 的齿数及齿顶圆压力角。

重合度的大小表示同时参与啮合的轮齿对数的平均值。重合度越大，意味着同时参与啮合的轮齿对数越多，对提高齿轮传动的平稳性和承载能力都有重要意义。

由式（6-20）可见，重合度 ε_a 与模数 m 无关，而随齿数 z 的增多而加大，对于按标准中心距安装的标准齿轮传动，当两轮的齿数趋于无穷大时的极限重合度

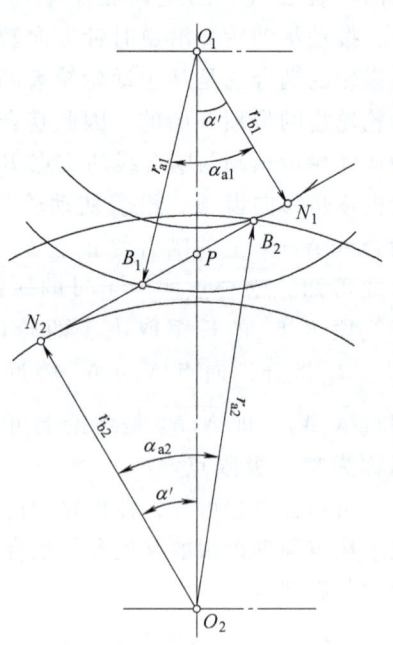

图 6-18 重合度计算

$\varepsilon_{amax} = 1.981$。重合度 ε_a 还随啮合角 α' 的减小和齿顶高系数 h_a^* 的增大而增大。

6.6 渐开线齿廓的切制原理与根切现象

码 6-4 练习测试

6.6.1 齿廓切制的基本原理

齿轮的加工可采用铸造法、冲压法、冷轧法、热轧法和切削加工法等，一般机械中使用的齿轮通常采用切削加工方法制作。根据加工原理的不同，切削加工法可以分为仿形法和展成法。

仿形法是在铣床上采用切削刃形状与被切齿轮的齿槽两侧齿廓形状相同的铣刀逐个齿槽进行切制的。这种方法生产率低，被切齿轮精度差，适合于精度要求不高或大模数的单件齿轮加工。

展成法是目前齿轮加工中最常用的一种方法，如插齿、滚齿、磨齿等都属于这种方法。展成法是利用齿廓啮合基本定律来切制齿廓的。假想将一对相啮合的齿轮（或齿轮与齿条）之一作为刀具，而另一个作为轮坯，并使两者仍按原传动比传动，同时刀具做切削运动，则在轮坯上便可加工出与刀具齿廓共轭的齿轮齿廓。

图 6-19a 所示为用齿轮插刀加工齿轮的情形。齿轮插刀可视为一个具有切削刃的外齿轮，其模数和压力角均与被加工齿轮相同。加工时，插刀沿轮坯轴线方向做往复切削运动，同时，插刀与轮坯按恒定的传动比做展成运动。在切削之初，插刀还需向轮坯中心做径向进给运动，以便切出轮齿的高度。此外，为防止插刀向上退刀时擦伤已切好的齿面，轮坯还需做小距离的让刀运动。这样，刀具的渐开线齿廓就在轮坯上切出与其共轭的渐开线齿廓（图 6-19b）。

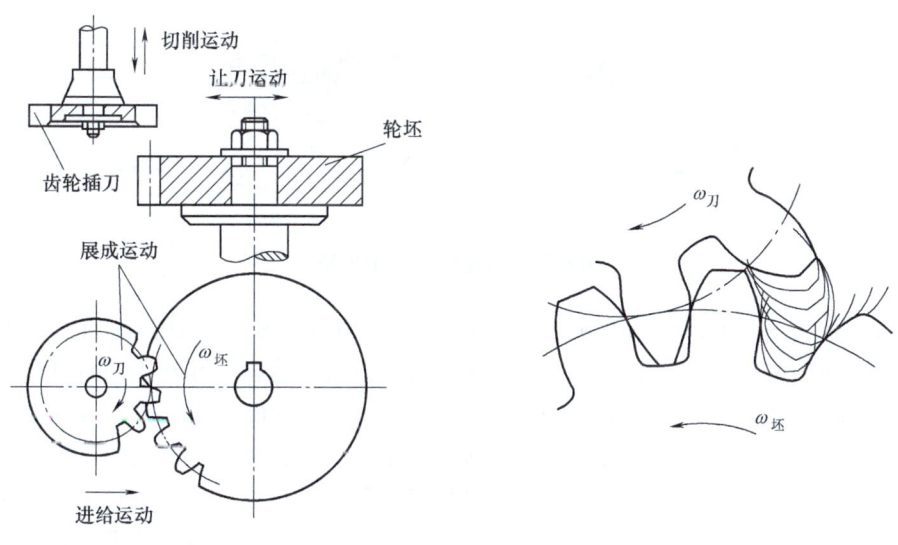

图 6-19 齿轮插刀加工齿轮

图 6-20 所示为用齿条插刀加工齿轮的情形。加工时，轮坯以角速度 ω 转动，齿条插刀以速度 $v=r\omega$ 移动（即展成运动），式中 r 为被加工齿轮的分度圆半径。其切齿原理与用齿轮插刀切齿原理相似。

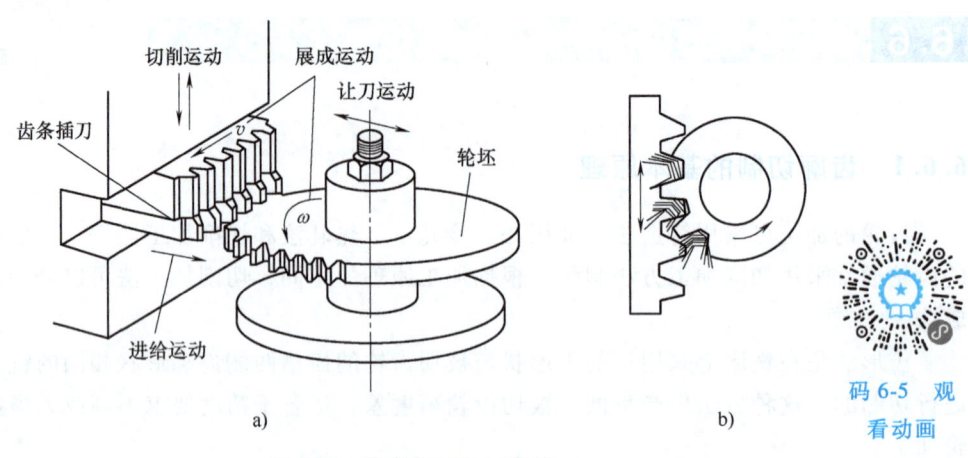

图 6-20 齿条插刀加工齿轮

不论用齿轮插刀还是齿条插刀加工齿轮，其切削都是不连续的，这就影响了生产率的提高。因此，在生产中更广泛地采用齿轮滚刀来加工齿轮，如图 6-21a 所示。

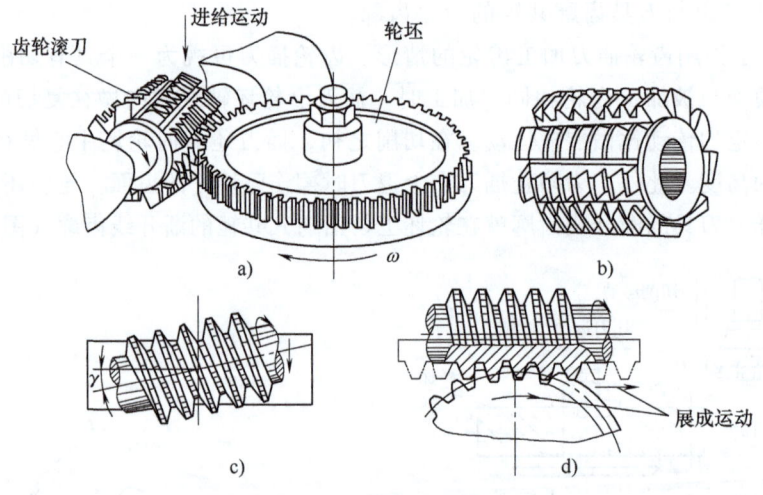

图 6-21 齿轮滚刀加工齿轮

滚刀的形状为一开有刀口的螺旋（图 6-21b）。在用滚刀来加工直齿轮时，滚刀的轴线与轮坯端面之间的夹角应等于滚刀的导程角 γ（图 6-21c）。这样，在切削啮合处滚刀螺纹的切线方向恰与轮坯的齿向相同。而滚刀在轮坯端面上的投影相当于一个齿条（图 6-21d）。滚刀转动时，一方面产生切削运动，另一方面相当于齿条在移动，从而与轮坯转动一起构成展成运动。故滚刀切制齿轮的原理与齿条插刀相似，只不过用滚刀的螺旋运动代替了插刀的切削运动和展成运动。此外，为了切制具有一定轴向宽度的齿轮，滚刀还需沿轮坯轴线方向做缓慢的进给运动。

用展成法加工齿轮时，只要刀具的模数、压力角与被切齿轮的模数、压力角分别相等，则无论被加工齿轮的齿数多少,都可用同一把刀具来加工。由于展成法生产率高,加工的齿轮精度高,所以应用广泛。

6.6.2 用展成法加工标准齿轮时齿条刀具的位置

如图6-22所示,用展成法加工标准齿轮时,所用标准齿条刀具的分度线必须与被切齿轮的分度圆相切并做纯滚动。由于标准齿条型刀具分度线上的齿厚与齿槽宽相等,故被加工齿轮的分度圆上齿槽宽与齿厚也相等。

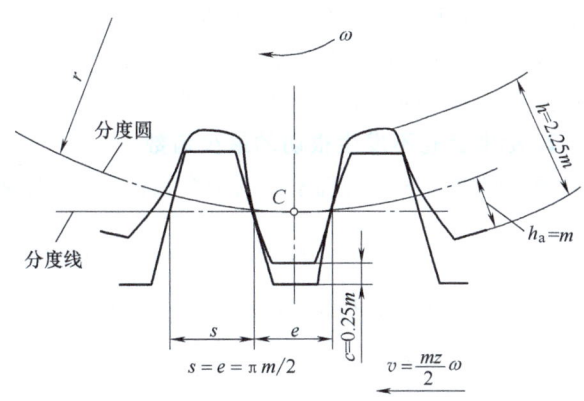

图 6-22 展成法加工标准齿轮

6.6.3 渐开线齿廓的根切现象和标准齿轮不发生根切的最少齿数

1. 根切现象及其原因

用展成法切制齿轮时,有时刀具的顶部会过多地切入轮齿根部,从而将齿根的渐开线切去一部分,这种现象称为轮齿的根切,如图6-23所示。产生严重根切的齿轮,轮齿的抗弯强度会降低,对传动很不利,因此应避免严重根切的发生。

要避免根切,首先必须了解根切产生的原因。图6-24所示为用标准齿条型刀具切制标准齿轮的情况,图中刀具的分度线与被切齿轮的分度圆相切,B_1B_2为啮合线。刀具的切削刃将从啮合线上B_1点处开始切削被切齿轮的渐开线齿廓,切至啮合线与刀具齿顶线的交点B_2处,被切齿轮齿廓的渐开线部分已被全部切出。若B_2点位于啮合极限点N_1之下,则被切齿轮的齿廓从R_2点开

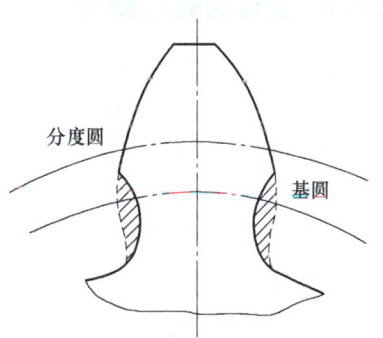

图 6-23 渐开线齿廓的根切

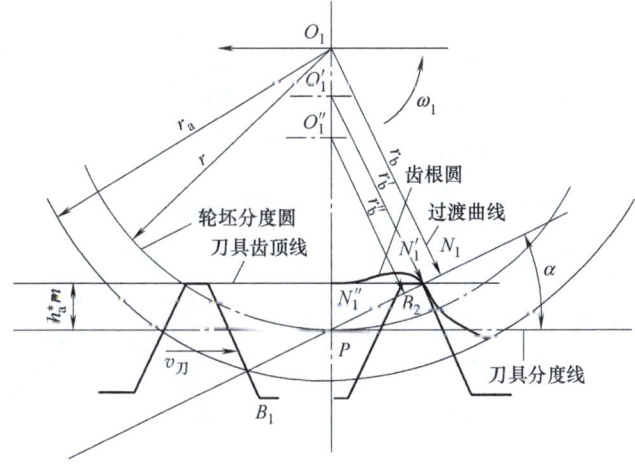

图 6-24 根切产生的原因

始至齿顶为渐开线，而在 B_2 点到齿根圆之间为一段由刀具齿顶所形成的非渐开线过渡曲线。

若被切齿轮的齿数很少，使其啮合极限点 N_1'' 落在刀具齿顶线之下时，刀具的齿顶就会把轮齿本已切好的一部分齿根渐开线齿廓切去，从而形成根切。

2. 标准齿轮不发生根切的最少齿数

为了避免出现根切现象，则啮合极限点 N_1 必须位于刀具齿顶线之上，即需满足

$$\overline{PN_1}\sin\alpha \geq h_a^* m, \quad \overline{PN_1} = r\sin\alpha = \frac{mz}{2}\sin\alpha \qquad (6-21)$$

由此可求得被切齿轮不产生根切的最少齿数为

$$z_{\min} = \frac{2h_a^*}{\sin^2\alpha}$$

当 $h_a^* = 1$，$\alpha = 20°$ 时，$z_{\min} = 17$。

码 6-6　练习测试

6.7　渐开线变位齿轮简介

6.7.1　变位齿轮的概念

标准齿轮传动具有设计简单、互换性好等优点，但在使用时也有一些限制。例如，要求齿轮齿数 $z \geq z_{\min}$，否则将产生根切现象；标准齿轮不适用于中心距 $a' \neq a = m(z_1+z_2)/2$ 的场合。因为当 $a' < a$ 时，无法安装；而当 $a' > a$ 时，又会产生过大的齿侧间隙，影响传动的平稳性，且重合度也随之降低。此外，在一对相互啮合的标准齿轮中，由于小齿轮齿廓渐开线的曲率半径较小，齿根厚度也较薄，参与啮合的次数又较多，强度较低，会影响到整个齿轮传动的承载能力。

为了改善标准齿轮的上述不足之处，需要对其进行修正。齿轮修正方法有很多，目前最为广泛采用的是变位修正法。

如果需要制造齿数少于 17 而又不产生根切现象的齿轮，可采用减小齿顶高系数 h_a^* 及加大压力角 α 的方法，但减小 h_a^* 将使重合度减小，而增大 α 要采用非标准刀具。除此之外，还可以在加工齿轮时，将齿条刀具由标准位置相对于轮坯中心向外移出一段距离 xm（由图 6-25 中的虚线位置移至实线位置），使刀具的齿顶线不超过 N_1 点，从而避免了发生根切。这种用改变刀具与轮坯的相对位

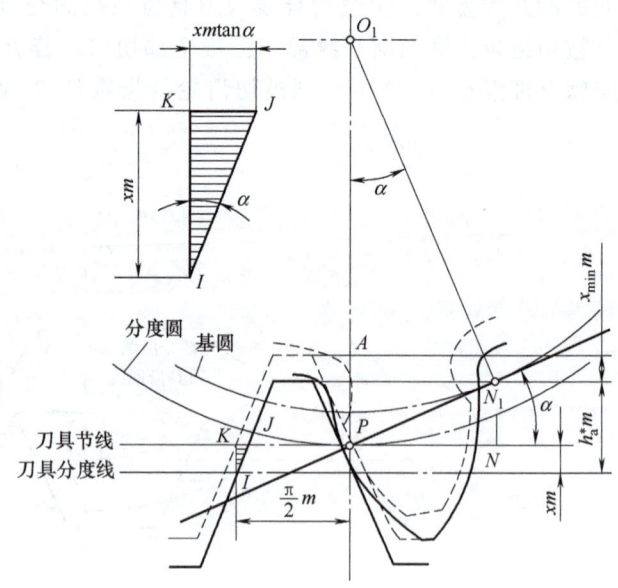

图 6-25　变位修正法

置来切制齿轮的方法称为变位修正法。

采用变位修正方法加工的齿轮称为变位齿轮，齿条刀具移动的距离 xm 称为径向变位量，其中 m 为模数，x 称为径向变位系数（简称变位系数）。将刀具由标准位置向远离被切齿轮中心方向移远时，称为正变位，x 为正值，这样加工出来的齿轮称为正变位齿轮；如果被切齿轮的齿数比较多，为了满足齿轮传动的某些要求，有时刀具也可以由标准位置向被切齿轮的中心移近，此时称为负变位，x 为负值，这样加工出来的齿轮称为负变位齿轮。

6.7.2 避免发生根切的最小变位系数

用标准齿条形刀具加工齿轮时，为了避免被加工齿轮发生根切现象，应保证齿条刀具的齿顶线不超过极限啮合点 N_1。由图 6-25 可得

$$xm \geq h_a^* m - r\sin^2\alpha = \left(h_a^* - \frac{z}{2}\sin^2\alpha\right)m$$

结合式（6-21）可得避免被加工齿轮发生根切现象的最小变位系数为

$$x_{\min} = h_a^* \frac{z_{\min}-z}{z_{\min}} \tag{6-22}$$

当 $h_a^* = 1$，$\alpha = 20°$ 时，

$$x_{\min} = \frac{17-z}{17} \tag{6-23}$$

由式（6-23）可知，当齿数 $z < 17$ 时，$x_{\min}$ 为正值，说明为了避免根切要采用正变位，变位系数 $x \geq x_{\min}$；当齿数 $z > 17$ 时，$x_{\min}$ 为负值，说明在变位系数 $x \geq x_{\min}$ 的条件下采用负变位也不会根切。

通过标准加工和变位加工分别切制出来的齿数相同的齿轮，其模数、压力角、分度圆、齿距和基圆均相同，但是其齿顶高、齿根高、齿厚和齿槽宽各不相同。如图 6-26 所示，与标准齿轮相比，正变位齿轮的齿根厚度增大，轮齿的抗弯能力增强，但正变位齿轮的齿顶厚度减少；负变位齿轮的齿根厚度减少，轮齿的抗弯能力降低。

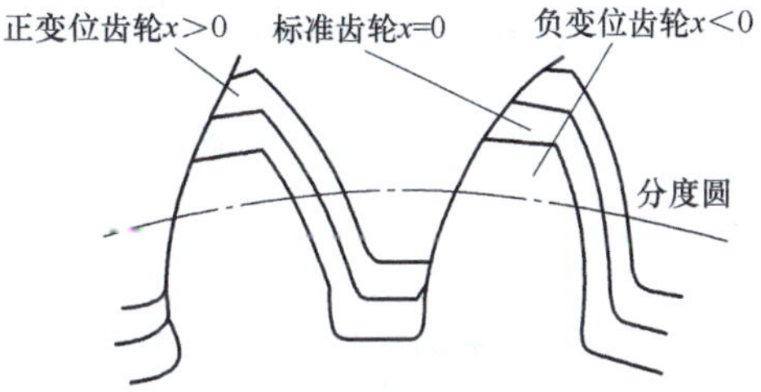

图 6-26 变位齿轮与标准齿轮的比较

6.7.3 变位齿轮的几何尺寸

如图 6-25 所示，对于正变位齿轮，与被切齿轮分度圆相切的已不再是刀具的分度线，而是刀具节线。刀具节线上的齿槽宽比分度线上的齿槽宽增大了 $2\overline{KJ}$，由于轮坯分度圆与刀具节线做纯滚动，故知其齿厚也增大了 $2\overline{KJ}$。而由 $\triangle IJK$ 可知，$\overline{KJ} = xm\tan\alpha$。因此，正变位齿轮的齿厚为

$$s = \pi m/2 + 2\overline{KJ} = (\pi/2 + 2x\tan\alpha)m \tag{6-24}$$

又由于齿条型刀具的齿距恒等于 πm，故知正变位齿轮的齿槽宽为

$$e = (\pi/2 - 2x\tan\alpha)m \tag{6-25}$$

又由图 6-25 可见，当刀具采取正变位 xm 后，切出的正变位齿轮，其齿根高较标准齿轮

减小了 xm，即

$$h_f = h_a^* m + c^* m - xm = (h_a^* + c^* - x)m \tag{6-26}$$

而其齿顶高，若暂不计它对顶隙的影响，为了保持齿高不变，应较标准齿轮增大 xm，这时其齿顶高为

$$h_a = h_a^* m + xm = (h_a^* + x)m \tag{6-27}$$

其齿顶圆半径为

$$r_a = r + (h_a^* + x)m \tag{6-28}$$

对于负变位齿轮，上述公式同样适用，但需注意其变位系数 x 为负值。

6.7.4 变位齿轮传动

变位齿轮传动的正确啮合条件、无侧隙啮合条件及连续传动条件与标准齿轮传动相同，此外还需尽可能保证标准顶隙。

1. 无侧隙啮合方程

要满足无侧隙啮合，须要求其中一齿轮在节圆上的齿厚应等于另一齿轮在节圆上的齿槽宽，即 $s_1' = e_2'$、$s_2' = e_1'$，由此得节圆上齿距应满足

$$p' = s_1' + e_1' = s_1' + s_2'$$

又因

$$\frac{p'}{p} = \frac{r'}{r} = \frac{\cos\alpha}{\cos\alpha'}, \quad p = \pi m$$

而

$$s_i' = s_i \frac{r_i'}{r_i} - 2r_i'(\text{inv}\alpha' - \text{inv}\alpha), \quad (i=1,2)$$

式中，s_i 由式（6-24）求得；$r_i = \dfrac{mz_i}{2}$。

于是，由以上各式可求得两齿轮无侧隙啮合时其各参数的关系式为

$$\text{inv}\alpha' = \frac{2\tan\alpha(x_1 + x_2)}{z_1 + z_2} + \text{inv}\alpha \tag{6-29}$$

式（6-29）称为无侧隙啮合方程。式中，z_1、z_2 分别为两轮的齿数；α 为分度圆压力角；α' 为啮合角；$\text{inv}\alpha$、$\text{inv}\alpha'$ 分别为 α、α' 的渐开线函数，其值可由已有的渐开线函数表查取；x_1、x_2 分别为两轮的变位系数。

2. 变位齿轮传动的中心距

式（6-29）表明，若两轮变位系数之和 $(x_1 + x_2)$ 不等于零，则其啮合角 α' 将不等于分度圆压力角。此时，两轮的实际中心距将不等于其标准中心距。

设两轮做无侧隙啮合时的中心距为 a'，它与标准中心距之差为 ym，其中 m 为模数，y 称为中心距变动系数，则

$$a' = a + ym \tag{6-30}$$

故

$$y = (z_1 + z_2)\left(\frac{\cos\alpha}{\cos\alpha'} - 1\right)/2 \tag{6-31}$$

要保证两轮之间具有标准顶隙 $c=c^*m$，两轮的中心距 a'' 应等于

$$a'' = r_{a1} + c + r_{f2}$$
$$= r_1 + (h_a^* + x_1)m + c^*m + r_2 - (h_a^* + c^* - x_2)m$$
$$= a + (x_1 + x_2)m \tag{6-32}$$

3. 变位齿轮传动的齿顶高

由式（6-30）与式（6-32）可知，如果 $y = x_1 + x_2$，就可同时满足上述两个条件。但经证明，只要 $x_1 + x_2 \neq 0$，总是 $x_1 + x_2 > y$，即 $a'' > a'$。工程上为了解决这一矛盾，采用如下办法：两轮按无侧隙中心距 $a' = a + ym$ 安装，而将两轮的齿顶高各减短 Δym，以满足标准顶隙要求。Δy 称为齿顶高降低系数，其值为

$$\Delta y = (x_1 + x_2) - y \tag{6-33}$$

这时，齿轮的齿顶高为

$$h_a = h_a^* m + mx - \Delta ym = (h_a^* + x - \Delta y)m \tag{6-34}$$

4. 变位齿轮传动的类型及其特点

按照相互啮合的两齿轮的变位系数和 $(x_1 + x_2)$ 的值的不同，可将变位齿轮传动分为三种基本类型。

1） $x_1 + x_2 = 0$，且 $x_1 = x_2 = 0$。此为标准齿轮传动。

2） $x_1 + x_2 = 0$，且 $x_1 = -x_2 \neq 0$。此类齿轮传动称为等变位齿轮传动（又称高度变位齿轮传动）。根据式（6-29）、式（6-17）、式（6-31）和式（6-33），由于 $x_1 + x_2 = 0$，故

$$\alpha' = \alpha, a' = a, y = 0, \Delta y = 0$$

即其啮合角等于分度圆压力角，中心距等于标准中心距，节圆与分度圆重合，齿顶高不需要降低。

对于等变位齿轮传动，为有利于强度的提高，小齿轮应采用正变位，大齿轮采用负变位，使大、小齿轮的强度趋于接近，从而使齿轮的承载能力提高。

3） $x_1 + x_2 \neq 0$。此类齿轮传动称为不等变位齿轮传动（又称为角度变位齿轮传动）。当 $x_1 + x_2 > 0$ 时称为正传动，$x_1 + x_2 < 0$ 时称为负传动。

① 正传动。由于此时 $x_1 + x_2 > 0$，根据式（6-29）、式（6-17）、式（6-31）、式（6-33）可知：

$$\alpha' > \alpha, a' > a, y > 0, \Delta y > 0$$

即在正传动中，其啮合角 α' 大于分度圆压力角 α，中心距 a' 大于标准中心距 a，两轮的分度圆分离，齿顶高需缩减。

正传动的优点是可以减小齿轮机构的尺寸，能使齿轮机构的承载能力有较大提高。

正传动的缺点是重合度减小较多。

② 负传动。由于 $x_1 + x_2 < 0$，故

$$\alpha' < \alpha, a' < a, y < 0, \Delta y > 0$$

负传动的优缺点正好与正传动的优缺点相反，即其重合度略有增加，但轮齿的强度有所下降，所以负传动只用于配凑中心距这种特殊需要的场合中。

综上所述，采用变位修正法来制造渐开线齿轮，不仅可以避免根切，还可以运用这种方法来提高齿轮机构的承载能力、配凑中心距和减小机构的几何尺寸等，并且仍可采用标准刀具加工，并不增加制造的困难。正因为如此，该方法在各种重要传动中被广泛地采用。

5. 变位齿轮传动的设计步骤

从机械原理角度来看，遇到的变位齿轮传动设计问题可以分为如下两类。

（1）已知中心距的设计　这时的已知条件是 z_1、z_2、m、a、a'，其设计步骤如下：

1）由式（6-17）确定啮合角

$$\alpha' = \arccos[(a\cos\alpha)/a']$$

2）由式（6-29）确定变位系数和

$$x_1 + x_2 = (\text{inv}\alpha' - \text{inv}\alpha)(z_1 + z_2)/(2\tan\alpha)$$

3）由式（6-30）确定中心距变动系数

$$y = (a' - a)/m$$

4）由式（6-33）确定齿顶高降低系数

$$\Delta y = (x_1 + x_2) - y$$

5）分配变位系数 x_1、x_2，并按表 6-5 计算齿轮的几何尺寸。

（2）已知变位系数的设计　这时的已知条件是 z_1、z_2、m、α、x_1、x_2，其设计步骤如下：

1）由式（6-29）确定啮合角

$$\text{inv}\alpha' = \frac{2\tan\alpha(x_1 + x_2)}{z_1 + z_2} + \text{inv}\alpha$$

2）由式（6-17）确定中心距

$$a' = a\cos\alpha/\cos\alpha'$$

3）由式（6-30）及式（6-33）确定中心距变动系数 y 及齿顶高降低系数 Δy。

4）按表 6-5 计算变位齿轮的几何尺寸。

表 6-5　外啮合直齿圆柱齿轮传动的计算公式

名称	符号	标准齿轮传动	等变位齿轮传动	不等变位齿轮传动
变位系数	x	$x_1 = x_2 = 0$	$x_1 = -x_2$ $x_1 + x_2 = 0$	$x_1 + x_2 \neq 0$
节圆直径	d'	$d'_i = d_i = z_i m (i = 1, 2)$		$d'_i = d_i \cos\alpha/\cos\alpha'$
啮合角	α'	$\alpha' = \alpha$		$\cos\alpha' = (a\cos\alpha)/a'$
齿顶高	h_a	$h_a = h_a^* m$	$h_{ai} = (h_a^* + x_i)m$	$h_{ai} = (h_a^* + x_i - \Delta y)m$
齿根高	h_f	$h_f = (h_a^* + c^*)m$		$h_{fi} = (h_a^* + c^* - x_i)m$
齿顶圆直径	d_a		$d_{ai} = d_i + 2h_{ai}$	
齿根圆直径	d_f		$d_{fi} = d_i - 2h_{fi}$	
中心距	a	$a = (d_1 + d_2)/2$		$a' = (d'_1 + d'_2)/2$
中心距变动系数	y		$y = 0$	$y = (a' - a)/m$
齿顶高降低系数	Δy		$\Delta y = 0$	$\Delta y = x_1 + x_2 - y$

6.8　斜齿圆柱齿轮传动

码 6-7　测试题

6.8.1　斜齿圆柱齿轮齿面的形成

斜齿圆柱齿轮齿面的形成原理与直齿圆柱齿轮类似，不同的是其发生面上展成渐开面的直线 KK 不再与基圆柱母线 NN 平行，而是相对于 NN 偏斜一个角度 β_b，如图 6-27 所示。斜齿轮的齿廓曲面与其分度圆柱面相交的螺旋线的切线与齿轮轴线之间所夹的锐角（以 β 表示）称为斜齿轮分度圆柱上的螺旋角（简称为斜齿轮的螺旋角）。齿轮螺旋线的旋向有左、右之分，故螺旋角有正负之别，如图 6-28 所示。

由于斜齿轮存在螺旋角 β，所以当一对斜齿轮啮合传动时，其轮齿是先由一端进入啮合逐渐过渡到轮齿的另一端而最终退出啮合，其齿面上的接触线先是由短变长，再由长变短，如图 6-29 所示。因此，斜齿轮的轮齿在交替啮合时所受的载荷是逐渐加上再逐渐卸掉的，所以传动比较平稳，冲击、振动和噪声较小，适宜于高速、重载传动。

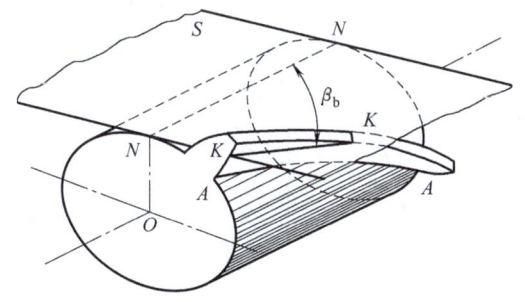

图 6-27　斜齿圆柱齿轮齿面的形成

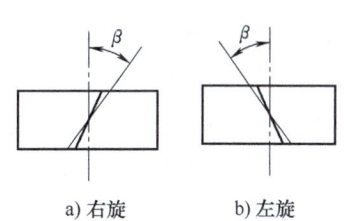

a) 右旋　　b) 左旋

图 6-28　斜齿圆柱齿轮齿面的旋向

6.8.2　斜齿轮的基本参数与几何尺寸计算

斜齿轮由于存在螺旋角，不同方向截面上的轮齿的齿形各不相同，故斜齿轮具有三套基本参数：端面（垂直于齿轮回转轴线的截面）参数、法向（垂直于轮齿的方向）参数和轴面（通过齿轮回转轴线的截面）参数。由于在切制斜齿轮的轮齿时，刀具进刀的方向一般是垂直于其法向的，故其法向参数（m_n、α_n、h_{an}^*、c^* 等）与刀具的参数相同，所以取为标准值。但在计算斜齿轮的几何尺寸时却需按端面参数（m_t、α_t、x_t、s_t 等）进行，因此就必须建立法向参数与端面参数的换算关系。

图 6-30 所示为一斜齿条沿其分度线的剖开图。图中阴影线部分为轮齿，空白部分为齿槽。由图 6-30 可见：

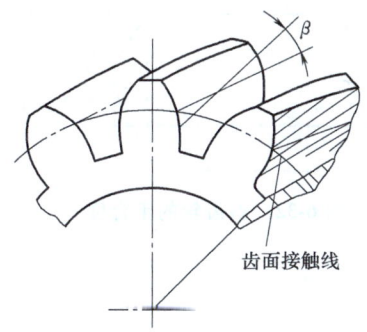

图 6-29　斜齿轮齿面接触线

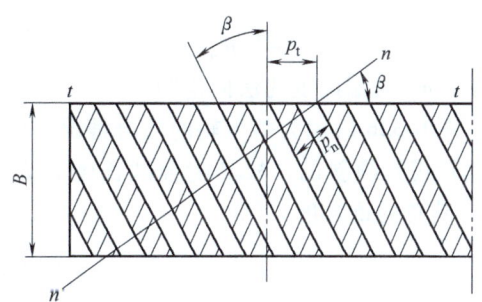

图 6-30　沿分度线剖开的斜齿条

$$p_n = \pi m_n = p_t \cos\beta = \pi m_t \cos\beta$$

故得

$$m_n = m_t \cos\beta \tag{6-35}$$

图 6-31 所示为斜齿条的一个齿，$\triangle a'b'c$ 在法面上，$\triangle abc$ 在端面上。由图 6-31 可知：

$$\tan\alpha_n = \tan\angle a'b'c = \overline{a'c}/\overline{a'b'}, \quad \tan\alpha_t = \tan\angle abc = \overline{ac}/\overline{ab}$$

由于 $\overline{ab} = \overline{a'b'}$，$\overline{a'c} = \overline{ac}\cos\beta$，故得

$$\tan\alpha_n = \tan\alpha_t \cos\beta \tag{6-36}$$

斜齿轮在其端面上的分度圆直径为

$$d = zm_t = zm_n/\cos\beta \tag{6-37}$$

斜齿轮传动的标准中心距为

$$a = (d_1+d_2)/2 = m_n(z_1+z_2)/(2\cos\beta) \tag{6-38}$$

由式 (6-38) 可知，可以通过改变螺旋角 β 的方法来调整斜齿轮传动中心距的大小。为了便于加工，斜齿轮传动的中心距常做圆整。

斜齿轮也可借助于变位修正的办法来满足各种不同的要求。其端面变位系数 x_t 与法向变位系数 x_n 之间的关系为

$$x_t = x_n \cos\beta \tag{6-39}$$

但一般都按法向变位系数进行计算。

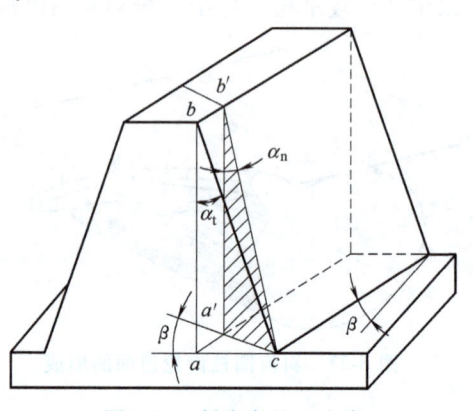

图 6-31 斜齿条的一个齿

6.8.3 一对斜齿轮的啮合传动

1. 一对斜齿轮正确啮合的条件

一对斜齿轮正确啮合的条件，除了模数及压力角应分别相等（$m_{n1} = m_{n2}$，$\alpha_{n1} = \alpha_{n2}$）外，螺旋角还必须满足如下条件：

外啮合　$\beta_1 = -\beta_2$。
内啮合　$\beta_1 = \beta_2$。

2. 斜齿轮传动的重合度

图 6-32a 所示为直齿轮传动的啮合面，L 为其啮合区的长度，故直齿轮传动的重合度为

$$\varepsilon_\alpha = L/p_{bt}$$

式中，p_{bt} 为端面上的法向齿距。

图 6-32b 所示为斜齿轮的啮合情况，由于其轮齿是倾斜的，故其啮合区长度为 $L+\Delta L$，其总的重合度 ε_γ 为

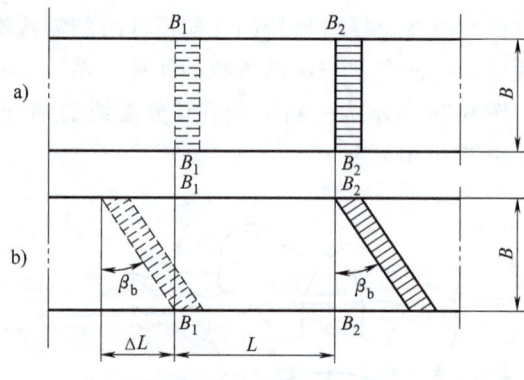

图 6-32 斜齿轮的重合度

$$\varepsilon_r = (L+\Delta L)/p_{bt} = \varepsilon_\alpha + \varepsilon_\beta \tag{6-40}$$

式中，$\varepsilon_\alpha = L/p_{bt}$ 为斜齿轮传动的端面重合度。类似于直齿轮传动，可得其计算公式为

$$\varepsilon_\alpha = [z_1(\tan\alpha_{at1}-\tan\alpha_t') + z_1(\tan\alpha_{at2}-\tan\alpha_t')]/(2\pi) \tag{6-41}$$

$\varepsilon_\beta = \Delta L/p_{bt}$ 为轴面重合度（纵向重合度），其计算公式为

$$\varepsilon_\beta = B\sin\beta/(\pi m_n) \tag{6-42}$$

6.8.4 斜齿轮的当量齿轮与当量齿数

由于斜齿轮的作用力作用于轮齿的法向，其强度设计、制造等都是以法向齿形为依据的，因此需要知道它的法向齿形。一般可以采用近似的方法，用一个与斜齿轮法向齿形相当的直齿轮的齿形来代替，这个假想的直齿轮称为斜齿轮的当量齿轮。该当量齿轮的模数和压力角分别与斜齿轮法向模数、法向压力角相等，而它的齿数则称为斜齿轮的当量齿数。

如图 6-33 所示，设经过斜齿轮分度圆柱面上的一点 C，沿轮齿的法向将斜齿轮的分度圆柱剖开，其剖面为一椭圆。以椭圆上 C 点的曲率半径 ρ 为半径作一个圆，作为假想直齿轮的分度圆，以该斜齿轮的法向模数为模数、法向压力角为压力角，作一个直齿轮，其齿形就是斜齿轮的法向近似齿形，该直齿轮即可作为斜齿轮的当量齿轮，而其齿数即为当量齿数（以 z_v 表示）。

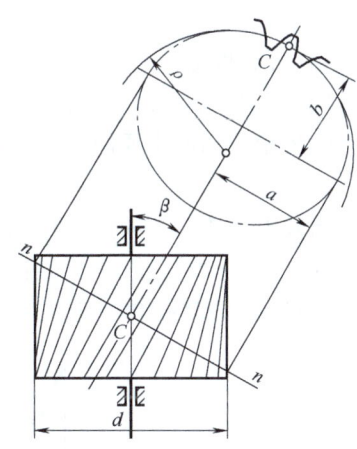

图 6-33 斜齿轮的当量齿轮

由图 6-33 可知，椭圆的长半轴 $a=d/(2\cos\beta)$，短半轴 $b=d/2$，而

$$\rho = a^2/b = d/(2\cos^2\beta)$$

故得

$$z_v = \frac{2\rho}{m_n} = \frac{d}{m_n \cos^2\beta} = \frac{z m_t}{m_n \cos^2\beta} = \frac{z}{\cos^3\beta} \quad (6\text{-}43)$$

渐开线标准斜齿圆柱齿轮不发生根切的最少齿数可由式（6-43）求得

$$z_{min} = z_{vmin} \cos^3\beta \quad (6\text{-}44)$$

式中，z_{vmin} 为当量直齿标准齿轮不发生根切的最少齿数。

斜齿圆柱齿轮的参数及几何尺寸计算公式见表 6-6。

表 6-6 斜齿圆柱齿轮的参数及几何尺寸计算公式

名称	符号	计算公式	名称	符号	计算公式
螺旋角	β	一般取 8°~20°	基圆直径	d_b	$d_b = d\cos\alpha_t$
基圆柱螺旋角	β_b	$\tan\beta_b = \tan\beta\cos\alpha_t$	最少齿数	z_{min}	$z_{min} = z_{vmin}\cos^3\beta$
法向模数	m_n	按表 6-1，取标准值	端面变位系数	x_t	$x_t = x_n\cos\beta$
端面模数	m_t	$m_t = m_n/\cos\beta$	齿顶高	h_a	$h_a = m_n(h_{an}^* + x_n)$
法向压力角	α_n	$\alpha_n = 20°$	齿根高	h_f	$h_f = m_n(h_{an}^* + c_n^* - x_n)$
端面压力角	α_t	$\tan\alpha_t = \tan\alpha_n/\cos\beta$	齿顶圆直径	d_a	$d_a = d + 2h_a$
法向齿距	p_n	$p_n = \pi m_n$	齿根圆直径	d_f	$d_f = d - 2h_f$
端面齿距	p_t	$p_t = \pi m_t = p_n/\cos\beta$	法向齿厚	s_n	$s_n = \left(\dfrac{\pi}{2} + 2x_n\tan\alpha_n\right)m_n$
法向基圆齿距	p_{bn}	$p_{bn} = p_n\cos\alpha_n$			
法向齿顶高系数	h_{an}^*	$h_{an}^* = 1$	端面齿厚	s_t	$s_t = \left(\dfrac{\pi}{2} + 2x_t\tan\alpha_t\right)m_t$
法向顶隙系数	c_n^*	$c_n^* = 0.25$			
分度圆直径	d	$d = zm_t = zm_n/\cos\beta$	当量齿数	z_v	$z_v = z/\cos^3\beta$

注：1. m_t 应计算到小数点后第四位，其余长度尺寸应计算到小数点后三位。
  2. 螺旋角 β 的计算应精确到××°××′××″。

6.8.5 斜齿轮传动的特点

与直齿轮传动相比,斜齿轮传动具有下列主要优点:

1)啮合性能好。平行轴斜齿轮机构传动过程中,由于啮合接触线是一条不平行于轴线的斜直线,轮齿进入啮合和退出啮合都是逐渐变化的,故传动平稳,噪声小。同时这种啮合方式也减小了轮齿制造误差对传动的影响。

2)重合度大。降低了每对轮齿的载荷,提高了齿轮的承载能力。

3)不产生根切的最少齿数少。

4)可获得更为紧凑的机构。由于标准斜齿轮不产生根切的齿数比直齿轮少,所以采用平行轴斜齿轮机构可以获得更为紧凑的尺寸。

斜齿轮传动的主要缺点是在运转时会产生轴向推力,如图6-34a所示。其轴向推力为

$$F_a = F_t \tan\beta$$

当圆周力 F_t 一定时,轴向推力 F_a 随螺旋角 β 的增大而增大。为控制过大的轴向推力,一般取 $\beta = 8° \sim 20°$。若采用人字齿轮(图6-34b),其所产生的轴向推力可相互抵消,故其螺旋角 β 可取为 $25° \sim 40°$。但人字齿轮制造比较麻烦,故一般只用于高速重载传动中。

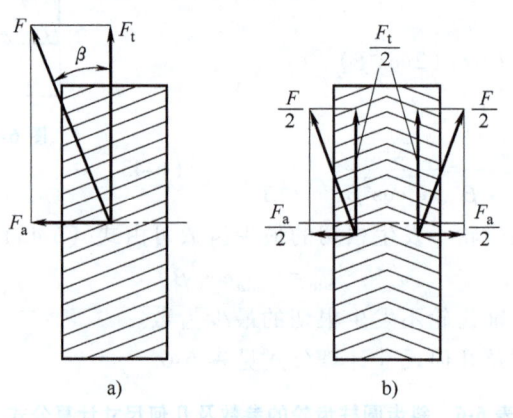

图 6-34 斜齿轮和人字齿轮

码 6-8 测试题

6.9 直齿锥齿轮传动

6.9.1 锥齿轮传动概述

锥齿轮传动用来传递两相交轴之间的运动和动力(图6-35),在一般机械中,锥齿轮两轴之间的交角 $\Sigma = 90°$(但也可以 $\Sigma \neq 90°$)。锥齿轮的轮齿分布在一个圆锥面上,故在锥齿轮上有齿顶圆锥、分度圆锥和齿根圆锥等。又因锥齿轮是一个锥体,从而有大端和小端之分。为了计算和测量的方便,通常取锥齿轮大端的参数为标准值,即大端的模数按表6-7选取,其压力角一般为20°,齿顶高系数 $h_a^* = 1.0$,顶隙系数 $c^* = 0.2$。

锥齿轮的轮齿有直齿、斜齿和曲齿(圆弧齿、螺旋齿)等多种形式。其中,直齿锥齿轮机构由于其设计、制造和安装都很简便,故应用最为广泛。曲齿锥齿轮机构由于传动平

稳、承载能力强，常用于高速重载的传动中，如汽车、飞机、拖拉机等设备的传动机构中。本节仅介绍直齿锥齿轮机构。

6.9.2 直齿锥齿轮的背锥及当量齿轮

图 6-36a 所示为一对特殊的锥齿轮传动。其中，轮 1 的齿数为 z_1，分度圆半径为 r_1，分度圆锥角为 δ_1；轮 2 的齿数为 z_2，分度圆半径为 r_2，分度圆锥角 $\delta_2 = 90°$，其分度圆锥表面为一平面，这种齿轮称为冠轮。

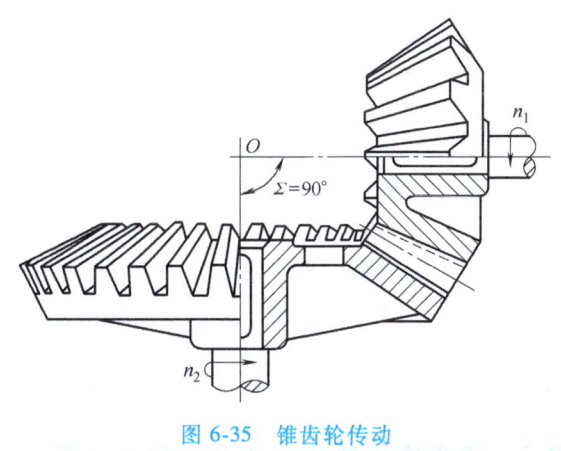

图 6-35　锥齿轮传动

表 6-7　锥齿轮标准模数系列（摘自 GB/T 12368—1990）　　　（单位：mm）

| … | 1 | 1.125 | 1.25 | 1.375 | 1.5 | 1.75 | 2 | 2.25 | 2.75 | 3 | 3.25 | 3.5 | 3.75 | 4 | 4.5 | 5 | 5.5 |
| 6 | 6.5 | 7 | 8 | 9 | 10 | … | | | | | | | | | | | |

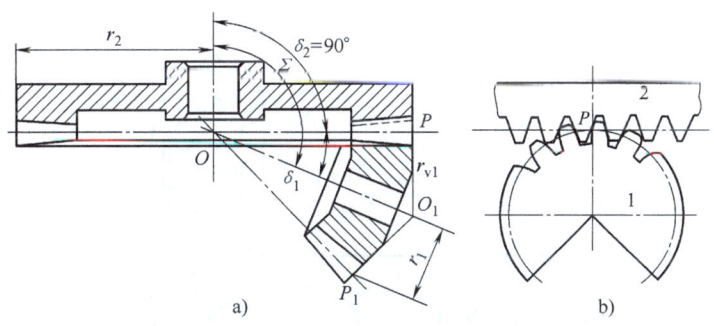

图 6-36　锥齿轮的当量齿轮

过轮 1 大端节点 P，作其分度圆锥母线 OP 的垂线，交其轴线于 O_1 点，再以 O_1 点为锥顶，以 O_1P 为母线，作一圆锥与轮 1 的大端相切，称该圆锥为轮 1 的背锥。同理，可作轮 2 的背锥，由于轮 2 为一冠轮，故其背锥成为一圆柱面。若将两轮的背锥展开，则轮 1 的背锥将展成为一个扇形齿轮，而轮 2 的背锥则展成为一个齿条（图 6-36b），因此在其背锥展开后，两者相当于齿轮与齿条啮合传动。根据前面所述的展成原理可知，当齿条（即冠轮的背锥）的齿廓为直线时，轮 2 在背锥上的齿廓为渐开线。

现设想把展成的扇形齿轮的缺口补满，则将获得一个圆柱齿轮。这个假想的圆柱齿轮称为锥齿轮的当量齿轮，其齿数 z_v 称为锥齿轮的当量齿数。当量齿轮的齿形和锥齿轮在背锥上的齿形（即大端齿形）是一致的，故当量齿轮的模数和压力角与锥齿轮大端的模数和压力角是一致的。至于当量齿数，可用如下方法求得。

由图 6-36 可见，轮 1 的当量齿轮的分度圆半径为

$$r_{v1} = \overline{O_1P} = r_1/\cos\delta_1 = z_1m/(2\cos\delta_1)$$

又知

$$r_{v1} = z_{v1} m/2$$

故得

$$z_{v1} = z_1/\cos\delta_1$$

对于任一锥齿轮有

$$z_v = z/\cos\delta \qquad (6\text{-}45)$$

借助锥齿轮当量齿轮的概念，可以把前面对于圆柱齿轮传动所研究的一些结论直接应用于锥齿轮传动。例如，根据一对圆柱齿轮的正确啮合条件可知，一对锥齿轮的正确啮合条件应为两轮大端的模数和压力角分别相等；一对锥齿轮传动的重合度可以近似地按其当量齿轮传动的重合度来计算；为了避免轮齿的根切，锥齿轮不产生根切的最少齿数 $z_{min} = z_{vmin}\cos\delta$。

6.9.3　直齿锥齿轮传动的几何尺寸计算

在计算直齿锥齿轮的几何尺寸时，以其大端参数为标准值。如图 6-37 所示，两锥齿轮的分度圆直径分别为

$$d_1 = 2R\sin\delta_1, \quad d_2 = 2R\sin\delta_2 \qquad (6\text{-}46)$$

式中，R 为分度圆锥的锥顶到大端的距离，称为锥距；δ_1、δ_2 分别为两锥齿轮的分度圆锥角（简称分锥角）。

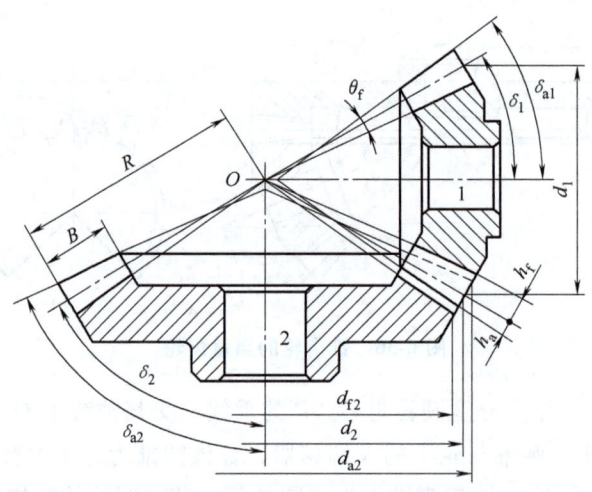

图 6-37　锥齿轮传动的几何尺寸

两轮的传动比为

$$i_{12} = \omega_1/\omega_2 = z_2/z_1 = d_2/d_1 = \sin\delta_2/\sin\delta_1 \qquad (6\text{-}47)$$

当两锥齿轮轴线夹角 $\Sigma = 90°$ 时，因 $\delta_1 + \delta_2 = 90°$，式（6-46）变为

$$i_{12} = \omega_1/\omega_2 = z_2/z_1 = d_2/d_1 = \cot\delta_1 = \tan\delta_2 \qquad (6\text{-}48)$$

在设计锥齿轮传动时，可根据给定的传动比 i_{12}，按式（6-48）确定两轮分锥角的值。

锥齿轮齿顶圆锥角和齿根圆锥角的大小，与两锥齿轮啮合传动时对其顶隙的要求有关。根据 GB/T 12369—1990 和 GB/T 12370—1990 的规定，多采用等顶隙锥齿轮传动，如图 6-37 所示。等顶隙锥齿轮的齿根圆锥与分度圆锥共锥顶，但齿顶圆锥因其母线与另一齿轮圆锥母线平行而不和分度圆锥共锥顶，故两轮的顶隙从大端至小端都是相等的。这种锥齿轮相当于

降低了轮齿小端的齿顶高,从而减小了齿顶过尖的可能性;且齿根圆角半径较大,有利于提高轮齿的承载能力、刀具寿命和储油润滑。

标准直齿锥齿轮传动的主要几何尺寸计算公式见表6-8。

表6-8 标准直齿锥齿轮传动的主要几何尺寸计算公式($\Sigma = 90°$)

名称	代号	计算公式	
		小齿轮	大齿轮
分锥角	δ	$\delta_1 = \arctan(z_1/z_2)$	$\delta_2 = 90° - \delta_1$
齿顶高	h_a	$h_a = h_a^* m = m$	
齿根高	h_f	$h_f = (h_a^* + c^*)m = 1.2m$	
分度圆直径	d	$d_1 = mz_1$	$d_2 = mz_2$
齿顶圆直径	d_a	$d_{a1} = d_1 + 2h_a\cos\delta_1$	$d_{a2} = d_2 + 2h_a\cos\delta_2$
齿根圆直径	d_f	$d_{f1} = d_1 - 2h_f\cos\delta_1$	$d_{f2} = d_2 - 2h_f\cos\delta_2$
锥距	R	$R = m\sqrt{z_1^2 + z_2^2}/2$	
齿根角	θ_f	$\tan\theta_f = h_f/R$	
顶锥角	δ_a	$\delta_{a1} = \delta_1 + \theta_f$	$\delta_{a2} = \delta_2 + \theta_f$
根锥角	δ_f	$\delta_{f1} = \delta_1 - \theta_f$	$\delta_{f2} = \delta_2 - \theta_f$
顶隙	c	$c = c^* m$(一般取$c^* = 0.2$)	
分度圆齿厚	s	$s = \pi m/2$	
当量齿数	z_v	$z_{v1} = z_1/\cos\delta_1$	$z_{v2} = z_2/\cos\delta_2$
齿宽	B	$B \leq R/3$(取整)	

注:1. 当 $m \leq 1$mm 时,$c^* = 0.25$,$h_f = 1.25m$。
  2. 各角度计算应准确到 ××°××′。

码6-9 测试题

6.10 蜗杆传动

6.10.1 蜗杆传动及其特点

蜗杆传动是用来传递空间交错轴之间的运动和动力的。最常用的是两轴交错角 $\Sigma = 90°$ 的减速传动。

如图6-38所示,在分度圆柱上具有完整螺旋齿的构件1称为蜗杆,而与蜗杆相啮合的构件2则称为蜗轮。通常,以蜗杆为主动件做减速运动。当其反行程不自锁时,也可以蜗轮为主动件做增速运动。

蜗杆与螺旋相似,也有右旋与左旋之分,但通常取右旋居多。

蜗杆传动的主要特点是：

1）由于蜗杆的轮齿是连续不断的螺旋齿，故传动特别平稳，啮合冲击及噪声都很小，所以在现代一些减速比不需很大的超静传动中也常采用蜗杆传动。

2）由于蜗杆的齿数（头数）少，故单级传动可获得较大的传动比（可达 1000），且结构紧凑。在做减速动力传动时，传动比的范围为 $5 \leq i_{12} \leq 70$。增速时，传动比 $i_{21} = 1/15 \sim 1/5$。

3）由于蜗轮蜗杆啮合轮齿间的相对滑动速度较大，摩擦磨损大，传动效率较低，易出现发热现象，故常需用较贵的减摩耐磨材料来制造蜗轮，成本较高。

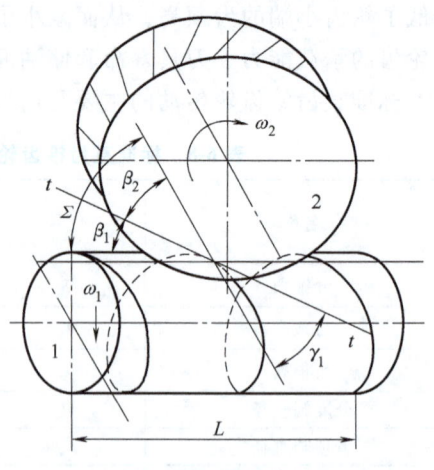

图 6-38　蜗杆传动

4）当蜗杆的导程角 γ_1 小于啮合轮齿间的当量摩擦角 φ_v 时，机构反行程具有自锁性。在此情况下，只能由蜗杆带动蜗轮（此时效率小于 50%），而不能由蜗轮带动蜗杆。

蜗杆传动的类型很多，其中阿基米德蜗轮蜗杆传动是最基本的，下面仅就这种蜗杆传动做简略介绍。

6.10.2　蜗轮蜗杆正确啮合的条件

图 6-39 所示为蜗轮与阿基米德蜗杆啮合的情况。过蜗杆的轴线作一平面垂直于蜗轮的轴线，该平面对于蜗杆是轴面，对于蜗轮是端面，这个平面称为蜗杆传动的中间平面。在此平面内，蜗杆的齿廓相当于齿条，蜗轮的齿廓相当于一个齿轮，即在中间平面上两者相当于齿条与齿轮啮合。因此，蜗轮蜗杆的正确啮合条件为蜗杆的轴面模数 m_{x1} 和压力角 α_{x1} 分别等于蜗轮的端面模数 m_{t2} 和压力角 α_{t2}，且均取为标准值 m 和 α，即

$$m_{x1} = m_{t2} = m, \quad \alpha_{x1} = \alpha_{t2} = \alpha$$

当蜗杆与蜗轮的轴线交错角 $\Sigma = 90°$ 时，还需保证蜗杆的导程角等于蜗轮的螺旋角，即 $\gamma_1 = \beta_2$，且两者螺旋线的旋向相同。

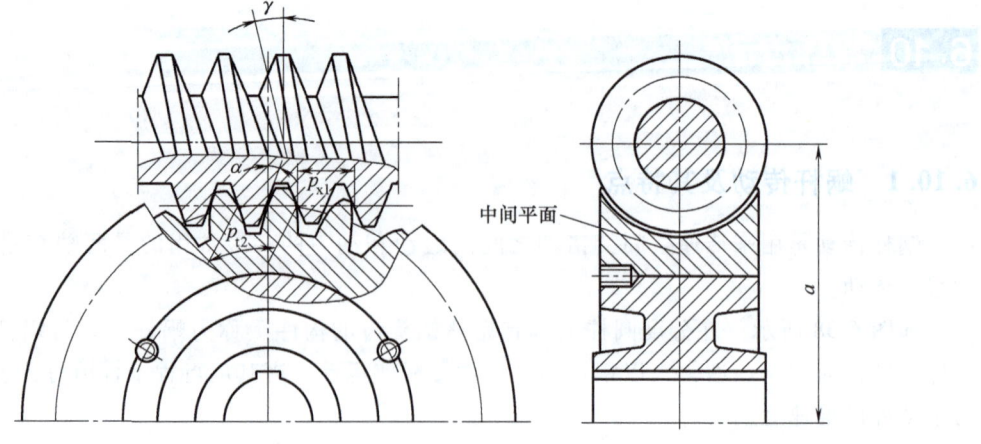

图 6-39　蜗轮与阿基米德蜗杆啮合传动

6.10.3 蜗杆传动的主要参数及几何尺寸

1. 齿数

蜗杆的齿数亦称为蜗杆的头数,用 z_1 表示。一般可取 $z_1 = 1 \sim 10$,推荐取 $z_1 = 1$、2、4、6。当要求传动比大或反行程具有自锁性时,常取 $z_1 = 1$,即单头蜗杆;当要求具有较高传动效率时,则 z_1 应取大值。蜗轮的齿数 z_2 则可根据传动比计算而得。对于动力传动,一般推荐 $z_2 = 29 \sim 70$。

2. 模数

蜗杆模数系列与齿轮模数系列有所不同。蜗杆模数 m 值见表 6-9。

表 6-9 蜗杆模数 m 值 (单位:mm)

第一系列	1,1.25,1.6,2,2.5,3.15,4,5,6.3,8,10,12.5,16,20,25,31.5,40
第二系列	1.5,3,3.5,4.5,5.5,6,7,12,14

注:本表摘自 GB/T 10088—2018,优先采用第一系列。

3. 压力角

GB/T 10087—2018 规定,阿基米德蜗杆的压力角 $\alpha = 20°$。在动力传动中,允许增大压力角,推荐用 25°;在分度传动中,允许减小压力角,推荐用 15° 或 12°。

4. 蜗杆的分度圆直径

在用蜗轮滚刀切制蜗轮时,滚刀的分度圆直径必须与蜗杆的分度圆直径相同,为了限制蜗轮滚刀的数目,国家标准中规定将蜗杆的分度圆直径 d_1 标准化,且与其模数 m 相匹配。d_1 与 m 匹配的标准系列见表 6-10。

表 6-10 蜗杆分度圆直径与其模数的匹配标准系列(摘自 GB/T 10085—2018)

(单位:mm)

m	d_1	m	d_1	m	d_1	m	d_1
1	18	2.5	(22.4)	4	40	6.3	(80)
1.25	20		28		(50)		112
	22.4		(35.5)		71	8	(63)
1.6	20		45	5	(40)		80
	28	3.15	(28)		50		(100)
2	(18)		35.5		(63)		140
	22.4		(45)		90	10	(71)
	(28)		56	6.3	(50)		90
	35.5	4	(31.5)		63		

注:括号中的数字尽可能不采用。

5. 蜗杆传动的中心距

$$a = r_1 + r_2 \quad (6\text{-}49)$$

码 6-10 测试题

课后习题

6-1 欲使一对齿轮的传动比在各个瞬时保持不变,其齿廓应符合什么条件?

6-2 渐开线是如何形成的?它具有哪些特性?

6-3 以渐开线作为齿廓曲线有什么优点?

6-4 渐开线直齿圆柱齿轮有哪些基本参数?m、α、h_a^*、c^* 都是标准值的齿轮就一定是标准齿轮吗?

6-5 分度圆与节圆、压力角与啮合角有何区别?

6-6 何谓重合度?重合度的大小与哪些参数有关?

6-7 渐开线齿廓为何发生根切?有何危害?如何避免?

6-8 何谓标准齿轮?何谓变位齿轮?正变位和负变位齿轮与标准齿轮相比,哪些尺寸相同?哪些尺寸不同?大小如何?

6-9 斜齿圆柱齿轮与直齿圆柱齿轮有何区别?斜齿圆柱齿轮几何尺寸如何计算?什么是斜齿圆柱齿轮的当量齿轮?为什么要提出当量齿轮的概念?

6-10 某技术人员欲设计一机床变速箱中的一对渐开线外啮合圆柱齿轮机构,以传递两平行轴运动,已知 $z_1=10$,$z_2=13$,$m=12\text{mm}$,$\alpha=20°$,$h_a^*=1$,要求两轮刚好不发生根切,试设计这对齿轮(变位系数取小数点后 3 位),并分析计算结果。

6-11 设已知一对斜齿轮传动的 $z_1=20$,$z_2=40$,$m_n=8\text{mm}$,$\beta=15°$(初选值),$B=30\text{mm}$,$h_{an}^*=1$。试求 a(应圆整,并精确重算 β)、ε_γ、z_{v1} 及 z_{v2}。

6-12 一渐开线标准直齿锥齿轮机构,$z_1=16$,$z_2=32$,$m=6\text{mm}$,$\alpha=20°$,$h_a^*=1$,$\Sigma=90°$,试设计这对直齿锥齿轮机构。

6-13 一蜗轮的齿数 $z_2=40$,$d_2=200\text{mm}$,与一单头蜗杆啮合,试求:

1) 蜗轮端面模数及蜗杆轴面模数 m。
2) 蜗杆的轴向齿距 p_{x_2} 及导程 l。
3) 两轮的中心距 a。
4) 蜗杆的导程角 γ_1、蜗轮的螺旋角 β_2 及两者轮齿的旋向。

6-14 已知一对渐开线标准外啮合直齿圆柱齿轮传动,$m=4\text{mm}$,$z_1=20$,$z_2=40$,$\alpha=20°$,$h_a^*=1$。试用作图法简洁地求重合度 ε_a。

6-15 一齿条型刀具,$m=6\text{mm}$,$\alpha=20°$,$h_a^*=1$,刀具在展成法中的移动速度 $v=1\text{mm/s}$。

1) 欲切制 $z=14$ 的标准齿轮,则刀具齿廓中线与轮坯中心的距离应是多少?轮坯的角速度应是多少?所得齿轮有无根切?
2) 切制同齿数的变位齿轮,$x=0.3$,则刀具齿廓中线与轮坯中心的距离应是多少?轮坯的角速度应是多少?所得齿轮有无根切?

6-16 已知一对标准斜齿圆柱齿轮传动,$z_1=18$,$z_2=36$,$m_n=2.5\text{mm}$,$\alpha_n=20°$,$h_{an}^*=1$,$B=20\text{mm}$,要求在中心距等于 70mm 时无侧隙啮合。

1) 求螺旋角 β。
2) 计算端面模数 m_t，端面压力角 α_t。
3) 计算分度圆直径 d_1、d_2，齿顶圆直径 d_{a1}、d_{a2}，基圆直径 d_{b1}、d_{b2}。
4) 求当量齿数 z_{v1}、z_{v2}。

6-17 试根据图 6-40 所示各分图给出的已知条件，判断蜗杆或蜗轮的转向（用箭头表示）或旋向。

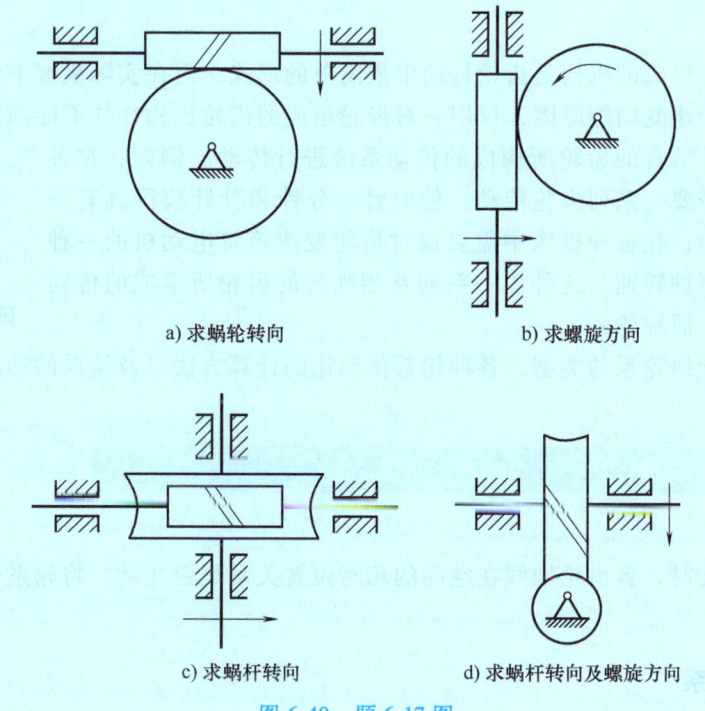

a) 求蜗轮转向　　b) 求螺旋方向
c) 求蜗杆转向　　d) 求蜗杆转向及螺旋方向

图 6-40　题 6-17 图

第 7 章 轮系及其设计

由一对齿轮所组成的机构是齿轮传动中最简单的形式。但在实际机械中，为了获得较大的传动比、实现变速变向等原因，仅用一对齿轮组成的齿轮机构往往不能满足工作要求，常采用由一系列彼此啮合的齿轮所构成的传动系统进行传动。例如，在各种机械式钟表中需要一系列齿轮传动，使时针、分针和秒针获得具有一定比例关系的转速；在各种机床中需要通过齿轮变速箱将电动机的一种转速变成主轴的多种转速。这种由一系列互相啮合的齿轮所组成的传动系统称为齿轮系，简称轮系。

码 7-1　观看模型

本章将着重介绍轮系的类型、各种轮系传动比的计算方法以及轮系的功用。

7.1　轮系及其分类

根据轮系运转时，各齿轮轴线在空间的相对位置关系是否变动，将轮系分为定轴轮系和周转轮系两种。

7.1.1　定轴轮系

如果轮系在运转时，所有齿轮轴线的位置相对于机架的位置均固定不动，则称该轮系为定轴轮系，如图 7-1 所示。该机构运动由齿轮 1 输入，通过一系列齿轮传动，将运动传递给齿轮 5 进行输出。在这个轮系中，各个齿轮在运转中的几何轴线相对于机架的位置均固定不变。

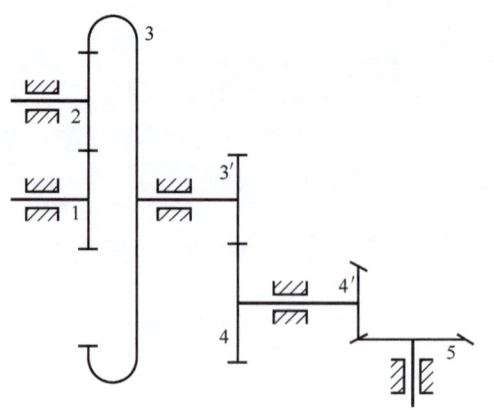

图 7-1　平面定轴轮系

码 7-2　观看动画

在定轴轮系中，如果各对啮合齿轮全部由平面齿轮机构构成，各轮的轴线都相互平行，则称该类轮系为平面定轴轮系，如图 7-1 所示。包含空间齿轮机构的定轴轮系称为空间定轴轮系，如图 7-2 所示。

7.1.2 周转轮系

如果轮系在运转时，其中至少有一个齿轮几何轴线的位置并不固定，而是绕着其他齿轮的轴

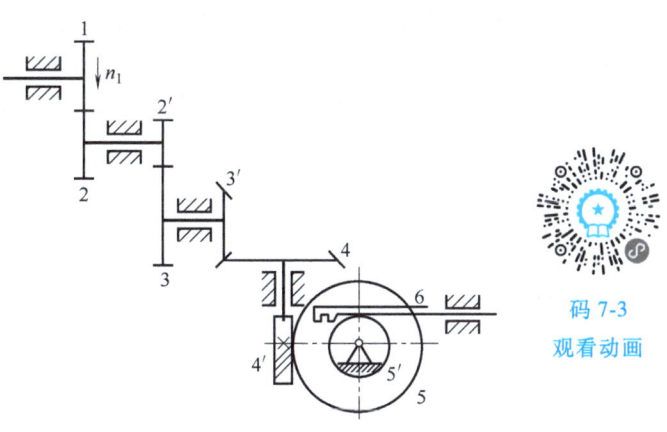

图 7-2 空间定轴轮系

线做回转运动，则称该轮系为周转轮系，如图 7-3 所示。在此轮系中，当轮系运转时，齿轮 2 的轴线位置不固定，一方面绕其自身轴线 O_2O_2 自转，另一方面又随着构件 H 一起绕固定轴线 OO 公转，就如同行星绕太阳运行一样，兼有自转和公转，故称齿轮 2 为行星轮；支承并带动行星轮 2 做公转的构件 H 称为行星架；齿轮 1 和齿轮 3 均与齿轮 2 啮合，它们的轴线相重合且相对机架的位置固定不变，称为太阳轮。

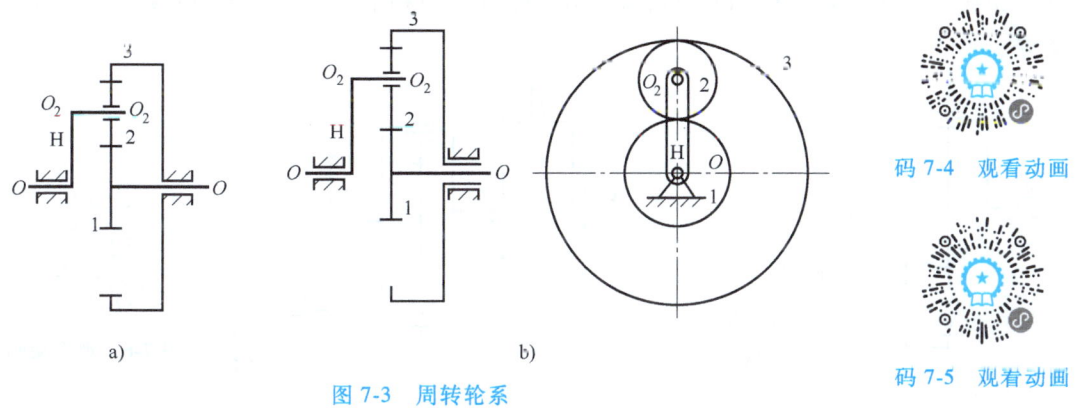

图 7-3 周转轮系

根据周转轮系所具有的自由度数目的不同，可进一步分为行星轮系和差动轮系。在图 7-3a 所示的行星轮系中，自由度 $F = 3n - 2p_1 - p_h = 3 \times 3 - 2 \times 3 - 2 = 1$。这表明，只需要有一个独立运动的主动件，机构的运动就能完全确定，将自由度等于 1 的周转轮系称为行星轮系，即行星轮系的自由度为 1，行星轮系中有一个太阳轮是固定不动的。在图 7-3b 所示的差动轮系中，太阳轮 1 和 3 都是可转动的活动构件，其自由度 $F = 3n - 2p_1 - p_h = 3 \times 4 - 2 \times 4 - 2 = 2$，需要向轮系输入两个独立的运动，轮系中各构件的相对运动关系才能完全确定，将自由度等于 2 的周转轮系称为差动轮系，即差动轮系的自由度为 2，差动轮系中的太阳轮都能够转动。

在周转轮系中，一般将轴线相对不动的太阳轮与行星架作为运动的输入和输出构件，这些能够承受外载荷且轴线与主轴线重合的构件称为周转轮系的基本构件。通常基本构件的回转轴线都是共线的（如图 7-3 中的 OO 主轴线），以保证周转轮系的正常工作。通常周转轮系还可根据其基本构件的不同来加以分类。用符号 K 表示轮系的太阳轮，H 表示行星架，

则图 7-4 所示轮系为 2K-H 型周转轮系；图 7-5 所示轮系为 3K 型周转轮系，其行星架 H 不传递外力矩，只起支承行星轮与其太阳轮保持啮合的作用，因此不是基本构件，基本构件是三个太阳轮 1、3 及 4。在实际机构中采用最多的是 2K-H 型周转轮系。

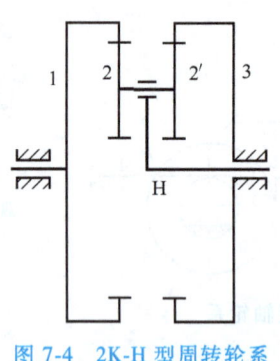

图 7-4　2K-H 型周转轮系　　　　图 7-5　3K 型周转轮系

7.1.3　复合轮系

在实际机械中所用的轮系，往往既包含定轴轮系，又包含周转轮系，或直接由几个周转轮系共同组合而成，这种轮系称为复合轮系，如图 7-6 所示。图 7-6a 所示为由定轴轮系和周转轮系组成的复合轮系，图 7-6b 所示为在图 7-6a 所示机构上又加入一个周转轮系组成的复合轮系。

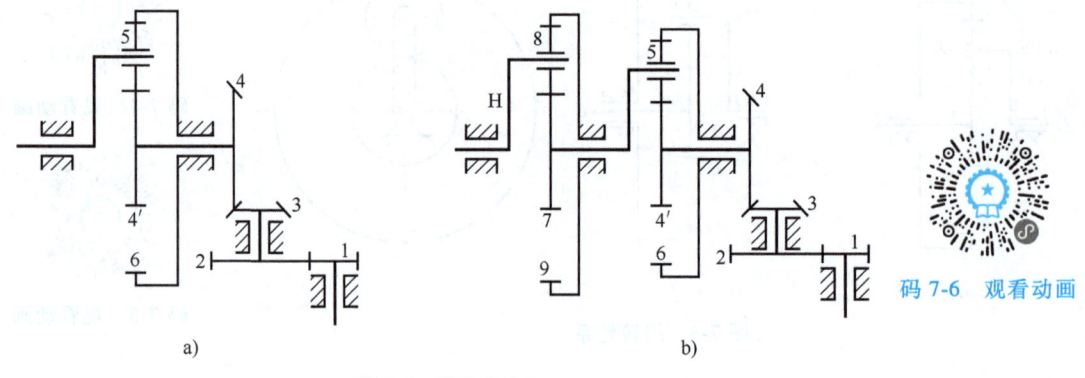

图 7-6　复合轮系

码 7-6　观看动画

7.2　定轴轮系的传动比

轮系传动比的计算是轮系设计中的最基本内容。一对齿轮的传动比是指该两齿轮的角速度 ω（或转速 n）之比，而轮系的传动比，则是轮系中首轮与末轮的角速度之比。由于角速度有方向性，因此轮系的传动比包括首、末两轮角速度比的大小计算和首、末两轮转向关系的确定。

当轮系运转时，通常输入轴上主动轮（首轮）用"1"表示，输出轴上从动轮（末轮）用"k"表示，其传动比的大小为 $i_{1k} = \omega_1 / \omega_k$。

当 $i_{1k}>1$ 时的传动是减速传动,当 $i_{1k}<1$ 时的传动是增速传动。

7.2.1 传动比大小的计算

现以图 7-7 所示的轮系为例,讨论定轴轮系传动比的计算方法。在此轮系中,齿轮 1、2 和 2、3 为两对外啮合圆柱齿轮,齿轮 3′、4 为一对内啮合圆柱齿轮,齿轮 4′、5 和 5′、6 为两对外啮合锥齿轮。已知各轮齿数,且主动齿轮 1 为首轮,从动齿轮 6 为末轮,则该轮系的传动比为 $i_{16}=\omega_1/\omega_6$。下面讨论传动比 i_{16} 的计算方法。

先求轮系中各对啮合齿轮的传动比的大小:

$$i_{12}=\frac{\omega_1}{\omega_2}=\frac{z_2}{z_1}$$

$$i_{23}=\frac{\omega_2}{\omega_3}=\frac{z_3}{z_2}$$

$$i_{3'4}=\frac{\omega_{3'}}{\omega_4}=\frac{z_4}{z_{3'}}$$

$$i_{4'5}=\frac{\omega_{4'}}{\omega_5}=\frac{z_5}{z_{4'}}$$

$$i_{5'6}=\frac{\omega_{5'}}{\omega_6}=\frac{z_6}{z_{5'}}$$

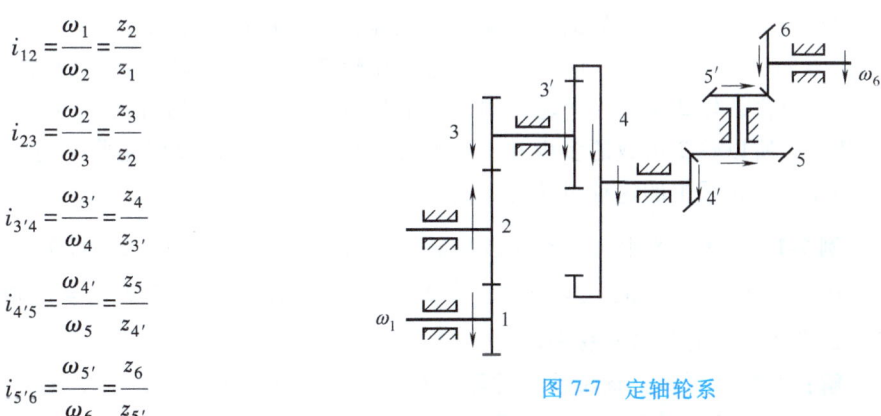

图 7-7 定轴轮系

由图 7-7 可见,主动轮 1 和从动轮 6 之间的传动,是通过上述各对齿轮的依次传动来实现的,那么轮系的传动比一定与组成轮系的各对齿轮的传动比有关。因此,为了求得轮系的传动比 i_{16},可将上列各式的两端分别连乘;同时由于齿轮 3 与 3′、4 与 4′ 及 5 与 5′ 各分别固定在同一根轴上,所以 $\omega_3=\omega_{3'}$、$\omega_4=\omega_{4'}$、$\omega_5=\omega_{5'}$,于是可得

$$i_{12}i_{23}i_{3'4}i_{4'5}i_{5'6}=\frac{\omega_1\omega_2\omega_{3'}\omega_{4'}\omega_{5'}}{\omega_2\omega_3\omega_4\omega_5\omega_6}=\frac{\omega_1}{\omega_6}$$

即

$$i_{16}=\frac{\omega_1}{\omega_6}=i_{12}i_{23}i_{3'4}i_{4'5}i_{5'6}=\frac{z_2z_3z_4z_5z_6}{z_1z_2z_{3'}z_{4'}z_{5'}} \tag{7-1}$$

式 (7-1) 表明:定轴轮系的传动比等于组成该轮系的各对啮合齿轮传动比的连乘积,其大小等于各对啮合齿轮中所有从动轮齿数的连乘积与所有主动轮齿数的连乘积之比,即

$$i_{1k}=\frac{\omega_1}{\omega_k}=\frac{n_1}{n_k}=\frac{z_2\cdots z_k}{z_1\cdots z_{k-1}}=\frac{\text{所有从动轮齿数的连乘积}}{\text{所有主动轮齿数的连乘积}} \tag{7-2}$$

7.2.2 首、末轮转向关系的确定

在图 7-7 所示轮系中,设首轮 1 的转向为已知,并如箭头所示(箭头方向表示齿轮可见侧的圆周速度的方向),则首、末两轮的转向关系可用标注箭头的方法来确定。因为一对啮合传动的圆柱齿轮或锥齿轮在其啮合节点处的圆周速度是相同的,所以表示两者转向的箭头不是同时指向节点,就是同时背离节点。根据此法则,在用箭头标出轮 1 的转向后,则其余各轮的转向便不难依次用箭头标出。由图 7-7 可见,该轮系首、末两轮的转向相同。

在实际机器中，首、末两轮的轴线相互平行的轮系应用最为广泛。对于这种轮系来说，由于其首、末两轮的转向不是相同就是相反，所以规定：当两者转向相同时，其传动比为"+"；当两者转向相反时，其传动比为"-"。根据这一规定，图 7-7 所示轮系的传动比 i_{16} 为

$$i_{16}=\frac{\omega_1}{\omega_6}=+\frac{z_3 z_4 z_5 z_6}{z_1 z_{3'} z_{4'} z_{5'}} \tag{7-3}$$

式（7-3）既表示了该轮系传动比的大小，又表明了首、末两轮的转向相同。

但是必须指出：如果轮系中首、末两轮的轴线不平行，便不能用"+"、"-"号来表示它们的转向关系。这时它们的转向关系，只能在图上用箭头来表示。

在图 7-7 所示轮系中，轮 2 同时与轮 1 和轮 3 相啮合，对于轮 1 而言，轮 2 是从动轮，对于轮 3 而言，轮 2 又是主动轮，因而它的齿数 z_2 在式（7-3）的分子和分母中将同时出现而被消去，所以轮 2 齿数的多少并不影响传动比的大小，而仅仅起着中间过渡和改变从动轮转向的作用。轮系中的这种齿轮称为惰轮。

例 7-1 在图 7-8 中，已知各齿轮的齿数为 $z_1=20$，$z_2=30$，$z_{2'}=20$，$z_3=60$，$z_{3'}=20$，$z_4=30$，$z_5=30$，$z_{5'}=20$，$z_6=30$，$z_{6'}=2$，$z_7=40$，若轮 1 的转速 $n_1=1080$ r/min，转向如图，试求蜗轮 7 的转速及转向。

解：经分析可知，该轮系中首轮 1 和末轮 7 的轴线不平行，故不能用"+"、"-"号来表示它们的转向关系，只能用画箭头的方法在图中标出（见图 7-8），其中蜗轮 7 的转向如图所示，由式（7-2）可得

$$i_{17}=\frac{n_1}{n_7}$$

$$=\frac{z_2 z_3 z_4 z_5 z_6 z_7}{z_1 z_{2'} z_{3'} z_{4'} z_{5'} z_{6'}}$$

$$=\frac{30\times 60\times 30\times 30\times 30\times 40}{20\times 20\times 20\times 30\times 20\times 2}$$

$$=202.5$$

$$n_7=\frac{n_1}{i_{17}}=\frac{1080}{202.5}\text{r/min}=5.33\text{r/min}(\text{转向如图})$$

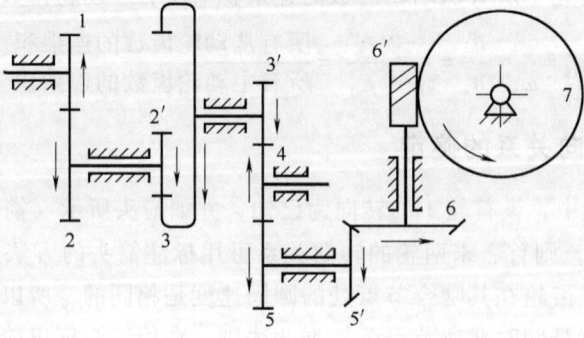

图 7-8 定轴轮系的传动比

7.3 周转轮系的传动比

通过对周转轮系和定轴轮系的观察和比较可以发现，它们之间的根本区别在于周转轮系中有转动着的行星架，从而使得行星轮既有自转又有公转。由于这个差别，所以周转轮系的传动比不能直接用定轴轮系传动比的方法来计算。假若将周转轮系中支承行星轮的行星架固定，则行星轮的轴线随即被固定下来，不再绕太阳轮轴线旋转，此时的周转轮系便转化为定轴轮系，那么周转轮系传动比的计算问题也就迎刃而解。

根据这一思路，产生出求解周转轮系传动比最常用的转化轮系法，也称为反转法。它的基本思想是根据相对运动原理，给整个周转轮系加上一个公共角速度"$-\omega_H$"，使它绕行星架的固定轴线回转，这时各构件之间的相对运动仍将保持不变，但行星架的角速度却成为$\omega_H - \omega_H = 0$，即行星架变成"静止不动"。于是，周转轮系便转化成了定轴轮系。这种经过转化得到的假想的定轴轮系，称为原周转轮系的转化轮系。

既然周转轮系的转化轮系为定轴轮系，故此转化轮系的传动比可以按定轴轮系传动比的计算方法来计算。

在图7-9所示轮系中，设ω_1、ω_2、ω_3、ω_H分别为太阳轮1、行星轮2、太阳轮3和行星架H的绝对角速度。

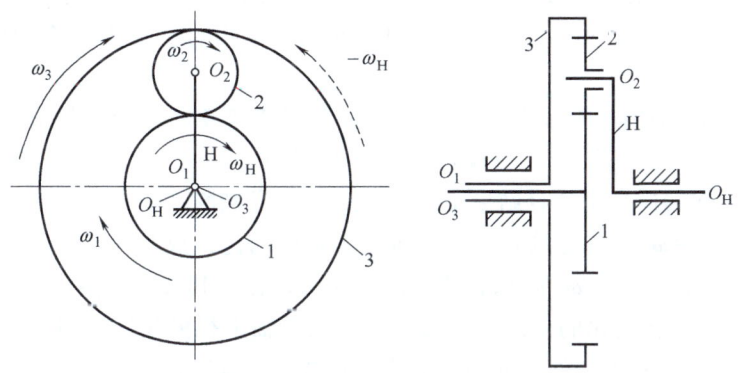

图7-9 周转轮系传动比

现给整个周转轮系加上一个公共角速度$-\omega_H$，则行星架H相对固定不动，即这个假想的反向角速度迫使行星轮的轴线变为定轴线，则原周转轮系就被转化为假想的定轴轮系。这时转化轮系中各构件的角速度分别变为ω_1^H、ω_2^H、ω_3^H、ω_H^H，它们与原周转轮系中各轮角速度的关系见表7-1。

表7-1 周转轮系与转化轮系中各构件的角速度

构件	原周转轮系中各构件的角速度	转化轮系中各构件的角速度
1	ω_1	$\omega_1^H = \omega_1 - \omega_H$
2	ω_2	$\omega_2^H = \omega_2 - \omega_H$
3	ω_3	$\omega_3^H = \omega_3 - \omega_H$
H	ω_H	$\omega_H^H = \omega_H - \omega_H = 0$

根据定轴轮系传动比的公式，可写出转化轮系传动比 i_{13}^H 的公式为

$$i_{13}^H = \frac{\omega_1^H}{\omega_3^H} = \frac{\omega_1 - \omega_H}{\omega_3 - \omega_H} = -\frac{z_2 z_3}{z_1 z_2} = -\frac{z_3}{z_1}$$

式中，"-"号表示在转化轮系中 ω_1^H 和 ω_3^H 转向相反。

在转化轮系的传动比表达式中，包含着原周转轮系中各轮的角速度，所以可以利用转化轮系求解原周转轮系的传动比。

对于原周转轮系中任意两轴线平行的齿轮 1 和齿轮 k，它们在转化轮系中的传动比为

$$i_{1k}^H = \frac{\omega_1^H}{\omega_k^H} = \frac{\omega_1 - \omega_H}{\omega_k - \omega_H} = \pm\frac{\text{从动轮齿数连乘积}}{\text{主动轮齿数连乘积}} \qquad (7\text{-}4)$$

对于行星轮系，其中一个太阳轮固定，角速度为 0，只要给定另外两个基本构件角速度中的任意一个，便可由式（7-4）求出另一个；对于差动轮系，在各轮齿数已知的情况下，只要给定 ω_1、ω_k、ω_H 中任意两项，即可求得第三项，从而求出原周转轮系中任意两构件之间的传动比。

计算周转轮系传动比时应注意以下问题：

1）转化轮系的传动比表达式中，含有原周转轮系的各轮绝对角速度，可从中找出待求值。

2）转化轮系中传动比的正负号按定轴轮系传动比的原则判别，即齿数比前的"+""-"号按转化后的定轴轮系判别方法确定。须强调的是，这个正、负号与两个太阳轮的真实转向无直接关系，并不表示两个太阳轮的真实转向一定相同或相反，仅看成是周转轮系的结构特征符号。

3）ω_1、ω_k、ω_H 是周转轮系中各基本构件的真实角速度，均为代数值，代入公式计算时要带上相应的"+""-"号，当规定某一构件转向为"+"时，则转向与之相反的为"-"。计算出的未知转向应由计算结果中的"+""-"号判断。

4）$i_{1k}^H \neq i_{1k}$，$i_{1k}^H = \omega_1^H / \omega_k^H$ 是周转轮系的转化轮系传动比，故其大小和转向按定轴轮系传动比的方法确定；而 $i_{1k} = \omega_1 / \omega_k$ 是周转轮系的真实传动比，其大小和转向由计算结果确定。

5）计算转化轮系传动比的公式仅适用于主、从动轴平行的情况。对于由锥齿轮等组成的周转轮系，只能写出基本构件之间的传动比表达式，不能写出基本构件与行星轮之间的传动比表达式。

如图 7-10 所示的空间周转轮系，其转化轮系传动比可写为

$$i_{13}^H = \frac{\omega_1 - \omega_H}{\omega_3 - \omega_H} = -\frac{z_3}{z_1}$$

由于齿轮 1 和齿轮 2 的轴线不平行，ω_H 和 ω_2 不在同一平面内，不能进行代数加减，故

$$\omega_2^H \neq \omega_2 - \omega_H$$

$$i_{12}^H \neq \frac{\omega_1 - \omega_H}{\omega_2 - \omega_H}$$

6）行星轮系中，假设太阳轮 k 固定，$\omega_k = 0$，代入公式

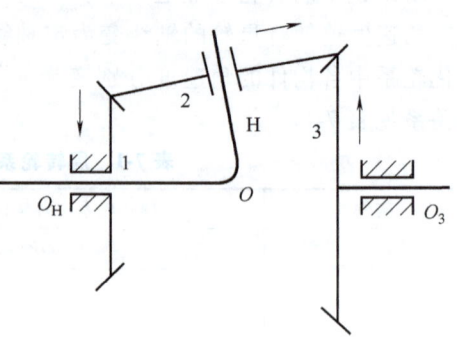

图 7-10 空间周转轮系

$$i_{1k}^H = \frac{\omega_1^H}{\omega_k^H} = \frac{\omega_1 - \omega_H}{0 - \omega_H} = 1 - \frac{\omega_1}{\omega_H} = 1 - i_{1H}$$

得出简化公式

$$i_{1H} = 1 - i_{1k}^H$$

例 7-2 如图 7-11 所示的双排外啮合行星轮系中，已知 $z_1 = 100$，$z_2 = 101$，$z_{2'} = 100$，$z_3 = 99$。求传动比 i_{H1}。

解：由图 7-11 可知太阳轮 3 固定不动，即 $\omega_3 = 0$，此轮系为行星轮系，设想行星架 H 反转后静止不动，则 z_1、z_2、$z_{2'}$、z_3 成为假想的定轴轮系，由式 (7-4) 可得

$$i_{13}^H = \frac{\omega_1^H}{\omega_3^H} = \frac{\omega_1 - \omega_H}{\omega_3 - \omega_H} = +\frac{z_2 z_3}{z_1 z_{2'}} = +\frac{101 \times 99}{100 \times 100}$$

将 $\omega_3 = 0$ 代入得

$$i_{13}^H = \frac{\omega_1 - \omega_H}{0 - \omega_H} = 1 - \frac{\omega_1}{\omega_H} = 1 - i_{1H} = +\frac{101 \times 99}{100 \times 100}$$

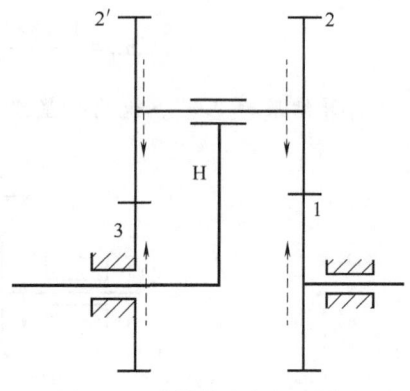

图 7-11 双排外啮合行星轮系

则

$$i_{1H} = 1 - \frac{101 \times 99}{100 \times 100} = \frac{1}{10000}$$

故

$$i_{H1} = \frac{\omega_H}{\omega_1} = \frac{1}{i_{1H}} = +10000$$

i_{H1} 为 "+"，说明齿轮 1 与行星架 H 转向相同，当行星架 H 转 10000r 时，齿轮 1 仅转过 1r。

此例表明：周转轮系可用少数几对齿轮获得相当大的传动比，但必须说明，这类行星轮系传动减速比越大，传动效率越低，当轮 1 为主动轮时，可能产生自锁，一般不宜用来传递大功率，只用于轻载下的运动传递及微调机构。

若将齿轮 2′ 的齿数减去一个齿（$z_{2'} = 99$），则 $i_{H1} = -100$。这说明同一结构类型的行星轮系，齿数仅做微小变动，对传动比的影响很大，输出构件的转向也随之改变，这是行星轮系与定轴轮系的显著区别。

例 7-3 在图 7-12 所示空间轮系中，已知 $z_1 = 35$、$z_2 = 48$，$z_{2'} = 55$，$z_3 = 70$，齿轮的转速 $n_1 = 250$r/min，$n_3 = 100$r/min，转向如图所示。试求行星架 H 的转速大小和转向。

解：由题意可知这是一个差动轮系，首先要计算其转化轮系的传动比。由式 (7-4) 可得

$$i_{13}^H = \frac{n_1^H}{n_3^H} = \frac{n_1 - n_H}{n_3 - n_H} = -\frac{z_2 z_3}{z_1 z_{2'}} = -\frac{48 \times 70}{35 \times 55} = -1.75$$

则

$$n_H = \frac{n_3 i_{13}^H - n_1}{i_{13}^H - 1} = \frac{-1.75 n_3 - n_1}{-1.75 - 1} = \frac{1.75 n_3 + n_1}{2.75}$$

由图 7-12 中表示齿轮 1 和 3 转向的实线箭头方向可知，n_1、n_3 实际转向相反，故一个取正值代入公式计算，而另一个要取负值。若令 n_1 为正值，则 n_3 应以负值代入，于是有

$$n_H = \frac{1.75 \times (-100) + 250}{2.75} \text{r/min} = 27.27 \text{r/min}$$

计算结果为"+"，说明行星架 H 与齿轮 1 的转向相同。

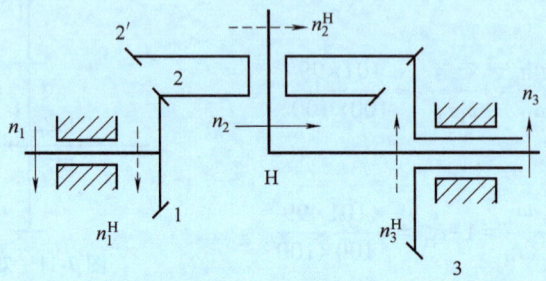

图 7-12 空间轮系

此例表明：计算周转轮系传动比时，应将各轮转速与其"+""−"号同时代入公式中进行计算，而图中所标出的虚线箭头方向只表示转化轮系中的齿轮转向，并不是原周转轮系中各齿轮的真实转向。

值得强调的是，周转轮系的转化轮系传动比 i_{1k}^H 计算结果中的正负号，仅仅表示在该转化轮系中齿轮 1 和齿轮 k 之间的转向关系，并不表示原周转轮系中齿轮 1 和齿轮 k 之间的绝对转向关系。

7.4 复合轮系的传动比

如前所述，在复合轮系中可能既包含定轴轮系部分，又包含周转轮系部分，也可能包含几部分周转轮系，甚至可能同时包括几部分定轴轮系和几部分周转轮系。对于这样的复合轮系，既不能应用式（7-2）将其视为定轴轮系来计算其传动比，也不能应用式（7-4）将其视为单一的周转轮系来计算其传动比。例如，对于图 7-13 所示的复合轮系，当给整个轮系施加一个公共角速度（$-\omega_H$）使其绕轴线反转后，原来的周转轮系部分虽然转化成了定轴轮系，但原来的定轴轮系部分却因机架反转而变成了周转轮系，整个轮系仍为复合轮系。故唯一正确的方法是将其所包含的各部分定轴轮系和各部分周转轮系一一加以分开，并分别列出定轴轮系和周转轮系传动比的计算关系式，然后联立求解，从而求出该复合轮系的传动比。

因此，在计算复合轮系的传动比时，首要的问题是必须正确地将轮系中的定轴轮系部分和周转轮系部分加以划分。而为了能够正确地划分，关键是先要把其中的周转轮系部分划出

来。周转轮系的特点是具有行星轮，所以首先要找到行星轮，然后找出行星架（注意它不一定呈简单的杆状，也可能是一个齿轮或非杆状的构件），以及与行星轮相啮合的所有太阳轮。每一个行星架，连同行星架上的行星轮以及与行星轮相啮合的太阳轮就组成一个周转轮系。在一个复合轮系中可能包含有几个周转轮系（如前所述，每一个行星架就对应一个周转轮系），将这些周转轮系一一找出之后，剩下的便是定轴轮系部分了。

例 7-4 在图 7-13 所示轮系中，已知 $z_1=z_4=40$，$z_2=z_5=30$，$z_3=z_6=100$，试求 i_{1H}。

解：由题可知，该轮系中轴线不固定的齿轮 5 为行星轮，4、6 为太阳轮，支承行星轮 5 的是行星架 H。因此，齿轮 4、5、6 和 H 组成周转轮系。其余齿轮 1、2 和 3 组成定轴轮系。

在周转轮系中

$$i_{46}^H = \frac{n_4 - n_H}{n_6 - n_H} = -\frac{z_6}{z_4} = -2.5$$

在定轴轮系中

$$i_{13} = \frac{n_1}{n_3} = -\frac{z_3}{z_1} = -2.5$$

已知 $n_3 = n_4$，$n_6 = 0$，可求得

$$i_{4H} = 1 - i_{46}^H = 3.5$$

$$i_{1H} = i_{13} i_{4H} = -2.5 \times 3.5 = -8.75$$

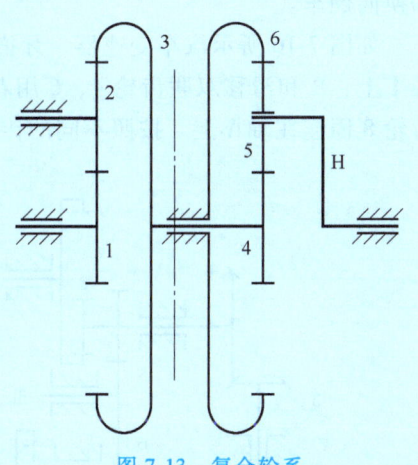

图 7-13 复合轮系

7.5 轮系的功用

轮系广泛应用于各种机械和仪表中，其功用大致有以下几个方面。

7.5.1 获得较大的传动比

当两轴之间需要较大的传动比时，如果仅用一对齿轮传动，必然使两轮的尺寸相差悬殊，如图 7-14 中虚线所示。这样将使传动机构的外廓尺寸变得庞大，所以一对齿轮的传动比一般不大于 8。当两轴间需要较大的传动比时，就需要采用轮系来满足（如图 7-14 中实线所示）。特别是采用周转轮系，可以用很少的齿轮，并且在结构很紧凑的条件下，得到很大的传动比，例 7-2 中的轮系即是一个很好的例子。

7.5.2 实现多分路传动

利用轮系可将主动轮的转速同时传递到几根从动

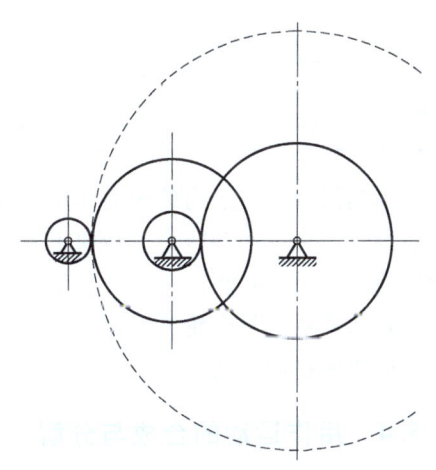

图 7-14 实现大传动比传动

轴上,获得所需的各种转速,实现分路传动。图 7-15 所示为某传动系统的运动示意图,它利用定轴轮系将主轴的运动通过各分路传递出去。

7.5.3 实现变速与换向传动

当主动轴转速和转向不变时,利用轮系可使从动轴获得不同的转速和转向。汽车、机床、起重设备等都需要这种变速传动。例如,汽车变速器可以使行驶的汽车方便地实现变速和换向倒车。

如图 7-16 所示汽车变速器,牙嵌离合器分为 A、B 两半,其中 A 和齿轮 1 固连在输入轴 I 上,B 和滑移双联齿轮 4、6 用花键与输出轴 II 相连。齿轮 2、3、5、7 固连在轴 III 上。齿轮 8 固连在轴 IV 上。按照不同的传动路线,该变速器可使输出轴得到四挡转速,见表 7-2。

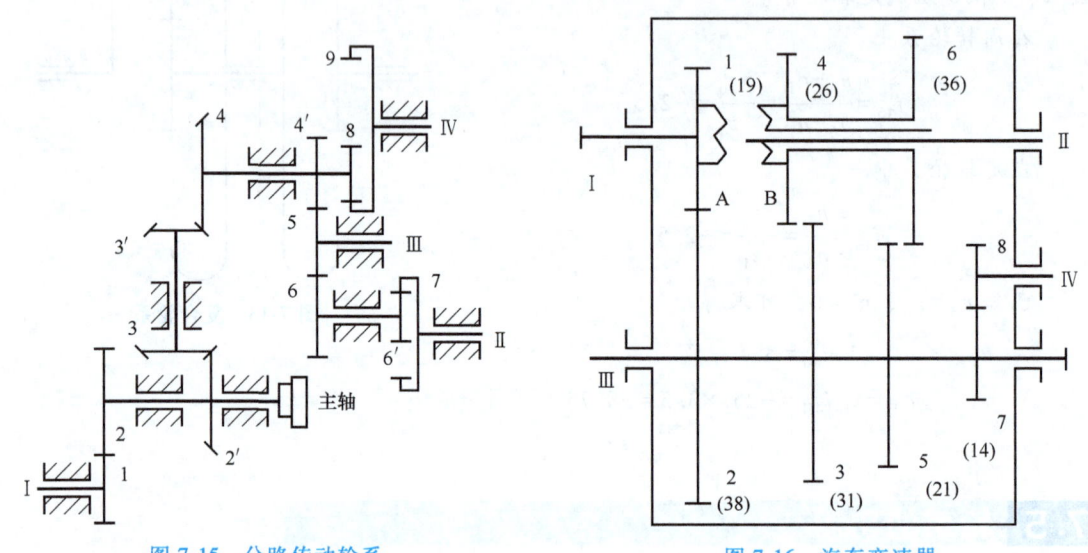

图 7-15 分路传动轮系　　　　　　图 7-16 汽车变速器

表 7-2 汽车变速器挡位工作表

挡位	离合器	齿轮
一挡(低速挡)	A、B 分离	5、6 相啮合,3、4 脱开
二挡(中速挡)	A、B 分离	3、4 相啮合,5、6 脱开
三挡(高速挡)	A、B 相嵌合	3、4 和 5、6 均脱开
倒车挡	A、B 分离	6、8 相啮合,3、4 和 5、6 脱开

倒车挡时,由于惰轮 8 的作用,输出轴 II 反转,实现换向倒车。汽车变速器中的不同齿轮啮合时,在主动轴转速、转向不变的情况下,借助轮系,可以获得不同的转速值或实现从动轴的正、反向转动。

差动轮系和复合轮系也可以实现变速、换向传动。龙门刨床工作台就是由两个差动轮系串联构成的换向机构。

7.5.4 用作运动的合成与分解

合成运动和分解运动可用差动轮系来实现。运动的合成是将两个输入运动合成为一个输出运动，而运动的分解则正相反。

图 7-17 所示为一个用作合成运动的最简单的差动轮系，其传动比为

$$i_{13}^H = \frac{n_1^H}{n_3^H} = \frac{n_1 - n_H}{n_3 - n_H} = -\frac{z_3}{z_1}$$

当 $z_1 = z_3$ 时，

$$2n_H = n_1 + n_3$$

此轮系用作加法机构，可以实现运动合成，广泛地应用于机床、计算机构和补偿装置中。

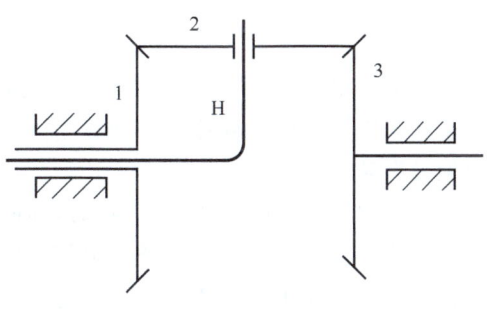

图 7-17　差动轮系

图 7-18a 所示为装在汽车后桥上的差速器，发动机通过传动轴驱动齿轮 5，再带动齿轮 4 及固接在其上的行星架 H 转动，将运动传递给左、右两车轮。齿轮 1、2、3 和行星架组成一差动轮系。

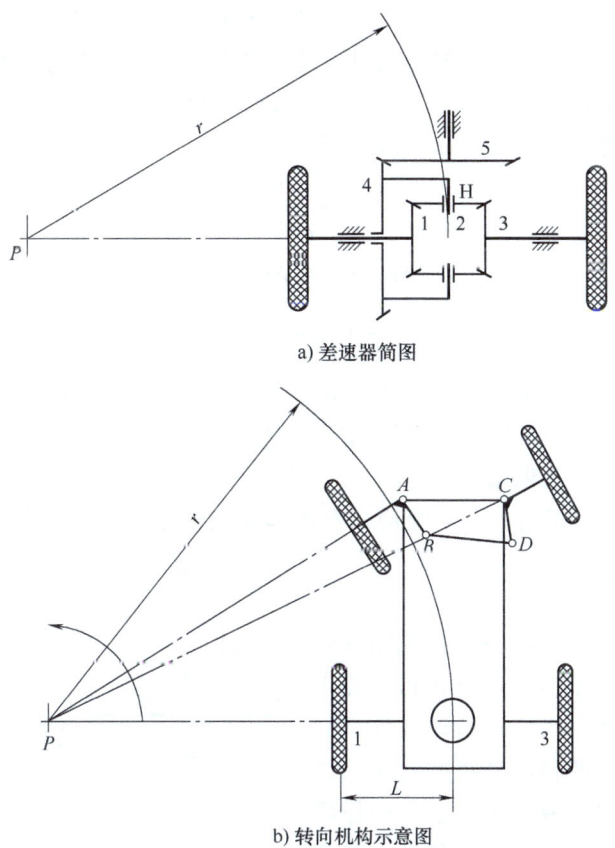

a) 差速器简图

b) 转向机构示意图

图 7-18　汽车后桥差速器

当汽车直线行驶时，前轮的转向机构通过地面的约束作用，要求两后轮有相同的转速，即要求齿轮 1、3 转速相等（$n_1 = n_3$）。由于在差动轮系中

$$i_{13}^H = \frac{n_1 - n_H}{n_3 - n_H} = -\frac{z_3}{z_1} = -1$$

故

$$n_H = \frac{1}{2}(n_1 + n_3)$$

将 $n_1 = n_3$ 代入得 $n_1 = n_3 = n_H = n_4$，即齿轮 1、3 和行星架 H 之间没有相对运动，整个差动轮系相当于同齿轮 4 固接在一起成为一个刚体，随齿轮 2 一起转动，此时行星轮 2 相对于行星架没有转动。

当汽车向左转弯时，为使车轮和地面间不发生滑动以减少轮胎磨损，要求右轮比左轮转得快些。这时齿轮 1 和 3 之间便发生相对转动，齿轮 2 除了随着齿轮 4 绕后轮轴线公转外，还有自转。由齿轮 1、2、3、4（H）组成的差动轮系便发挥作用。这个差动轮系和图 7-17 所示的机构完全相同，故有

$$2n_H = n_1 + n_3 \tag{7-5}$$

由图 7-18b 可见，当车身绕瞬时转弯中心点 P 转动时，汽车两前轮在梯形转向机构 ABDC 的作用下向左偏转，其轴线与汽车两后轴的轴线相交于点 P。在图 7-18b 所示左转弯的情况下，要求 4 个车轮均能绕点 P 做纯滚动，两个左侧车轮转得慢些，两个右侧车轮要转得快些。由于两前轮是浮套在轮轴上的，故可以适应任意转弯半径而与地面保持纯滚动；至于两个后轮，则是通过上述差速器来调整转速的。设两后轮中心距为 $2L$，弯道平均半径为 r，由于两后轮的转速与弯道半径成正比，故可得

$$\frac{n_1}{n_3} = \frac{r-L}{r+L} \tag{7-6}$$

联立式（7-5）、式（7-6），可求得此时汽车两后轮的转速分别为

$$n_1 = \frac{r-L}{r}n_H, \quad n_3 = \frac{r+L}{r}n_H$$

这说明当汽车转弯时，可利用差速器自动将主轴的转动分解为两个后轮的不同转动。需要特别说明的是，差动轮系可以将一个转动分解成另外两个转动的前提条件是这两个转动之间的确定关系是由地面的约束条件决定的。

差动轮系可分解运动的特性，广泛应用在汽车和飞机等动力传动中。

7.5.5　大功率传动

周转轮系中常采用多个均布的行星轮来同时传动，如图 7-19 所示，这种结构既可用几个行星轮共同来分担承载，以减小齿轮尺寸，同时又可平衡各啮合点处的径向分力和行星轮公转所产生的离心惯性力，减小主轴承内的作用力以提高运转平稳性，实现大功率传动，提高传动效率。

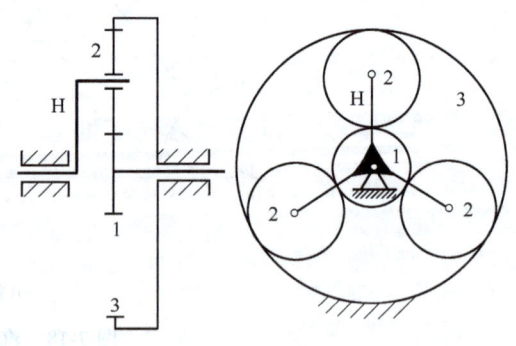

图 7-19　周转轮系

> **课后习题**

7-1　差动轮系和行星轮系有何特点？

7-2　在周转轮系传动比的计算式 $i_{mn}^H = (n_m - n_H)/(n_n - n_H)$ 中，i_{mn}^H 是什么传动比？其

大小和"±"号如何确定?

7-3 如图 7-20 所示,已知 n_1 转向,试用箭头表示出图中其他各齿轮的转向。

7-4 在图 7-21 所示的轮系中,已知 $z_1 = 18$,$z_2 = 50$,$z_{2'} = 20$,$z_3 = 30$,$z_{3'} = 45$,$z_4 = 40$,轮 1 的转向如图。试求传动比 i_{14},并确定齿轮 4 的转向。

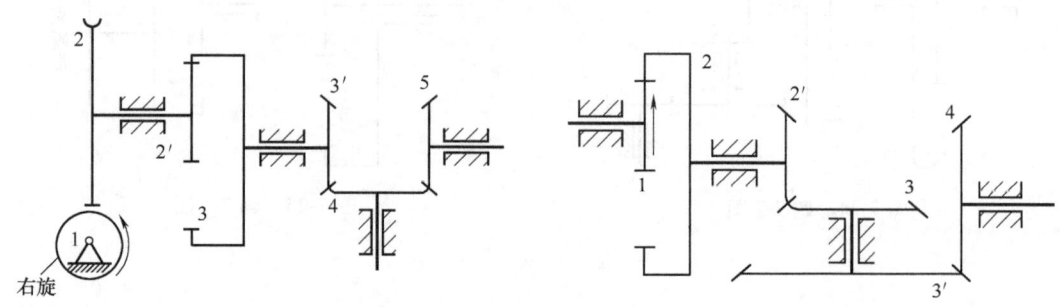

图 7-20 题 7-3 图　　　　　　　　　　　　图 7-21 题 7-4 图

7-5 图 7-22 所示为一手摇提升装置所用轮系,已知各轮的齿数 $z_1 = 20$,$z_2 = 50$,$z_3 = 15$,$z_4 = 30$,$z_5 = 1$,$z_6 = 40$,$z_7 = 18$,$z_8 = 52$。试求传动比 i_{18},并确定当提升重物时手柄的转向。

7-6 在图 7-23 所示的直齿圆柱齿轮组成的轮系中,已知各轮的齿数 $z_1 = 60$,$z_2 = 15$,$z_3 = 18$,$z_4 = 63$,试计算传动比 i_{1H} 的大小并判断行星架的转向。

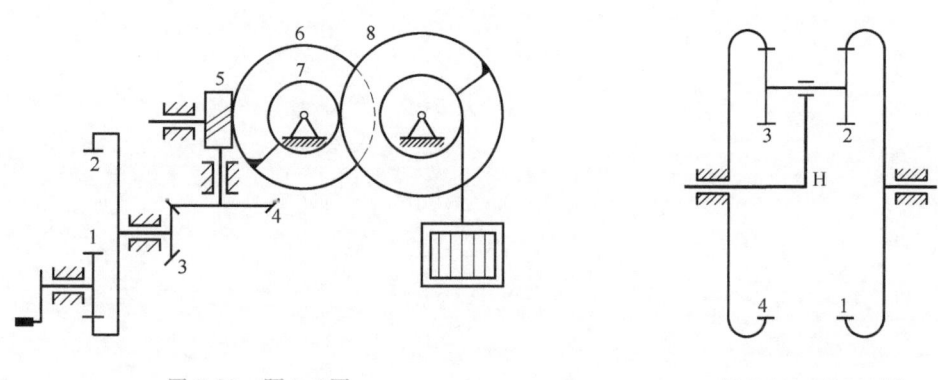

图 7-22 题 7-5 图　　　　　　　　　　　　图 7-23 题 7-6 图

7-7 在图 7-24 所示的复合轮系中,已知各轮的齿数 $z_1 = 36$,$z_2 = 60$,$z_3 = 23$,$z_4 = 49$,$z_5 = 31$,$z_6 = 131$,$z_7 = 94$,$z_8 = 36$,$z_9 = 167$,且 $n_1 = 3549$ r/min,求 n_H 的大小和方向。

7-8 在图 7-25 所示的坦克右侧转向机构中,当坦克直线前进时,轮 3 被制动($n_3 = 0$),发动机直接驱动履带轮。当坦克转弯时,松开轮 3 的制动,履带和行星架 H 在地面摩擦下停转,使轮 3 空转,右履带不动。试求当坦克直线前进时的传动比 i_{15}。

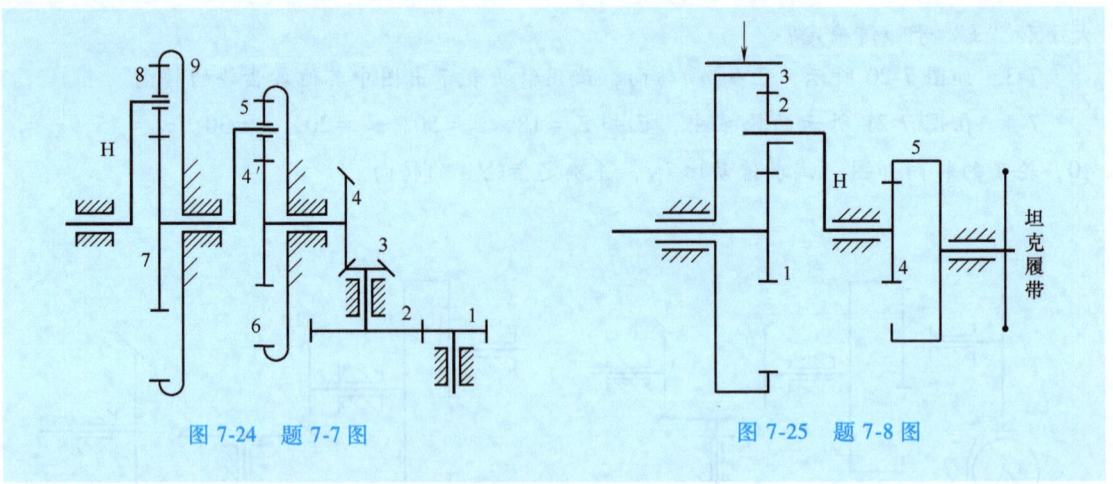

图 7-24　题 7-7 图　　　　　图 7-25　题 7-8 图

第 8 章 其他常用机构

在各种机器中，除了广泛采用前面介绍的连杆机构、凸轮机构、齿轮机构等几种典型机构外，还经常用到一些其他类型的机构，如能实现间歇运动的棘轮机构、槽轮机构和不完全齿轮机构，实现旋转运动变为直线运动的螺旋机构，传递相交轴或平行轴之间运动的万向联轴器，以及依靠中间挠性元件来传递运动和动力的机构等。本章将对这些机构的工作原理、类型、特点及应用等进行简要介绍。

8.1 棘轮机构

8.1.1 棘轮机构的主要组成及工作原理

棘轮机构的典型结构形式如图 8-1 所示，它主要是由摇杆 1、棘爪 2、棘轮 3、止动爪 4 和弹簧 5 等组成的。其中，弹簧 5 用来使止动爪 4 和棘轮 3 始终保持接触。同样，可在摇杆 1 与棘爪 2 之间设置弹簧以维持棘爪 2 和棘轮 3 的接触。棘轮 3 固装在从动轴上，而摇杆 1 则作为主动件空套在从动轴上。当主动件摇杆 1 逆时针摆动时，与其相连的驱动棘爪 2 便插入棘轮 3 的齿间，推动棘轮 3 转过一定的角度。此时，止动爪 4 在棘轮 3 的齿背上滑过。当摇杆 1 顺时针转动时，止动爪 4 阻止棘轮 3 顺时针转动，而棘爪 2 在棘轮 3 的齿背上滑过，棘轮静止不动。故当摇杆 1 连续往复摆动时，棘轮 3 便实现单向的间歇转动。

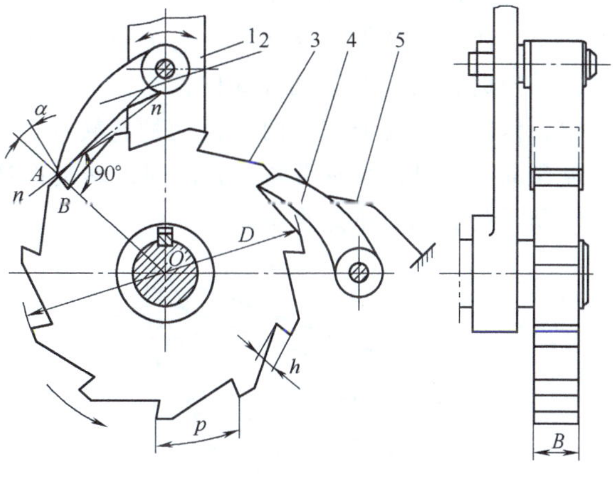

图 8-1 棘轮机构
1—摇杆　2—棘爪　3—棘轮　4—止动爪　5—弹簧

8.1.2 棘轮机构的主要类型

根据棘轮机构的结构和工作原理的不同，可将棘轮机构分为齿式棘轮机构和摩擦式棘轮机构两大类。

1. 齿式棘轮机构

根据机构啮合方式的不同，齿式棘轮机构可以分为齿式外啮合棘轮机构（图 8-2）和齿式内啮合棘轮机构（图 8-3）。

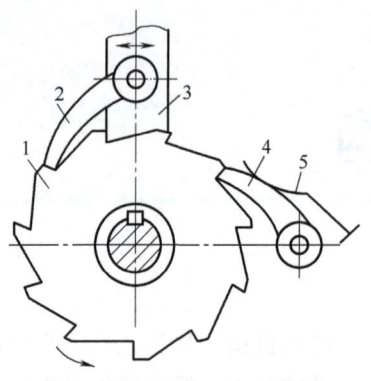

图 8-2　齿式外啮合棘轮机构
1—棘轮　2—主动棘爪　3—主动摆杆
4—止回棘爪　5—弹簧

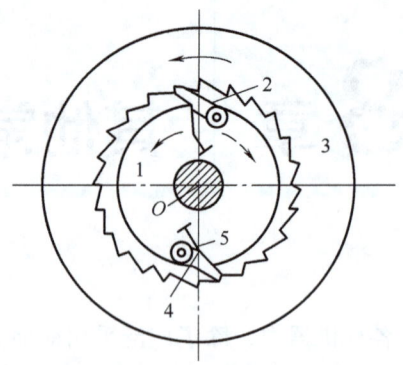

图 8-3　齿式内啮合棘轮机构
1—主动轮　2—主动棘爪　3—棘轮
4—止回棘爪　5—弹簧

根据机构运动情况的不同，棘轮机构又可以分为以下 3 类。

（1）单动式棘轮机构　图 8-2、图 8-3 所示均为单动式棘轮机构，其特点是当主动件按某一个方向摆动时才能使棘轮转动，即从动件棘轮只能做单向间歇转动。当棘轮直径为无穷大时，棘轮变为棘齿条，而棘轮的单向转动演变为棘齿条的单向移动，如图 8-4 所示。

（2）双动式棘轮机构　图 8-5 所示为双动式棘轮机构，其特点是在主动件 3 上装有两个驱动棘爪 2，绕其摆动中心摆动的过程中分别带动两个驱动棘爪 2 推动或牵拉棘轮的轮齿，使主动件 3 向两个方向往复摆动的过程中，依次带动两个棘爪两次推动棘轮转动。即主动件

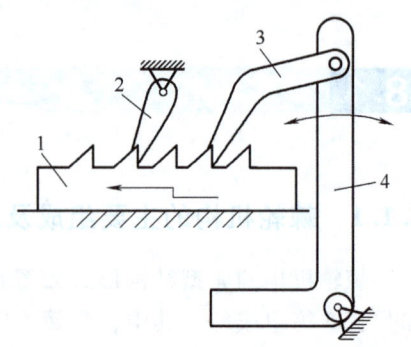

图 8-4　棘齿条间歇运动机构
1—棘齿条　2—止回棘爪
3—主动棘爪　4—主动摆件

往复摆动一次时，棘轮沿同一方向间歇转动两次。图 8-5a 所示的驱动棘爪 2 是钩头的，图 8-5b 所示的驱动棘爪是直头的。

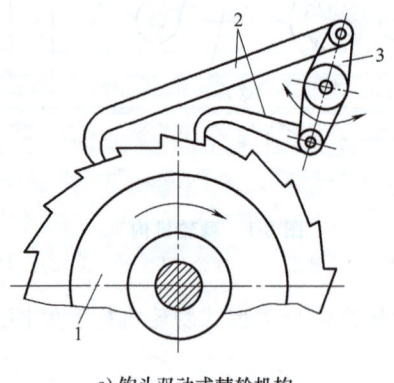

a）钩头双动式棘轮机构　　　　　　b）直推双动式棘轮机构

图 8-5　双动式棘轮机构
1—棘轮　2—驱动棘爪　3—主动件

（3）可变向棘轮机构　上述各棘轮机构都只能沿一个方向做单向间歇转动。当需要棘轮能变换转动方向时，可采用可变向棘轮机构，如图8-6所示。这种棘轮机构的特点是棘轮轮齿呈对称梯形，棘爪也呈对称型。当棘爪1在实线位置时，棘轮2按逆时针方向做间歇转动；当棘爪在细双点画线位置时，棘轮2按顺时针方向做间歇运动。

图8-7所示为另一种可变向棘轮机构，棘轮齿形为矩形，棘爪可绕其轴线转动。当棘爪在图示位置时，棘爪2的直边与棘轮1接触，推动棘轮1沿逆时针方向做间歇运动；当将棘爪提起绕其轴线转180°后再放下，则可使棘轮沿顺时针方向做间歇运动；当将棘爪提起绕其轴线转90°搁置在壳体3的平台上，使棘爪与棘轮分离，此时棘爪往复摆动，棘轮则静止不动。

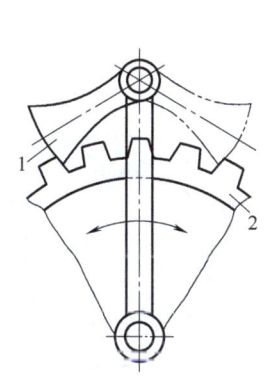

图8-6　可变向棘轮机构
1—棘爪　2—棘轮

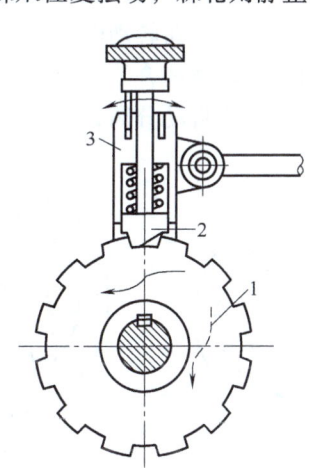

图8-7　齿形为矩形的可变向棘轮机构
1—棘轮　2—棘爪　3—壳体

2. 摩擦式棘轮机构

齿式棘轮机构的棘轮转角是相邻两齿所夹中心角的倍数，即棘轮的转角是有级调节的。如果要实现无级调节，可采用摩擦式棘轮机构。摩擦式棘轮机构根据结构形式可分为楔块摩擦式棘轮机构和滚子摩擦式棘轮机构。

如图8-8所示，楔块摩擦式棘轮机构是用偏心扇形楔块2代替齿式棘轮机构中的棘爪，以无齿摩擦轮3代替棘轮，利用楔块2与从动轮3间的摩擦力推动从动轮间歇转动，它克服了齿

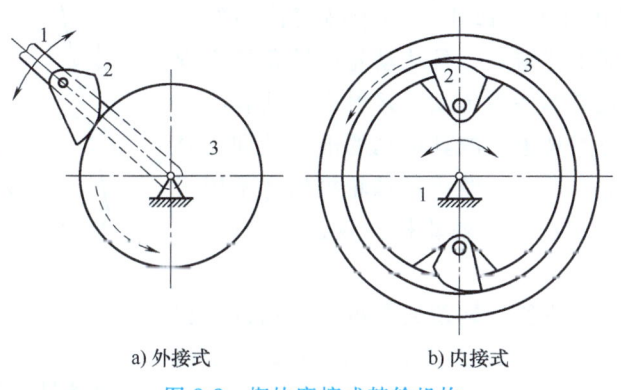

a) 外接式　　　　b) 内接式

图8-8　楔块摩擦式棘轮机构
1—主动摆件　2—楔块　3—无齿摩擦轮

式棘轮机构冲击噪声大、棘轮每次转过角度大小不能无级调节的缺点，但其运动准确性较差。

如图 8-9 所示，滚子摩擦式棘轮机构是用滚子 2 代替齿式棘轮机构中的棘爪，利用滚子 2 在棘轮 1 与从动轮 3 间的摩擦力推动从动轮间歇转动。

如图 8-10 所示的单向离合器由棘轮 1、从动轮 2、弹簧顶杆 4 及圆柱形滚子 3 等组成。若棘轮 1 为主动件，当其逆时针回转时，滚子借摩擦力而滚向楔形空隙的小端，并将从动轮楔紧，使其随棘轮一同回转；而当棘轮顺时针回转时，滚子被滚到空隙的大端，将套筒松开，这时从动轮静止不动。此种机构可用作单向离合器和超越离合器。所谓单向离合器，是指当主动件向某一方向转动时，主、从动件接合；而当主动件向另一方向转动时，主、从动件分离。而所谓超越离合器，是指当主动棘轮 1 逆时针转动时，如果从动轮 2 逆时针转动的速度更高，两者便自动分离，从动轮 2 可以较高的速度自由转动。

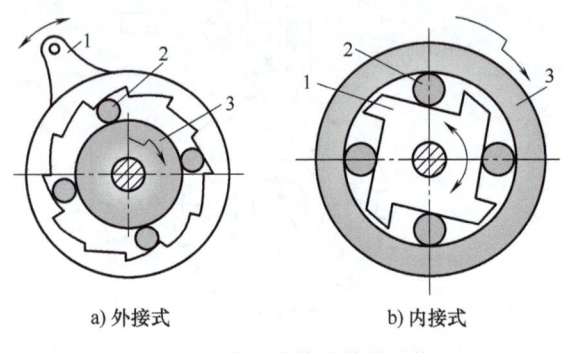

a) 外接式　　　b) 内接式

图 8-9　滚子摩擦式棘轮机构

1—棘轮　2—滚子　3—从动轮

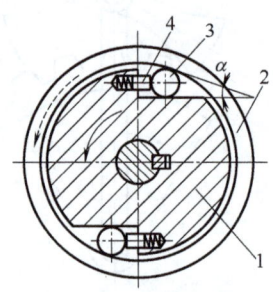

图 8-10　单向离合器

1—棘轮　2—从动轮　3—圆柱形滚子　4—弹簧顶杆

8.1.3　棘轮机构的特点和应用

齿式棘轮机构结构简单，制造方便，转角准确，运动可靠；棘轮转角的大小可进行有级调节；动与停的时间比可通过选择合适的驱动机构实现。该机构的缺点是动程只能做有级调节；棘爪在棘轮齿背上滑行时容易磨损，引起噪声和冲击，传动平稳性差，故不宜用于高速传动的场合。摩擦式棘轮机构无上述缺点，且从动轮的转角可实现无级调节；但由于它是靠摩擦力传动，接触表面间容易发生滑动，因而会出现打滑现象，故其运动的准确性和可靠性没有齿式棘轮机构好，所以，摩擦式棘轮机构也不用于高速传动的场合。一般情况下，棘轮机构仅适用于低速、轻载的场合。

棘轮机构常用于实现进给、转位或分度、制动以及超越离合等运动。图 8-11 所示为压力机工作台自动转位棘轮机构，当压头 D 向上运动时，摇杆 AB 顺时针摆动，通过棘爪带动棘轮和工作台顺时针转动。而当冲头向下运动

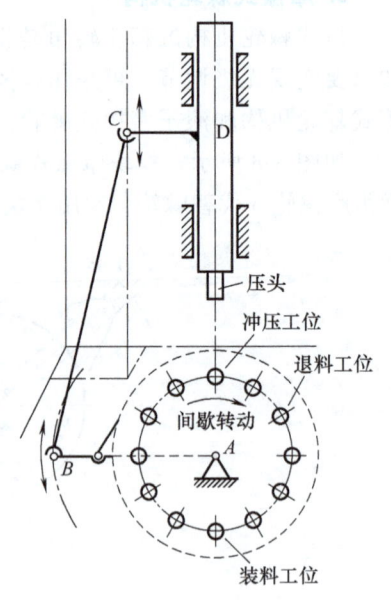

图 8-11　压力机工作台自动转位棘轮机构

时，摇杆 AB 逆时针摆动，棘轮和工作台不动。

图 8-12 所示为自行车后轮轴上的棘轮机构。当脚蹬踏板时，通过棘轮 1 带动链条 2 旋转，使具有棘齿的链轮 3 顺时针转动，再通过棘爪 4 的作用，使后轮轴顺时针转动，驱动自行车前进。当自行车前进时，如果不踩踏板，后轮轴便会超越链轮 3 而转动，让棘爪 4 从棘轮齿背上滑过，从而实现自行车的自由滑行，也就是所谓的"飞轮"现象。

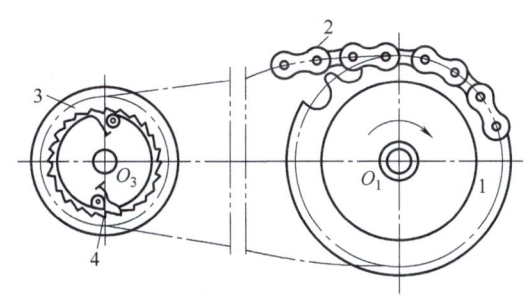

图 8-12 自行车后轮轴上的棘轮机构
1—棘轮　2—链条　3—链轮　4—棘爪

8.1.4 棘轮机构的设计

下面以工程中常用的齿式棘轮机构为例，介绍棘轮机构的设计要点。

1. 棘轮转角的调节

在棘轮机构的设计中，常常需要调节转角。调节棘轮转角的方法有两种。一种是采用棘轮罩来调节（图 8-13）。通过改变棘轮罩的位置使部分行程中棘爪沿棘轮罩表面滑过，从而实现棘轮转角大小的调整。另一种方法是通过改变摆杆摆角的大小来调节（图 8-14）。通过调节曲柄摇杆机构中曲柄的长度来改变摇杆摆角的大小，从而实现棘轮机构转角大小的调整。

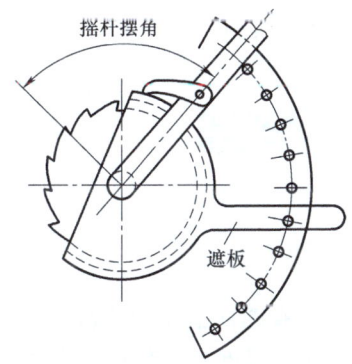
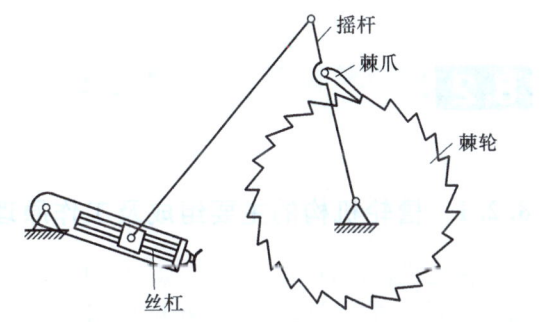

图 8-13 利用棘轮罩调节转角　　　　图 8-14 改变摆杆摆角的大小调节转角

2. 棘轮齿形的选择

图 8-15 所示为棘轮常用齿形，图 8-15a 所示为不对称梯形，用于承受载荷较大的场合；当棘轮机构承受的载荷较小时，可采用如图 8-15b 所示的不对称三角形齿或如图 8-15c 所示的不对称圆弧形齿；而图 8-15d 所示的对称梯形齿和图 8-15e 所示的对称矩形齿用于双向式棘轮机构。

3. 棘轮模数 m 和齿数 z 的选取

与齿轮相同，棘轮轮齿的有关尺寸也用模数 m 作为计算的基本参数，但棘轮的标准模数在齿顶圆上，要按棘轮的齿顶圆直径来计算，即

$$d_a = mz \tag{8-1}$$

式中，d_a 为棘轮齿顶圆直径；m 为棘轮模数；z 为棘轮的齿数。

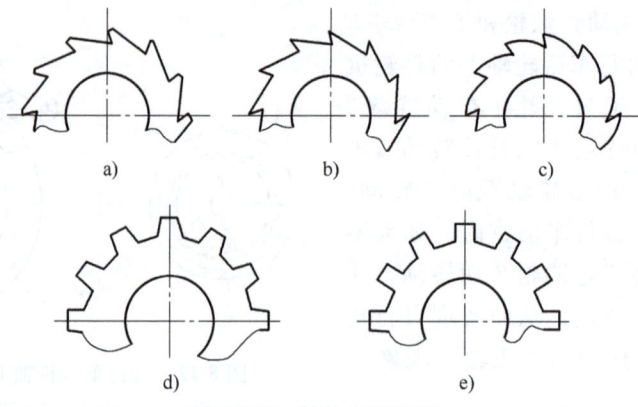

图 8-15 棘轮常用齿形

棘轮齿数 z 一般由棘轮机构的使用条件和运动要求选定。对于一般进给和分度所用的棘轮机构，可根据所要求的棘轮最小转角来确定棘轮的齿数，即

$$\frac{2\pi}{z} \leqslant \theta_{\min} \tag{8-2}$$

则有

$$z \geqslant \frac{2\pi}{\theta_{\min}} \tag{8-3}$$

棘轮的齿数 $z \leqslant 250$，一般取 $z = 8 \sim 30$。

关于棘轮机构的其他参数和几何尺寸计算可参阅有关技术资料。

8.2 槽轮机构

8.2.1 槽轮机构的主要组成及工作原理

槽轮机构的典型结构形式如图 8-16 所示，它主要是由带有圆柱销 A 的拨盘 1、具有均布的径向开口槽的槽轮 2 和机架组成。拨盘 1 为主动件，以等角速度 ω_1 做连续回转运动，开有四个径向开口槽的槽轮 2 为从动件，做单向间歇转动。

槽轮机构在工作过程中，当主动件拨盘上的圆柱销 A 进入从动件槽轮 2 的径向槽时，拨盘通过圆柱销带动槽轮转动；当拨盘上的圆柱销从径向槽中退出后，拨盘继续转动，而槽轮 2 因其内凹的锁止弧 β 的半径与主动件拨盘外凸的锁止弧 α 的半径一致，因此槽轮 2 内凹的锁止弧 β 被主动件拨盘外凸的锁止弧 α 锁住，即槽轮的内凹圆弧与主动拨盘的外凸圆弧刚好贴合，使得槽轮静止不动。直到圆柱销 A 再进入槽轮 2 的另一径向槽时，两者又重复上述的运动循环，从而实现将拨盘的连续回转运动转变为槽轮的单向间歇转动。

8.2.2 槽轮机构的主要类型

按照主动拨盘与槽轮轴线的相对位置，可将槽轮机构分为平面槽轮机构和空间槽轮机构。

1. 平面槽轮机构

普通的平面槽轮机构分为外槽轮机构（图 8-16）和内槽轮机构（图 8-17）两种类型，

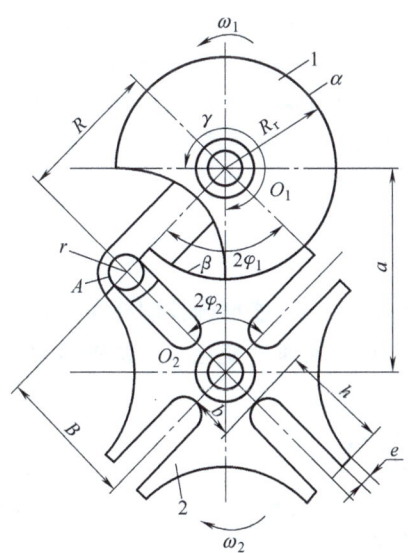

图 8-16 外槽轮机构

1—拨盘　2—槽轮

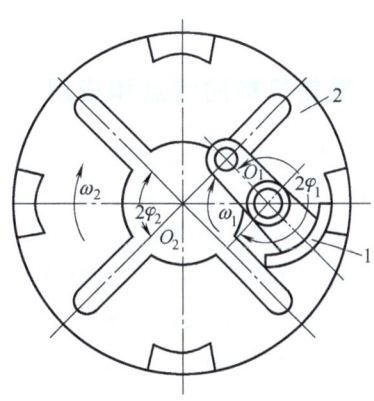

图 8-17 内槽轮机构

1—主动拨盘　2—从动槽轮

它们均用于平行轴间的间歇传动。外槽轮机构的主动拨盘 1 与从动槽轮 2 的转向相反；而内槽轮机构的主动拨盘 1 与从动槽轮 2 的转向相同。

通常，槽轮上的各槽是均匀分布的，并且是用于传递平行轴间的运动，这样的槽轮机构称为普通槽轮机构。为了满足某些特殊的工作要求，在某些机械中也还用到一些特殊形式的槽轮机构。如图 8-18 所示的不等臂长的多销槽轮机构，其径向槽的径向尺寸不同，拨盘上圆销的分布也不均匀。这样，在槽轮转一周中可以实现若干个运动时间和停歇时间均不相同的运动过程。

2. 空间槽轮机构

当需要在两相交轴之间进行间歇传动时，可采用空间槽轮机构。图 8-19 所示为两相交

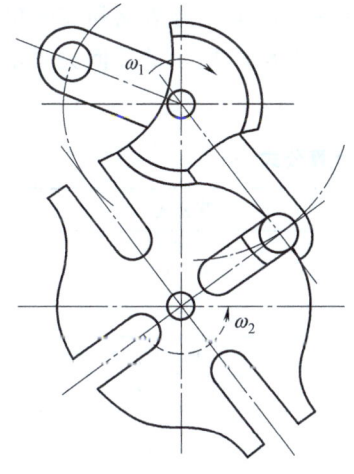

图 8-18 不等臂长的多销槽轮机构

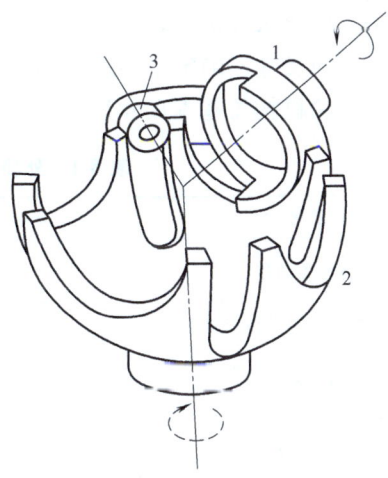

图 8-19 球面槽轮机构

1—主动拨轮　2—从动槽轮　3—拨销

轴间夹角为 90° 的球面槽轮机构。其从动槽轮 2 呈半球形，主动拨轮 1 的轴线及拨销 3 的轴线均通过球心。该机构的工作过程与平面槽轮机构相似。主动拨轮上的拨销通常只有一个，所以槽轮的动、停时间是相等的。如果在主动拨轮上对称地安装两个拨销，则当一侧的拨销即将由槽轮的槽中脱出时，另一拨销也即将进入槽轮的另一相邻的槽中，故槽轮能够连续转动。

8.2.3 槽轮机构的特点和应用

槽轮机构结构简单、外形尺寸小、制造容易、工作可靠，且能准确控制转角、运动较平稳、机械效率高。但在运动过程中，槽轮在起动和停止时的加速度变化大，槽数越少，加速度变化越大，不适用于高速场合。又由于槽轮每次转过的角度与槽轮的槽数有关，如果要改变转角，必须改变槽轮的槽数，就需要重新设计槽轮机构，所以槽轮机构多用于不要求经常调整转角的转位运动中。此外，由于制造工艺、机构尺寸等条件的限制，槽轮的槽数也不宜太多。

槽轮机构一般用于转速不是很高，要求间歇地转过一定角度的自动机械、轻工机械或仪器仪表中。槽轮机构中，外槽轮机构应用比较广泛。图 8-20 所示为槽轮机构在电影放映机中的应用。图中，主动拨盘 1 连续转动带动槽轮 2 做间歇转动，与槽轮同轴的抓片轮 3 将胶片间歇地送进电影机。

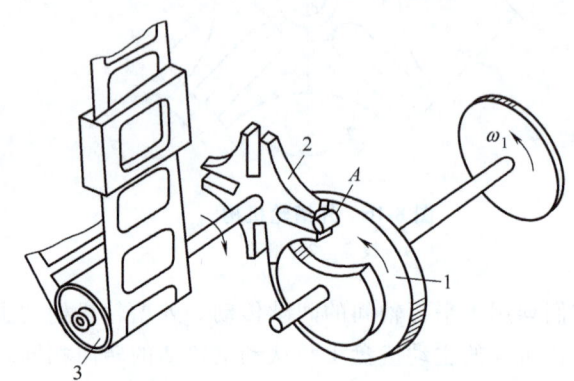

图 8-20　电影放映机的送片机构
1—主动拨盘　2—槽轮　3—抓片轮

8.2.4 槽轮机构的几何尺寸计算

在机械中最常用的是径向槽均匀分布的外槽轮机构。对于这种机构，在设计计算时，首先应根据工作要求确定槽轮的槽数 z 和主动拨盘的圆销数 k；再按受力情况和实际机械所允许的安装空间尺寸，确定中心距 a 和圆销半径 r；最后可按图 8-16 所示的几何关系求出其他尺寸。外槽轮机构的基本尺寸计算公式见表 8-1。

表 8-1　外槽轮机构的基本尺寸计算公式

参数名称	符号	计算公式
槽轮运动角	φ_2	$2\varphi_2 = \dfrac{2\pi}{z}$
槽轮角对应圆销运动角	φ_1	$2\varphi_1 = \pi - 2\varphi_2$
运动系数	τ	$\tau = k\left(\dfrac{1}{2} - \dfrac{1}{z}\right)$
圆销中心回转半径	R	$R = a\sin\varphi_2 = a\sin\dfrac{\pi}{z}$
圆销半径	r	$r \approx \dfrac{R}{6}$

(续)

参数名称	符号	计算公式
槽顶高	B	$B = a\cos\varphi_2 = a\cos\dfrac{\pi}{z}$
槽底高	b	$b \leq a-(R+r)$ 或 $b = a-(R+r)-(3\sim5)\mathrm{mm}$
槽深	h	$h = B - b$
槽顶侧壁厚	e	$e = (0.6\sim0.8)r$ 且 $e \geq 3\mathrm{mm}$
外凸锁止圆弧半径	R_r	$R_\mathrm{t} = R - r - e$
外凸锁止圆弧张开角	γ	$\gamma = \dfrac{2\pi}{k} - 2\varphi_1 = 2\pi\left(\dfrac{1}{k} + \dfrac{1}{z} - \dfrac{1}{2}\right)$

8.3 不完全齿轮机构

8.3.1 不完全齿轮机构的工作原理与主要类型

不完全齿轮机构的典型结构形式如图 8-21 所示，它主要由主动轮 1、从动轮 2 和机架组成。不完全齿轮机构是由普通齿轮机构演化而来的一种常用的间歇运动机构。与普通齿轮机构相比，主动轮为一不完整的齿轮，齿轮的圆周上只做出一个或几个正常齿，而从动轮则是由正常齿和带有内凹锁止弧的厚齿彼此相间的特殊齿轮。主动轮连续转动，当主动轮上的齿与从动轮上的正常齿啮合时，从动轮开始转动；当主动轮外凸锁止弧与从动轮上的内凹锁止弧接合时，从动轮在锁止弧的作用下停歇在预定位置。因此，当主动轮做连续转动时，从动轮获得时转时停的间歇运动。

在图 8-21a 所示的不完全齿轮机构中，主动轮 1 上只有 1 个轮齿，从动轮 2 上有 8 个轮齿，故主动轮转 1 圈时，从动轮只转 1/8 圈。在图 8-21b 所示的不完全齿轮机构中，主动轮 1 上有 4 个齿，从动轮 2 的圆周上具有四个运动段（各有 4 个齿）和四个停歇段，每段上有 4 个齿与主动轮轮齿啮合。主动轮转 1 圈，从动轮转 1/4 圈。

不完全齿轮机构的类型有外啮合不完全齿轮机构、内啮合不完全齿轮机构和不完全齿轮齿条机构。图 8-21 所示为外啮合不完全齿轮机构，其主动轮与从动轮转向相反；图 8-22 所示为内啮合不完全齿轮机构，其主动轮与从动轮转向相同。如果将从动轮的直径变为无穷大，则将变为齿条，这时的输出由间歇转动变为间歇移动，这种机构称为不完全齿轮齿条机构，如图 8-23 所示。

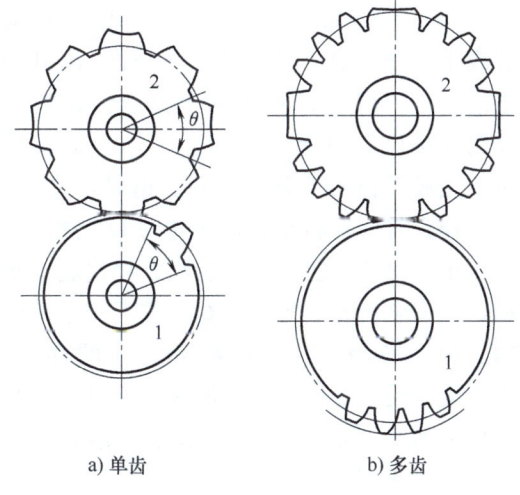

a) 单齿　　　b) 多齿

图 8-21　外啮合不完全齿轮机构

1—主动轮　2—从动轮

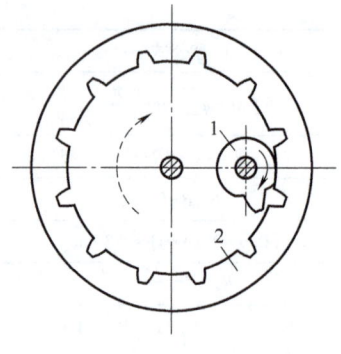

图 8-22 内啮合不完全齿轮机构
1—主动轮 2—从动轮

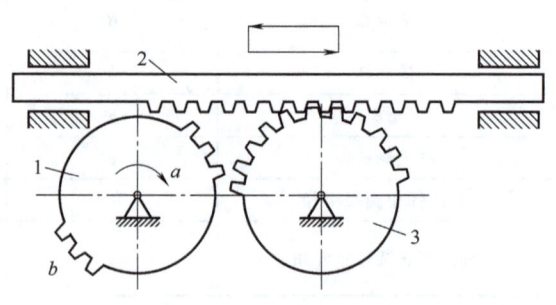

图 8-23 不完全齿轮齿条机构
1—主动轮 2—齿条 3—从动轮

8.3.2 不完全齿轮机构的特点及应用

与其他间歇运动机构相比，不完全齿轮机构结构简单、制造方便，从动轮的运动和静止时间比例不受机构结构的限制，设计较灵活。当主动轮匀速转动时，从动轮在其运动期间做匀速转动。但是，从动轮在开始运动和终止运动时角速度有突变，所以会产生刚性冲击，故一般适用于低速、轻载的场合。

由于从动轮在整周转动过程中可做多次停歇，所以经常用于一些具有特殊运动要求的专用机械中，如在多工位、多工序的自动机械或生产线上作为工作台的间歇转位机构和进给机构。图 8-24 所示为不完全齿轮机构在蜂窝煤饼压制机上的应用。工作台用五个工位来完成煤粉的填装、压制、退煤等动作，因此工作台需间歇转动，每次转动 1/5 圈。为此，在工作台 7 上装有一大齿圈，用惰轮 6 来传动，不完全齿轮 3 与惰轮 6 组成不完全齿轮机构。为了减轻工作台间歇起动时的冲击，在不完全齿轮 3 和惰轮 6 上加装了一对瞬心线附加杆 4 和 5，同时还分别装设了凸形和凹形圆弧板，以起锁止弧的作用。

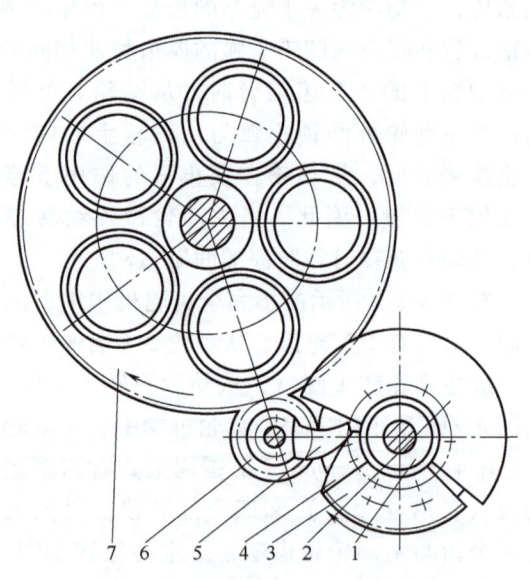

图 8-24 蜂窝煤压制机工作台转位机构
1—主轴 2—凸形锁止板 3—不完全齿轮
4、5—瞬心线附加杆 6—惰轮 7—工作台

不完全齿轮机构在电表、煤气表等计数器中应用很广。图 8-25 所示为 6 位计数器，其轮 1 为输入轮，它的左端只有 2 个齿，惰轮 2 和轮 4 的右端均有 20 个齿，左端也只有 2 个齿（轮 4 左端无齿），各轮之间通过轮 3 联系。当轮 1 转一圈时，其相邻左侧轮 2 仅转过 1/10 圈。以此类推，由右到左从读数窗口看到的读数分别代表了个、十、百、千、万、十万。

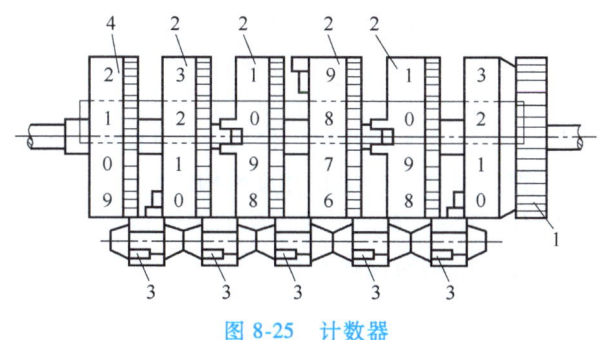

图 8-25 计数器

8.4 螺旋机构

8.4.1 螺旋机构的主要组成及工作原理

各构件由螺旋副连接而成的机构称为螺旋机构，它由螺杆、螺母和机架组成。一般情况下，它是将旋转运动转换为直线运动。如图 8-26a 所示的单螺旋机构，构件 1 为螺杆，构件 2 为螺母，构件 3 为机架，A 为转动副，B 为螺旋副，C 为移动副。当主动件螺杆 1 做回转运动时，带动从动螺母 2 做轴向移动。

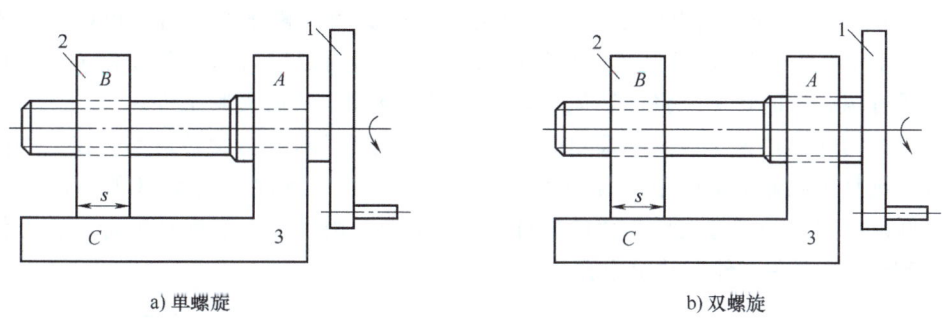

图 8-26 螺旋机构

1—螺杆 2—螺母 3—机架

在螺纹导程角大于当量摩擦角的情况下，也可以将螺母作为主动件，令其沿轴向移动而迫使螺杆转动，即螺母不动，使螺杆一边旋转、一边轴向移动。

在图 8-26a 所示的单螺旋机构中，当螺杆 1 转过 φ 角时，螺母 2 将沿螺杆的轴向移动距离 s，其值为

$$s = l_B \frac{\varphi}{2\pi} \tag{8-4}$$

式中，l_B 为螺旋副 B 的导程。

若将图 8-26a 中的转动副 A 改为螺旋副，其导程为 l_A，且螺旋方向与螺旋副 B 的相同（即同为左旋或同为右旋），则得到如图 8-26b 所示的机构，称为双螺旋机构。在这种机构中，螺杆 1 的 A 段螺旋在固定的螺母中转动，而 B 段螺旋在不能转动但能移动的螺母 2 中转

动。当螺杆1转过 φ 角时，螺母2的轴向位移 s 为

$$s = (l_A - l_B)\frac{\varphi}{2\pi} \qquad (8-5)$$

由式（8-5）可知，若 l_A 和 l_B 相差很小时，位移 s 可以极小。这种含有双螺旋副且两螺旋副旋向相同的螺旋机构，称为差动（微动）螺旋机构。

在图8-26b所示的机构中，若 A、B 两个螺旋副的旋向相反（即一为左旋、一为右旋），则当螺杆1转过 φ 角时，螺母2的轴向位移 s 为

$$s = (l_A + l_B)\frac{\varphi}{2\pi} \qquad (8-6)$$

由式（8-6）可知，螺母2可以产生很大的位移。这种含有双螺旋副且两螺旋副旋向相反的螺旋机构，称为复式螺旋机构。

8.4.2 螺旋机构的特点及应用

螺旋机构能将回转运动转换为直线运动，运动准确性高，且有很大的减速比和力的增益；复式螺旋可以获得较大的位移，差动螺旋可以获得微小的位移。此外，螺旋机构结构简单、制造方便、工作平稳、无噪声，选择合适的螺纹导程角可以使机构具有自锁性。它的主要缺点是机械效率较低，特别是具有自锁性的螺旋机构，其效率低于50%。因此，螺旋机构常用于起重机械、压力机械、工装夹具以及功率不大的进给系统和微调装置中。

单螺旋机构常用于台虎钳、千斤顶、螺旋压榨机、螺旋拆卸装置及金属切削机床的走刀机构等。图8-27所示的台虎钳便是单螺旋机构的应用实例。螺杆1与固定钳口3组成螺旋副 A，同时螺杆与活动钳口2组成转动副 B，活动钳口与固定钳口组成移动副 C。当转动螺杆1时，通过螺旋副的作用，将回转运动转换为直线移动，从而夹紧工件。

当螺旋机构导程角大于当量摩擦角时，可以将直线运动转换为旋转运动。在某些操纵机构、工具、玩具及武器等机构中，就利用了螺旋机构的这一特性。图8-28所示的简易手动钻就是一例，图中2为具有大导程角的螺杆，1为螺母，用手上、下推动螺母，就可使钻头3左、右旋转，从而在工件上钻出小孔。

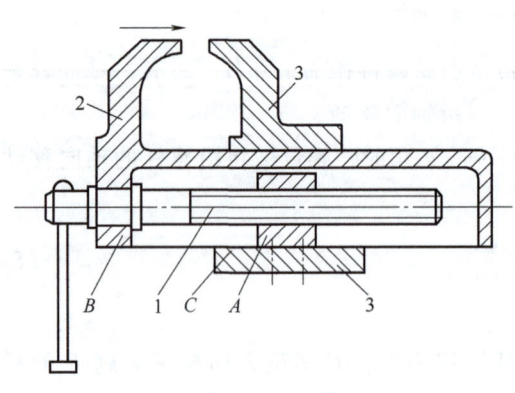

图8-27 台虎钳
1—螺杆 2—活动钳口 3—固定钳口

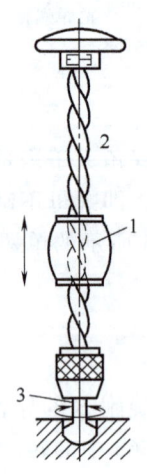

图8-28 简易手动钻
1—螺母 2—螺杆 3—钻头

差动螺旋机构常用于较精密的机械或仪器中,如测微器、分度机构及机床刀具的微调机构等。图 8-29 所示为用于镗刀调节的微动螺旋机构。其镗刀固定于螺杆上,而螺杆上的两螺旋副的旋向相同,导程 $l_A = 1.25\text{mm}$,$l_B = 1\text{mm}$,当螺杆转动一圈时,镗刀相对于镗杆的位移仅为 0.25mm,故可实现进刀量的微量调节,以保证加工精度。

复式螺旋机构常用来使两构件能很快接近或很快分开的场合,主要用于压榨机、车辆连接、台虎钳等快速进给机构中。图 8-30 所示为用于车辆连接的复式螺旋机构,它可以使车钩 E 和 F 较快地接近或分离。

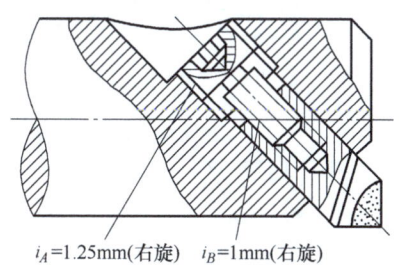

图 8-29 用于镗刀调节的微动螺旋机构

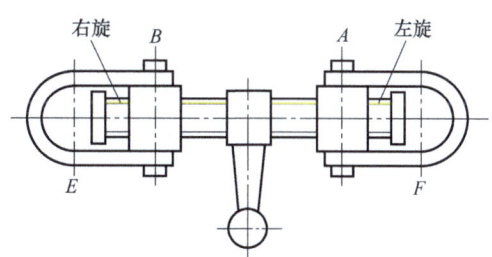

图 8-30 用于车辆连接的复式螺旋机构

8.5 万向铰链机构

万向铰链机构又称万向联轴器。它可用于传递两相交轴间的运动和动力,而且在传动过程中两轴之间的夹角可以变动。故万向铰链机构是一种常用的变角传动机构,它广泛应用于汽车、机床、冶金机械等传动系统中。万向铰链机构可分为单万向铰链机构和双万向铰链机构两大类,下面分别介绍。

8.5.1 单万向铰链机构

单万向铰链机构的结构如图 8-31 所示,它由末端各有一叉的主动轴 1、从动轴 2、十字头 3 和机架 4 组成。其中,主动轴 1 和从动轴 2 的两叉通过铰链与十字头 3 相连,组成转动副 A、B,此时十字头 3 的中心 O 与两轴轴线的交点重合,两轴之间的夹角为 α;同时,轴 1、2 又分别与机架 4 组成转动副 C、D,且转动副 A 与 C、A 与 B 及 B 与 D 的轴线分别相互垂直,并均相交于十字头 3 的中心点 O。当主动轴 1 转一圈时,带动轴 2 随之转一圈,但是两轴的瞬时传动比却并非恒等于 1,而是随时间变化的。为简单起见,现仅就其两个特殊位置加以说明。

如图 8-32a 所示,当主动轴 1 的叉面在图纸平面内时,从动轴 2 的叉面则垂直图面。设此时主动轴 1 及从动轴 2 的角速度分别为 ω_1 及 ω_2'。根据角速度矢量关系有

$$\omega_2' = \omega_1 + \omega_{21} \tag{8-7}$$

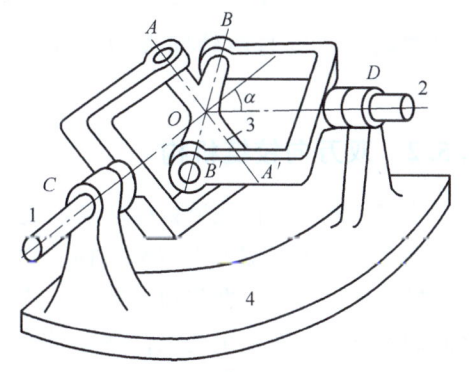

图 8-31 单万向铰链机构

1—主动轴　2—从动轴　3—十字头　4—机架

式中，ω_1 为轴 1 的角速度矢量，方向沿轴 1 的轴线；ω_2' 为轴 2 的角速度矢量，方向沿轴 2 的轴线；而 ω_{21} 为轴 2 对轴 1 的相对角速度矢量。

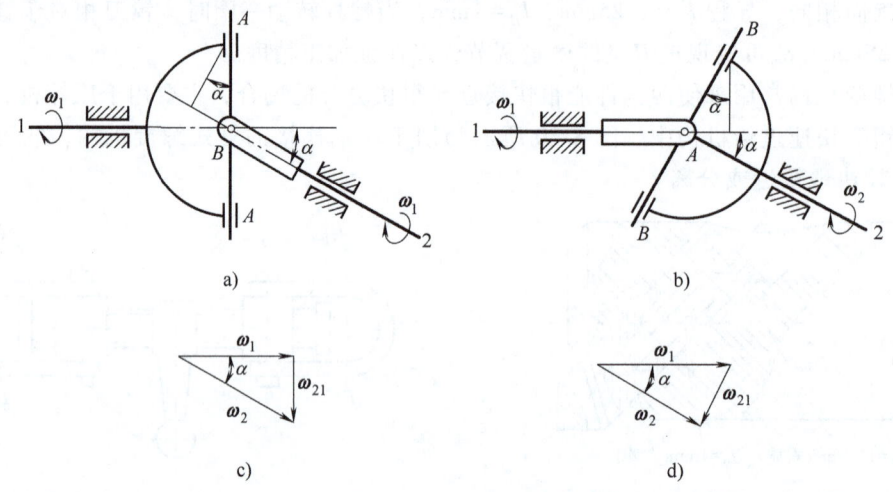

图 8-32 单万向铰链机构的运动分析

由于轴 2 对轴 1 只能绕轴 AA 及轴 BB 相对转动，故在一般位置时，ω_{21} 可分解成沿 AA 轴线及 BB 轴线的两个分量 ω_{21A} 及 ω_{21B}。而在图 8-32a 位置时，由于 ω_1、ω_2'、ω_{21A} 均在图纸平面内，仅 ω_{21B} 垂直图纸平面，故知 $\omega_{21B} = 0$，即 $\omega_{21} = \omega_{21A}$。于是，如图 8-32c 所示可以根据矢量方程作出角速度矢量图。可得

$$\omega_2' = \omega_1 / \cos\alpha \tag{8-8}$$

当两轴由图 8-32a 所示位置转过 90°到达图 8-32b 所示位置时，设主动轴 1 的角速度仍为 ω_1，而从动轴的角速度为 ω_2''。经与上述相似分析，可以根据矢量方程作出角速度矢量图，由图 8-32d 可得

$$\omega_2'' = \omega_1 \cos\alpha \tag{8-9}$$

当两轴再转过 90°而恢复到图 8-32a 所示位置时，两轴的角速度又恢复到式（8-7）所示的关系。由此可知，当主动轴 1 以角速度 ω_1 等速回转时，从动轴 2 的速度 ω_2 将在 ω_2'' 至 ω_2' 的范围内变化，即

$$\omega_1 \cos\alpha < \omega_2 < \omega_1 / \cos\alpha \tag{8-10}$$

而且变化的幅度与两轴间夹角 α 的大小有关。正因为如此，两轴夹角不能过大，一般 $\alpha \leq 30°$。

8.5.2 双万向铰链机构

为了消除单万向铰链机构从动轴变速转动的缺点，常将单万向铰链机构成对使用，如图 8-33 所示，这就是双万向铰链机构。它用一个中间轴 2 和两个单万向铰链机构将主动轴 1 和从动轴 3 连接起来。在传递运动中，若主、从动轴的相对位置发生变化，将引起两万向铰链之间的距离也相对发生变化，则中间轴须做成两部分，并用滑键连接以自动调节中间轴长度的变化。双万向铰链机构所连接的输入、输出两轴既可相交又可平行。

为使主、从动轴的角速度恒相等，即角速度比恒等于 1，必须满足下列三个条件（图 8-33）：

1) 主动轴1、从动轴3和中间轴2应位于同一平面内。

2) 主动轴与中间轴的夹角必须等于从动轴与中间轴的夹角，即 $\alpha_1 = \alpha_3$。

3) 中间轴两端的叉面必须位于同一平面内。

双万向铰链机构的优点突出：当两轴间的夹角变化时，机构不但可以继续工作，而且在满足上述三个条件时还能保证等角速比传动，因此在机械中得到了广泛的应用。图 8-34 所示为双万向铰链机构在汽车驱动系统中的应用。其中，内燃机和变速器安装在车架上，而后桥用弹簧与车架连接。在汽车行驶中，由于道路不平，使弹簧不断发生变形，致使后桥与变速器之间的相对位置不断发生变化。在变速器输出轴与后桥传动装置的输入轴之间采用双万向铰链机构，可以实现等角速比传动。

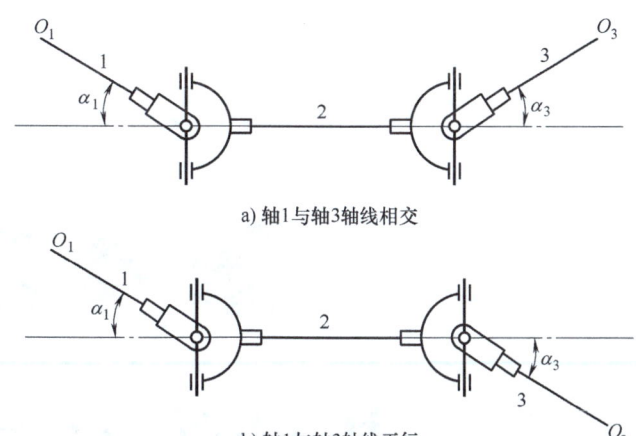

a) 轴1与轴3轴线相交

b) 轴1与轴3轴线平行

图 8-33 双万向铰链机构

除以上介绍的机构外，工程实际中，依靠中间挠性元件（带、链条、绳索等）来传递运动和动力的机构应用也非常普遍，它们分别称为带传动机构、链传动机构和绳索传动机构，主要适用于两轴中心距较大的场合。

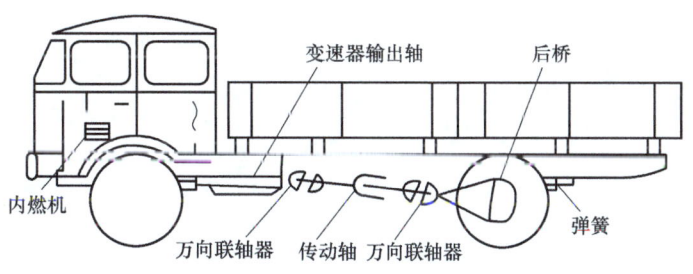

图 8-34 双万向铰链机构用于汽车驱动系统

课后习题

8-1 棘轮机构的工作原理是什么？它适用于哪些场合？

8-2 棘轮机构有哪几种类型？它们分别有什么特点？

8-3 棘轮机构除常用来实现间歇运动的功能外，还常用来实现什么功能？

8-4 槽轮机构的工作原理是什么？它适用于哪些场合？

8-5 为什么槽轮机构的运动系数 k 不能大于1？

8-6 不完全齿轮机构的工作原理是什么？它适用于哪些场合？

8-7 试分析不完全齿轮机构中一对轮齿的啮合过程。

8-8 棘轮机构、槽轮机构、不完全齿轮机构及凸轮式间歇运动机构均能使执行构件获得间歇运动，试从各自的工作特点、运动及动力性能分析它们各自的适用场合。

8-9 螺旋机构的工作原理是什么？它适用于哪些场合？

8-10 单万向联轴器有什么特点？双万向联轴器满足传动比恒为1的条件是什么？

第4篇

机械的动力设计

第 9 章　平面机构的力分析

9.1　机构力分析的目的和方法

9.1.1　作用在构件上的力

在机构的运动过程中，组成机构的各个构件上都受到力的作用。作用在构件上的力可分为驱动力、阻力、运动副反力、重力、惯性力。

（1）驱动力　凡是驱动机构产生运动的力都称为驱动力。驱动力所做的功为正值，通常称为驱动功或输入功。如推动内燃机活塞的燃气压力和加在工作机主轴上的原动机提供的外力矩都是驱动力。

（2）阻力　凡是阻止机构产生运动的力称为阻力。阻力所做的功为负值，通常称为阻抗功。阻力可分为有效阻力和有害阻力两种。

有效阻力又称为工作阻力，是与生产直接相关的阻力，所做的功称为有效功或输出功。如机床的切削阻力、起重机的负荷等都是有效阻力。

有害阻力是阻力中除有效阻力外的无效部分，所做的功称为损耗功。损耗功对生产不但无用反而有害，如齿轮机构中的摩擦力等。

（3）运动副反力　当机构受到外力作用时，在运动副中产生的反作用力称为运动副反力，简称反力。它又可分解为沿运动副两元素接触处的法向和切向两个分力。法向反力又称为正压力，由于它与运动副元素的相对运动方向垂直，因而是所有力中唯一不做功的力。切向反力即摩擦力，是由于正压力的存在而产生的阻止运动副间相对运动的力，因此是有害阻力中的主要部分（其他如介质阻力等一般很小，通常忽略不计）。凡已考虑了摩擦力的运动副反力又称为总反力。

但摩擦力和介质阻力有时也可以看成是有效阻力，甚至是驱动力。例如，磨床砂轮所克服工件的力、搅拌机叶片所克服被搅拌物质的阻力等均为有效阻力。又如，在带传动中，传动带给从动轮的摩擦力则是驱动力。

（4）重力　作用在构件质心上的地球引力即为重力。当质心下降时，它是驱动力；反之，当质心上升时，它是阻力。如果质心在水平线上移动，则它既非驱动力，也非阻力。在一个运动循环中重力所做的功为零，这是因为质心每经过一个运动循环后又回到了原来的位置。重力通常比其他各力小得多，故在很多情况下（尤其是在高速机械中）可以忽略不计。

（5）惯性力　惯性力是力学中一种虚拟加在有变速运动构件上的力。当构件加速运动时，它的惯性力是阻力；反之，当构件减速运动时，它的惯性力是驱动力。在机械正常工作的一个运动循环中，惯性力所做的功为零。低速运动机械的惯性力一般很小，可以忽略不计，但高速运动机械的惯性力则很大。惯性力对于整个机构来说是内力，但对于一个构件来说是外力，至于其他力，则均为外力。

9.1.2 机构力分析的目的和方法

机构力分析的目的有以下两个方面：

（1）确定运动副反力　运动副反力亦即运动副两元素接触处彼此作用的力。这些力的大小和性质对于计算机构各个构件的强度、确定机构中的摩擦力和机械效率以及计算运动副中的磨损、确定轴承形式等，都是极为重要且必需的资料。

（2）确定机械上的平衡力或平衡力矩　根据作用在机构上的已知外力（包括惯性力），可在维持机构按给定运动规律的条件下求解与之平衡的未知外力（驱动力或阻力）。此待求的未知外力可以以力或力矩的形式出现，分别称之为平衡力或平衡力矩。这对于确定机械工作时所需的驱动功率或能承受的最大载荷等都是必需的数据。

在对机械进行力分析时，对于低速机械，由于惯性力影响作用不大，故可忽略不计。凡不计惯性力而只考虑静载荷的条件下对机械进行的力分析称为静力分析。但对于高速及重型机械，由于其运动构件的惯性力往往很大，有时甚至大大超过其他静载荷，所以必须考虑惯性力的影响。凡同时考虑静载荷和惯性力而对机械进行的力分析称为动力分析。不过，根据理论力学中的达朗贝尔原理，此时如果将惯性力视为一般外力加在产生该惯性力的构件上，就可以将该机械视为静力平衡状态，因此可以用静力学的方法进行计算，这种动力计算称为动态静力分析。

在进行机械的动态静力分析时，需要求出各构件的惯性力。然而，如果是进行新机械的设计，在进行力分析之前，机构各构件的结构尺寸、质量和转动惯量等参数一般都尚未确定，因而无法确定其惯性力。在这种情况下，一般是先根据设计条件和经验或者在对机构进行静力分析的基础上，初步给出各构件的结构尺寸，并确定其质量和转动惯量等参数，再进行动态静力分析；然后，根据所求出的各力对各构件进行强度验算，并根据验算结果对构件的结构尺寸进行修正；最后，再视需要重复上述动态静力分析、强度验算和尺寸修正过程，直至合理地确定各构件的结构尺寸为止。

此外，在对机械进行动态静力分析时，仍假定其主动件做等速运动，而且在很多情况下可不计重力和摩擦力，以使问题简化。当然，这样的假设会产生一定的误差，但对于绝大多数实际问题的解决影响不大，因而是允许的。

9.2 构件的惯性力和惯性力矩分析

对机构进行动态静力分析时，应先确定各运动构件的惯性力和惯性力矩。

（1）做一般平面运动且具有平行于运动平面的对称面的构件　在图9-1所示的曲柄滑块机构中，构件2做一般平面运动，设 S_2 为其质心，a_{S_2} 是质心加速度，α_2 为构件的角加速度，m_2 是构件的质量，J_{S_2} 为对过质心且垂直运动平面的轴（简称质心轴）的转动惯量，

则构件的惯性力系可表达为

$$F_{I2} = -m_2 a_{S2} \tag{9-1}$$

$$M_{I2} = -J_{S2} \alpha_2 \tag{9-2}$$

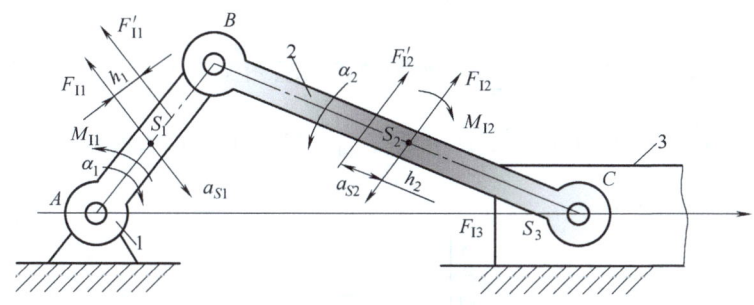

图 9-1 构件上的惯性力

式中，下标 I 代表惯性引起的力或力矩，负号表示惯性力 F_{I2} 与 a_{S2} 的方向相反、惯性力矩 M_{I2} 与 α_2 的方向相反。通常可将 F_{I2} 和 M_{I2} 合成为一个总惯性力 F'_{I2}，其距质心的距离为

$$h_2 = M_{I2}/F_{I2} \tag{9-3}$$

（2）做平面移动的构件　因移动构件的角加速度 α 为零，故只可能有惯性力。如图 9-1 所示的曲柄滑块机构中的滑块 3，若其质量为 m_3，加速度为 a_3，则惯性力 $F_{I3} = -m_3 a_3$。

（3）绕定轴转动的构件　若转轴 A 通过质心 S，因质心的加速度 a_S 为零，故只可能有惯性力矩。如图 9-1 所示的曲柄滑块机构中的曲柄 1，若转轴通过质心，其角加速度为 α_1，过质心轴的转动惯量为 J_{S1}，则惯性力矩 $M_{I1} = -J_{S1}\alpha_1$。若转轴 A 不通过质心 S 的转动件，其惯性力系包括一个惯性力矩 M_{I1} 和作用于质心的惯性力 F_{I1}，可以仿照式（9-1）和式（9-2）求得，而且同样可以把它们合成为一个总惯性力 F'_{I1}。当角加速度为零时，仅有离心惯性力存在。

例 9-1　在图 9-2 所示的双滑块机构中，已知：$x_A = 250\text{mm}$，$y_B = 200\text{mm}$，$l_{AS_2} = 128\text{mm}$，F 为驱动力，F_r 为工作阻力。$m_1 = m_3 = 2.75\text{kg}$，$m_2 = 4.95\text{kg}$，$J_{S2} = 0.012\text{kg}\cdot\text{m}^2$，且主动件 3 以等速 $v = 5\text{m/s}$ 向下移动，试确定作用在各构件上的惯性力。

解：1）运动分析。选取 $\mu_l = 0.005\text{m/mm}$，作机构运动简图如图 9-3a 所示。速度矢量方程为

$$\boldsymbol{v}_A = \boldsymbol{v}_B + \boldsymbol{v}_{AB}$$

方向：　　　//x 轴　　//y 轴　　⊥AB

大小：　　　？　　　5m/s　　　？

取 $\mu_v = \dfrac{0.04\text{m/s}}{\text{mm}}$，作速度矢量图如图 9-3b 所示，则

$$\omega_2 = \frac{v_{AB}}{l_{AB}} = \frac{\overline{ab}\mu_v}{l_{AB}} = 20\text{rad/s}，顺时针方向；\quad v_A = \overline{pa}\mu_v = 4\text{m/s}，$$

$$v_{AB} = \overline{ab}\mu_v = 6.04\text{m/s}。$$

加速度矢量方程为

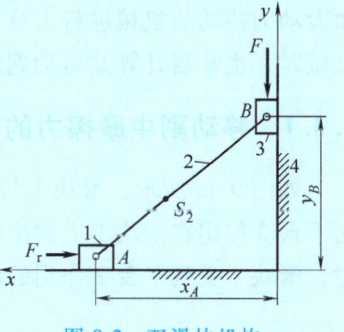

图 9-2 双滑块机构

$$a_A = a_B + a_{AB}^n + a_{AB}^t$$

方向： $//x$ 轴　　$//y$ 轴　　$A \rightarrow B$　　$\perp AB$

大小：　　?　　　　0　　　$\omega_2^2 l_{AB}$　　　?

其中，取加速度比例尺 $\mu_a = \dfrac{1\text{m/s}^2}{\text{mm}}$，作加速度矢量图如图 9-3c 所示，则 $a_A = \overline{p'a'}\mu_a = 164\text{m/s}^2$，$a_{AB}^t = \overline{n'a'}\mu_a = 102.45\text{m/s}^2$，$\alpha_2 = a_{AB}^t / l_{AB} = 320\text{rad/s}^2$。根据加速度矢量图，可求得 $a_{S2} = \overline{p'S_2'}\mu_a = 98.4\text{m/s}^2$。

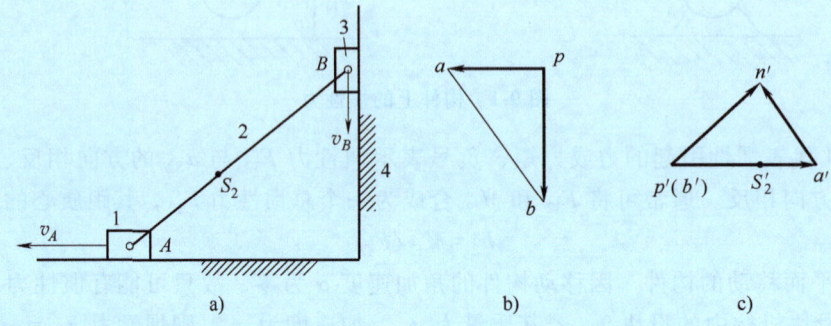

图 9-3　机构运动简图、速度矢量图、加速度矢量图

2) 确定惯性力：

$F_{I1} = m_1 a_A = -451\text{N}$，方向向左。

$F_{I2} = m_2 a_{S2} = -487.08\text{N}$，方向向右。

$M_{I2} = J_{S2} \alpha_2 = 3.84\text{N} \cdot \text{m}$，顺时针。

9.3　运动副中摩擦力的确定

在机械运动时，其各运动副两元素之间必将产生摩擦力。机构运动副中的摩擦力，对于机械工作的性能和质量，以及机械的使用寿命等都是重要的影响因素，特别是对高速、精密和大动力传动的机械进行力分析时，必须考虑其各运动副中的摩擦力。此外，在设计某些新机械时，也常需计算其运动副的摩擦力。

9.3.1　移动副中摩擦力的确定

如图 9-4a 所示，滑块 1 与水平平台 2 构成移动副。设作用在滑块 1 上的铅垂载荷为 G，而平台 2 作用在滑块 1 上的法向反力为 F_{N21}，当滑块 1 在水平力 F 的作用下等速向右移动时，滑块 1 受到平台 2 作用的摩擦力 F_{f21} 的大小为

$$F_{f21} = f F_{N21} \tag{9-4}$$

其方向与滑块 1 相对于平台 2 的相对速度 v_{12} 方向相反。式中，f 为摩擦因数。

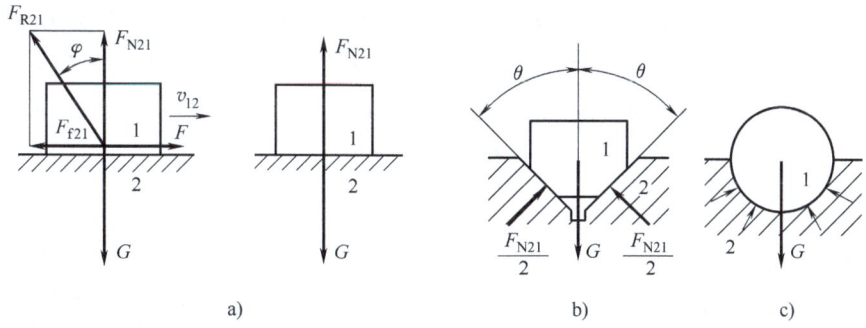

图 9-4 移动副中的摩擦

两接触面间摩擦力的大小与接触面的几何形状有关。若两构件沿单一平面接触（图 9-4a），因 $F_{N21}=G$，故 $F_{f21}=fG$；若两构件沿一槽形角为 2θ 的槽面接触（图 9-4b），因 $F_{N21}=G/\sin\theta$，故 $F_{f21}=fG/\sin\theta$；若两构件沿一半圆柱面接触（图 9-4c），因其接触面各点处的法向反力均沿径向，故法向反力的数量总和可表示为 kG。这时 $F_{f21}=fkG$，其中 k 为与接触面接触情况有关的系数，取 $k=1\sim\pi/2$。

为了简化计算，统一计算公式，不论移动副元素的几何形状如何，现均将其摩擦力的计算式表达为如下形式

$$F_{f21}=fF_{N21}=f_v G \tag{9-5}$$

式中，f_v 为当量摩擦因数。当移动副两元素为单一平面接触时，$f_v=f$；为槽面接触时，$f_v=f/\sin\theta$；为半圆柱面接触时，$f_v=kf$（$k=1\sim\pi/2$）。因此，在计算移动副中的摩擦力时，不管移动副两元素的几何形状如何，只要在式（9-5）中引入相应的当量摩擦因数即可。

运动副中的法向反力和摩擦力的合力称为运动副中的总反力。如图 9-4a 所示，平台 2 作用在滑块 1 上的总反力以 F_{R21} 表示，总反力与法向反力之间的夹角 φ 为摩擦角，其大小为

$$\varphi=\arctan f$$

移动副中总反力的方向可按如下方法确定：

1）总反力与法向反力偏斜一摩擦角 φ。

2）总反力 F_{R21} 与法向反力偏斜的方向与构件 1 相对于构件 2 的相对速度 v_{12} 的方向相反。

在总反力方向确定之后，即可对机构进行力分析。

例 9-2 图 9-5a 所示为一斜面机构，滑块 1 与升角为 α 的固定斜面 2 组成移动副。设此移动副的摩擦角为 φ，作用在滑块 1 上的铅垂载荷为 G，现需求使滑块 1 沿斜面 2 等速上升（通常称此行程为正行程）时和沿斜面 2 保持等速下滑（即为反行程）时所需加的水平平衡力 F。

解： 当滑块 1 沿斜面 2 等速上升（正行程）时，滑块 1 上的载荷 G 为阻抗力，其上所需加的水平平衡力 F 则为驱动力。考虑摩擦时的力分析为：先作出总反力 F_{R21} 的方向（图 9-5a），再根据滑块的力平衡条件作力三角形（图 9-5b），便不难求得所需的水平驱动力为

$$F=G\tan(\alpha+\varphi) \tag{9-6}$$

当滑块 1 沿斜面 2 等速下滑（反行程，见图 9-6a）时，滑块 1 的载荷 G 为驱动力，显然其上所需加的水平平衡力与正行程时不同，设以 F' 表示。作出总反力 F'_{R21} 的方向后，根据滑块力平衡条件作力三角形（图 9-6b），即可求得要保持滑块 1 等速下滑的平衡力为

$$F' = G\tan(\alpha - \varphi) \tag{9-7}$$

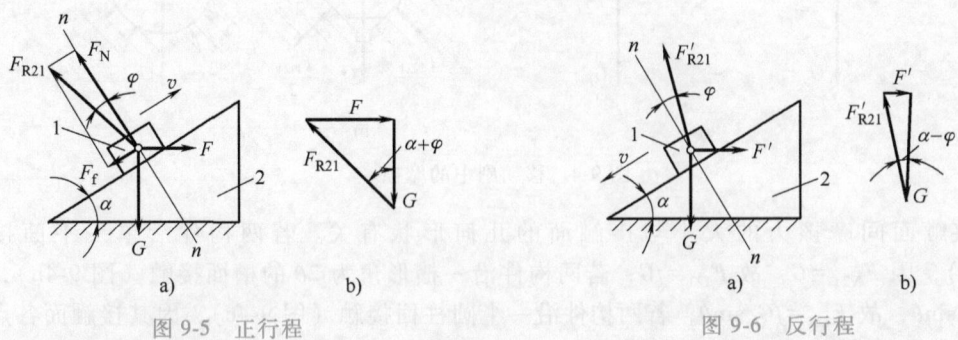

图 9-5　正行程　　　　　　　　　　图 9-6　反行程

这里应当注意的是，在反行程中 G 为驱动力，当 $\alpha > \varphi$ 时，F' 为正值，是阻止滑块 1 加速下滑的阻抗力；若 $\alpha < \varphi$ 时，F' 为负值，其方向与图示方向相反，F' 为驱动力，其作用是促使滑块 1 沿斜面 2 等速下滑。

此外，由式（9-6）、式（9-7）不难看出，正反行程平衡力的计算仅摩擦角前的正负号不同，因而当已知正（反）行程的平衡力计算式时，只需改变摩擦角前的正负号，就可求得反（正）行程平衡力的计算式。

例 9-3　如图 9-7a 所示，螺母 1 和螺杆 2 组成矩形螺纹的螺旋副，其中升角为 α。设此螺旋副的摩擦角为 φ，作用在螺母 1 上的轴向载荷为 G，现需求拧紧螺母（螺母旋转并逆着其所受到的轴向力方向等速运动，即正行程）时和放松螺母（即螺母反行程）时其上需加的平衡力矩 M。

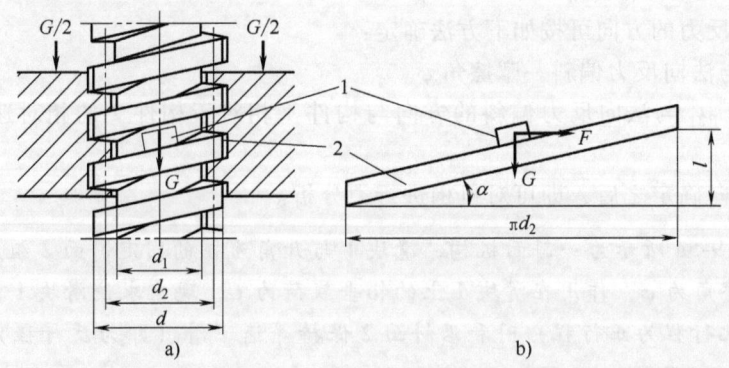

图 9-7　矩形螺纹螺旋副

解： 由于螺杆 2 的螺纹可以设想是由一斜面卷绕在圆柱体上形成的，故螺母 1 和螺杆 2 螺纹之间的相互作用关系，可以简化为滑块 1 沿斜面 2 滑动的关系（图 9-7b），所以加一力矩 M 等速拧紧螺母就相当于在滑块 1 上加一水平力 F 使其沿斜面 2 等速向上滑动。故由前文可知 $F = G\tan(\alpha + \varphi)$，式中 F 力为作用在螺纹的中径（以 d_2 表示）上的圆周力，

且为驱动力。故拧紧螺母时所需的平衡力矩为驱动力矩，即

$$M = Fd_2/2 = Gd_2\tan(\alpha+\varphi)/2 \tag{9-8}$$

而等速放松螺母时所需的平衡力矩则为

$$M' = Gd_2\tan(\alpha-\varphi)/2 \tag{9-9}$$

当 $\alpha > \varphi$ 时，M' 为正值，是阻止螺母加速松退的阻力矩；当 $\alpha < \varphi$ 时，M' 为负值，即 M' 反向，M' 成为放松螺母所需的驱动力矩。

如果螺旋副的螺纹不是矩形螺纹，而为三角形（普通）螺纹（图9-8）或半圆形螺纹等其他形式螺纹时，则可利用当量摩擦因数的概念，只需引入相应的当量摩擦因数 f_v 和相应的当量摩擦角 $\varphi_v = \arctan f_v$ [如对于三角形螺纹，$f_v = f/\sin(90°-\beta) = f/\cos\beta$（$\beta$ 为螺纹工作面的牙型斜角），而 $\varphi_v = \arctan f_v$] 就可直接引用式（9-8）及式（9-9）进行计算，即拧紧和放松螺母所需的力矩分别为

$$M = Gd_2\tan(\alpha+\varphi_v)/2 \tag{9-10}$$

$$M' = Gd_2\tan(\alpha-\varphi_v)/2 \tag{9-11}$$

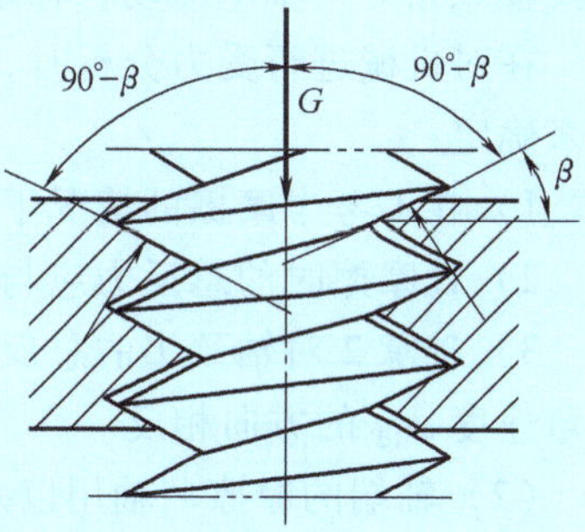

图 9-8 普通螺纹螺旋副

显然，上述两式中对于不同螺纹牙型的螺纹应代入不同的当量摩擦角 φ_v。

9.3.2 转动副中摩擦力的确定

（1）轴颈的摩擦　机器中所有的转动轴都要轴承支承，轴放在轴承中的部分称为轴颈（图9-9），轴颈与轴承构成转动副。当轴颈在轴承中回转时，必将产生摩擦力。下面就来讨论如何计算这个摩擦力对轴颈所形成的摩擦力矩以及在考虑摩擦时转动副中总反力方位的确定方法。

如图9-10所示，设受到径向载荷 G 作用的轴颈1在驱动力偶矩 M_d 的作用下，在轴承2中等速转动。此时，转动副两元素间必将产生摩擦力。如前所述，轴承2对轴颈1的摩擦力 $F_{f21} = f_v G$，式中，$f_v = (1 \sim \pi/2)f$（对于配合紧密且未经磨合的转动副，f_v 取较大值；而对于有较大间隙的转动副，f_v 取较小值）。摩擦力 F_{f21} 对轴颈的摩擦力矩为

$$M = F_{f21}r = f_v Gr$$

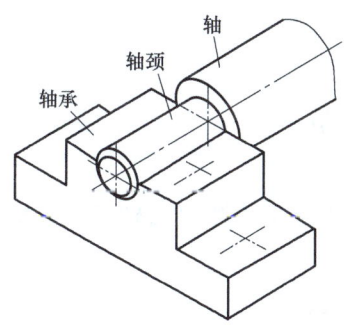

图 9-9 轴颈及轴承

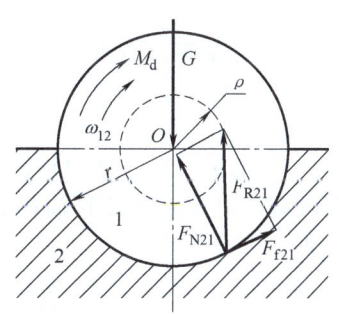

图 9-10 轴颈的摩擦

又如图 9-10 所示，如将作用在轴颈 1 上的法向反力 F_{N21} 和摩擦力 F_{f21} 用总反力 F_{R21} 来表示，则根据轴颈 1 的受力平衡条件可得 $G=-F_{R21}$，而 $M_d=-F_{R21}\rho=-M_f$，故

$$M_f = f_v Gr = F_{R21}\rho \tag{9-12}$$

$$\rho = f_v r \tag{9-13}$$

对于一个具体的轴颈，由于 f_v 及 r 均为定值，故 ρ 为固定长度。以轴颈中心 O 为圆心，以 ρ 为半径作圆（如图中虚线小圆），称其为摩擦圆，ρ 称为摩擦圆半径。由图 9-10 可知，只要轴颈相对于轴承滑动，轴承对轴颈的总反力 F_{R21} 将始终切于摩擦圆。

在对机械进行受力分析时，需要求出转动副中的总反力，而总反力的方位可根据如下三点来确定：

1）在不考虑摩擦的情况下，根据力的平衡条件，确定不计摩擦力时总反力的方向。

2）计摩擦时的总反力应与摩擦圆相切。

3）轴承 2 对轴颈 1 的总反力 F_{R21} 对轴颈中心之矩的方向必与轴颈 1 相对于轴承 2 的相对角速度 ω_{12} 的方向相反。

（2）轴端的摩擦　轴用以承受轴向力的部分称为轴端（图 9-11a）。当轴端 1 在推力轴承 2 上旋转时，两者接触面间也将产生摩擦力。摩擦力对轴 1 的回转轴线之矩即为摩擦力矩 M_f。

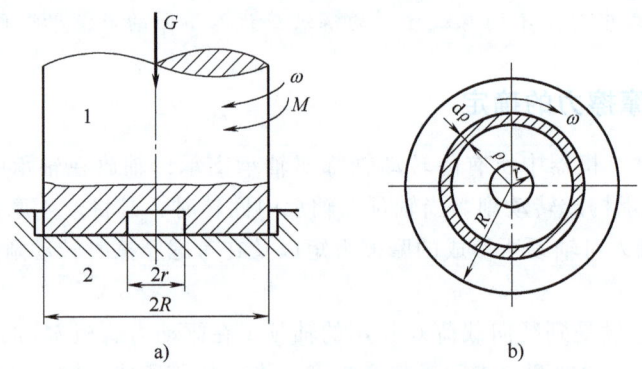

图 9-11　轴端的摩擦

如图 9-11b 所示，从轴端接触面上取出环形微面积 $dS=2\pi\rho d\rho$，设 dS 上的压强 p 为常数，则环形微面积上所受的正压力为 $dF_N=pdS$，摩擦力为 $dF_f=fdF_N=fpdS$，对回转轴线的摩擦力矩 dM_f 为

$$dM_f = \rho dF_f = \rho f p dS$$

轴端所受的总摩擦力矩 M_f 为

$$M_f = \int_r^R \rho f p dS = 2\pi f \int_r^R p\rho^2 d\rho \tag{9-14}$$

式（9-14）的解可分下述两种情况来讨论。

1）新轴端。对于新制成的轴端和轴承，或很少相对运动的轴端和轴承，这时可假定 $p=$ 常数，则

$$M_f = \frac{2}{3} fG(R^3-r^3)/(R^2-r^2) \tag{9-15}$$

2）磨合轴端。轴端经过一段时间的工作后，称为磨合轴端。由于磨损的关系，这时轴

端与轴承接触面各处的压强已不能再假定为处处相等，而较符合实际的假设是轴端和轴承接触面间处处同等磨损，即近似符合 $p\rho$ = 常数的规律。于是，由式（9-15）可得

$$M_f = fG(R+r)/2 \qquad (9-16)$$

根据 $p\rho$ = 常数的关系可知，在轴端中心部分的压强非常大，极易压溃，故对于载荷较大的轴端常做成空心的。

9.3.3 平面高副中摩擦力的确定

平面高副两元素之间的相对运动通常是滚动兼滑动，故有滚动摩擦力和滑动摩擦力。不过，由于前者一般较后者小得多，所以在对机构进行力分析时，一般只考虑滑动摩擦力。如图 9-12 所示，其总反力 F_{R21} 的方向的确定方法与移动副相同。

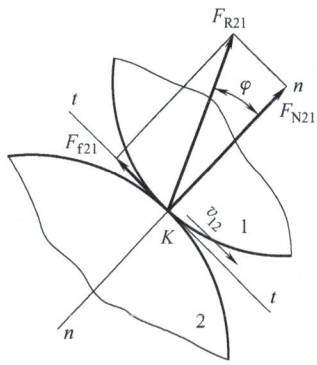

图 9-12 平面高副中的摩擦

9.4 考虑摩擦时机构的受力分析

根据机械工作的不同要求，机构的力分析可能有三种不同的情况：①考虑运动副中的摩擦而不计构件惯性力时机构的力分析；②不考虑摩擦但计及构件惯性力时机构的力分析；③既考虑运动副中的摩擦又需计及构件惯性力时机构的力分析。本节将只介绍前两种情况时机构力分析的方法。至于第三种情况下机构的力分析，可综合运用前两种情况机构力分析的方法来处理。此处将首先介绍第一种情况下机构力分析的方法。

考虑摩擦时进行机构的力分析，当然要首先确定机构各运动副中的摩擦力，以便于进行机构的力分析，求解运动副中的总反力。

例 9-4 图 9-13a 所示为一曲柄滑块机构，设已知各构件的尺寸（包括转动副的半径 r）、接触状况系数 k、各运动副中的摩擦因数 f，曲柄 1 为主动件，在力矩 M_1 的作用下沿 ω_1 方向转动，试用图解法求各运动副中总反力方向线的位置（各构件的重力及惯性力均忽略不计）和需加在滑块 3 上的平衡力 F_r。

解： 先根据已知条件确定转动副的摩擦圆半径 $\rho = kfr$ 和移动副的摩擦角 $\varphi = \arctan f$，并作出各转动副中的摩擦圆（如图中虚线小圆所示），然后再用前述方法确定出各运动副处总反力的方位。

在不计摩擦时，各转动副中的反力应通过轴颈中心。因 M_1 的方向与 ω_1 相同，故力矩 M_1 为驱动力矩。从机构的运动情况知，构件 2 受压力。又因不计其惯性力和重力，故构件 2 为二力杆。即构件 2 在两力 F'_{R12}、F'_{R32}（图中虚线所示）的作用下处于平衡，所以两力应大小相等、方向相反，并作用在同一条直线 BC 上。

在计及摩擦时，总反力应切于摩擦圆，在转动副 B 处，因构件 2、1 之间的夹角 γ 在逐渐增大，它们的相对角速度 ω_{21} 沿逆时针方向，又因总反力 F_{R12} 对转动副 B 点之矩方向应与相对角速度 ω_{21} 方向相反，故 F_{R12} 应切于此处摩擦圆上方；在转动副 C 处，因构

件 2、3 之间的夹角 β 在逐渐减小，相对角速度 ω_{23} 也沿逆时针方向，总反力 F_{R32} 对转动副 C 点之矩方向应与相对角速度 ω_{23} 方向相反，故知 F_{R32} 应切于此处摩擦圆下方。此时构件 2 仅受 F_{R12} 和 F_{R32} 的作用仍处于平衡，故此二力应共线，即计及摩擦时其作用线应同时切于 B 处摩擦圆的上方和 C 处摩擦圆的下方（图 9-13a）。

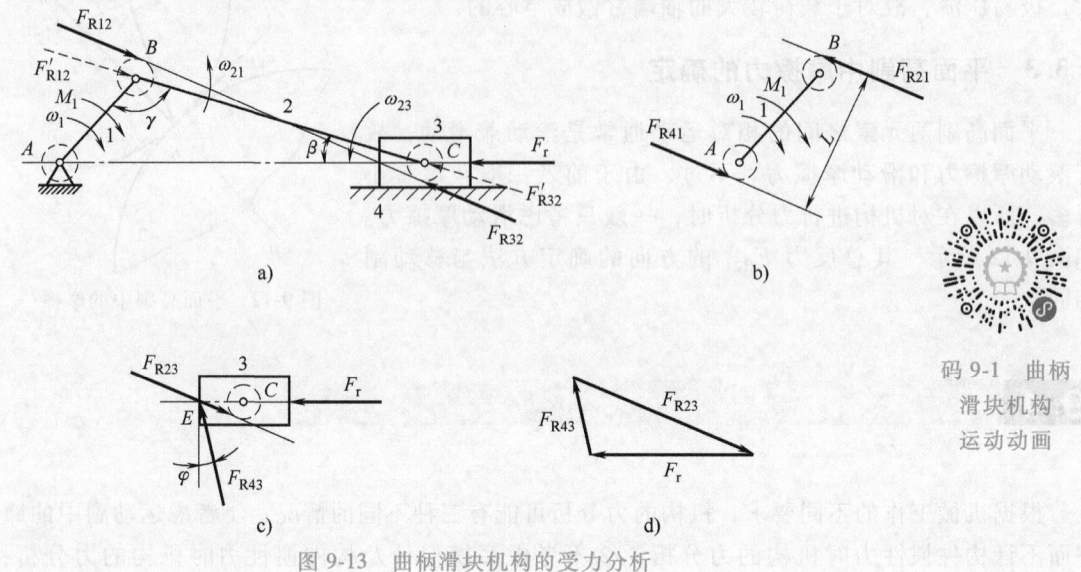

图 9-13 曲柄滑块机构的受力分析

取曲柄 1 为分离体（图 9-13b），则曲柄 1 应在 F_{R21}、F_{R41} 及驱动力矩 M_1 的作用下平衡。根据力平衡条件知 $F_{R41} = -F_{R21}$ 又因 $\omega_{14} = \omega_1$ 为顺时针方向，故 F_{R41} 应与 F_{R21} 平行且对点 A 之矩方向与 ω_1 方向相反，应切于点 A 处摩擦圆的下方。

取滑块 3 为分离体（图 9-13c），其上作用有 F_r、F_{R23} 及 F_{R43} 三个矢量力，且此三力汇于一点。故移动副中的总反力 F_{R43} 的方位线除与 v_{34} 的方向成 $90°+\varphi$ 角外，应汇交于力 F_r 与 F_{R23} 两力的交点 E 处。

最后，取曲柄 1 的力矩平衡，得
$$F_{R21} = M_1/L$$

式中，L 为力 F_{R21} 和 F_{R41} 之间的力臂。

再由滑块 3 的平衡条件，得
$$F_r + F_{R23} + F_{R43} = 0$$

作其力三角形（图 9-13d），可求出反力 F_{R43} 及平衡力 F_r。因 F_r 的方向与 v_{34} 相反，故该平衡力为阻抗力。

9.5 机械的效率与自锁

9.5.1 机械的效率

在机械系统中，输出功 W_r 与输入功 W_d 之比称为机械效率，它反映了输入功在机械系

统中的有效利用程度，通常用 η 表示，即

$$\eta = \frac{W_r}{W_d} = \frac{W_d - W_f}{W_d} = 1 - \frac{W_f}{W_d} \tag{9-17}$$

式中，W_f 为损耗功。

若将式（9-17）除以时间 t，则得到以功率表示的机械效率公式，即

$$\eta = \frac{P_r}{P_d} = \frac{P_d - P_f}{P_d} = 1 - \frac{P_f}{P_d} \tag{9-18}$$

机械效率也可以用力或力矩来表示。图 9-14 所示为一简单机械，输入端在力 F 作用下，以速度 v_F 转动，输出端克服载荷 F_1 以速度 v_P 转动，则可列出效率公式为

$$\eta = P_r / P_d = F_1 v_P / (F v_F) \tag{9-19}$$

当不考虑摩擦时，有

$$\eta = F_1 v_P / (F_0 v_F) = 1 \tag{9-20}$$

即

$$F_1 v_P = F_0 v_F$$

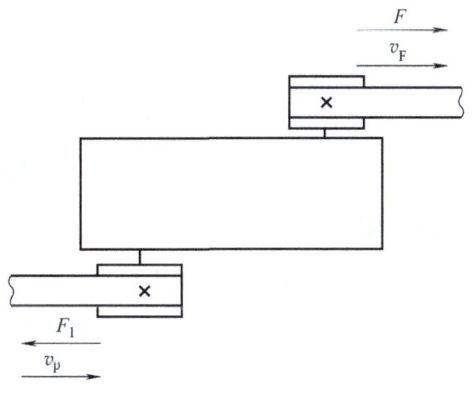

图 9-14 效率分析

将式（9-20）代入式（9-19）可得

$$\eta = F_1 v_P / (F v_F) = F_0 v_F / (F v_F) = F_0 / F$$

$$\eta = F_0 / F = M_0 / M \tag{9-21}$$

式中，F_0 为理想驱动力；M_0 为理想驱动力矩。

由式（9-21）可知

$$\eta = \frac{理想驱动力}{实际驱动力} = \frac{理想驱动力矩}{实际驱动力矩}$$

由此式可知，斜面摩擦或螺纹摩擦的效率为：

1) 上行：有摩擦时

$$F = G\tan(\alpha + \varphi)$$

无摩擦时，即 $\varphi = 0$，此时 $F_0 = G\tan\alpha$，则

$$\eta = F_0 / F = \tan\alpha / \tan(\alpha + \varphi)$$

2) 下行：G 是动力，有摩擦时，由 $F = G\tan(\alpha - \varphi)$ 得

$$G = F / \tan(\alpha - \varphi)$$

无摩擦时，$G_0 = F / \tan\alpha$，则

$$\eta = G_0 / G = \tan(\alpha - \varphi) / \tan\alpha$$

上述机械效率及计算主要是指一个机构或一台机器的效率。对于由许多机构或机器组成的机械系统的机械效率及其计算，可以根据组成系统的各机构或机器的效率计算求得。若干机构或机器连接组合的方式一般有串联、并联和混联 3 种，故机械系统的机械效率也有相应的 3 种不同计算方法。

1. 串联

如图 9-15 所示，设有 k 台单机依次串联组成一个机组，其各台单机的功率分别为 P_1、P_2、P_k 效率分别为 η_1、η_2、$\cdots$、η_k，则整个机组的总效率应为

$$\eta = \frac{P_k}{P_d}$$

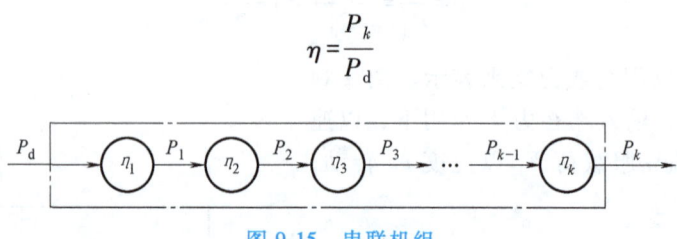

图 9-15　串联机组

因为各台单机依次串联，所以前一台单机的输出功率即为后一台单机的输入功率。

由此，上式可改写为如下形式

$$\eta = \frac{P_1 P_2 P_3}{P_d P_1 P_2} \cdots \frac{P_k}{P_{k-1}} = \eta_1 \eta_2 \eta_3 \cdots \eta_k \tag{9-22}$$

由式（9-22）可知，由于任一台机器的效率都小于 1，所以串联机组的总效率 η 必小于其中任何一台单机的效率，且组成机组的机器数目越多，其总效率将越低。因此，在组成串联机组时，其单机的数目不宜过多，而且各台单机的效率也不要相差得太悬殊，否则机组的总效率将很低。

2. 并联

如图 9-16 所示，设有 k 台单机相互并联组成机组。此时，对于整个机组而言，总的输入功率为

$$P_d = P_1 + P_2 + P_3 + \cdots + P_k$$

总的输出功率为

$$P_r = P_1' + P_2' + P_3' + \cdots + P_k' = \eta_1 P_1 + \eta_2 P_2 + \eta_3 P_3 + \cdots + \eta_k P_k$$

故并联机组的总效率可表达为

$$\eta = \frac{P_r}{P_d} = \frac{\eta_1 P_1 + \eta_2 P_2 + \eta_3 P_3 + \cdots + \eta_k P_k}{P_1 + P_2 + P_3 + \cdots + P_k} \tag{9-23}$$

式（9-23）表明，并联机组总效率 η 不仅与各单机的效率有关，而且还与总的输入功率如何分配有关。设在各单机中效率最高者和最低者的效率分别为 η_{max} 和 η_{min}，则有 $\eta_{min} < \eta < \eta_{max}$。而如果各个单机的效率均相等，则不论单机的数目有多少以及输入功率如何分配，机组的总效率总等于单机的效率。由式（9-23）也可以看出，要提高并联机组的效率，应着重提高传递功率大的传动线路的效率。

3. 混联

图 9-17 所示为既有串联又有并联的混联机组。其总效率的求法因组合的方法不同而异，可先将输入功率至输出功率的路线弄清，然后分别按串联、并联效率计算公式［式（9-22）和式（9-23）］计算，最后导出混联机组总效率计算公式。

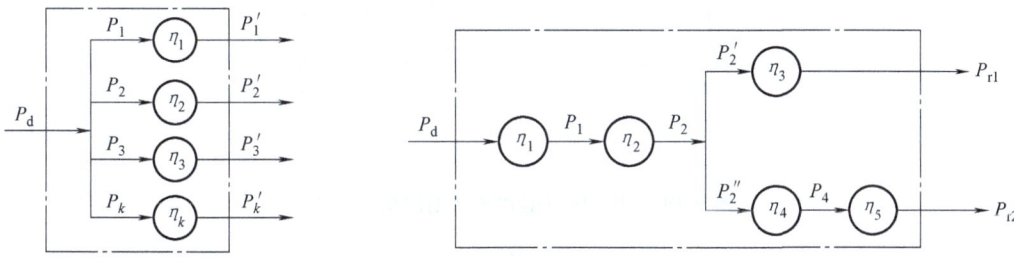

图 9-16　并联机组　　　　　　　图 9-17　混联机组

9.5.2　机械的自锁

在实际机械中，由于摩擦的存在，会出现无论施加多大的驱动力，都不能使机械沿驱动力方向产生运动的现象，这种现象称为机械的自锁。

自锁现象在机械工程中具有十分重要的意义。一方面，机械应在某方向上具有自锁特性，以满足生产及安全的要求。如图 9-18 所示，螺旋千斤顶在驱动力矩 $M_d = PL$ 作用下，升起重物（重力为 Q）；当驱动力矩 M_d 去掉后，在重物的重力 Q 作用下，螺旋千斤顶不能松退，即重物不能下降，此时螺旋千斤顶具有反行程自锁性能，以保证正常工作和安全。另一方面，为使机械能实现预期的运动，设计机械时必须避免自锁现象的发生。为此，必须对机械发生自锁的原因和自锁条件进行研究，以便消除和利用自锁现象。

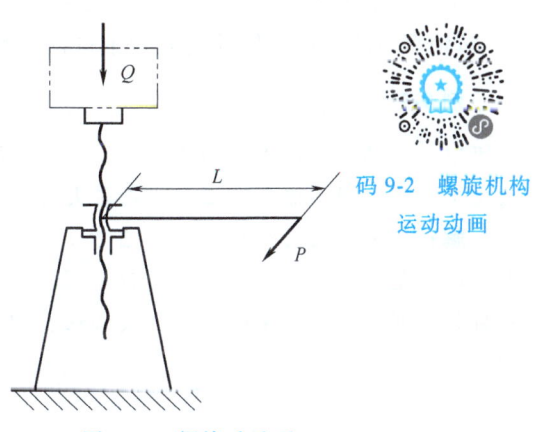

码 9-2　螺旋机构运动动画

图 9-18　螺旋千斤顶

1. 单一运动副的自锁

图 9-19a、b 所示为单一移动副和转动副的受力状态。在图 9-19a 中，当作用在滑块 1 上的驱动力 P 的作用线位于图示摩擦角 φ 之内，即 $\beta < \varphi$ 时，其水平方向的有效驱动力为 P_t，其值为

$$P_t = P\sin\beta = P_n\tan\beta \tag{9-24}$$

而铅垂方向分力 P_n 将使移动副中产生摩擦力阻止滑块 1 运动。若不计滑块自重，法向反力 $N_{21} = -P_n$，这时移动副中能产生的最大摩擦力为

$$F_{max} = N_{21}\tan\varphi = P_n\tan\varphi \tag{9-25}$$

联立式（9-24）和式（9-25），并且当 $\beta \leq \varphi$ 时，有

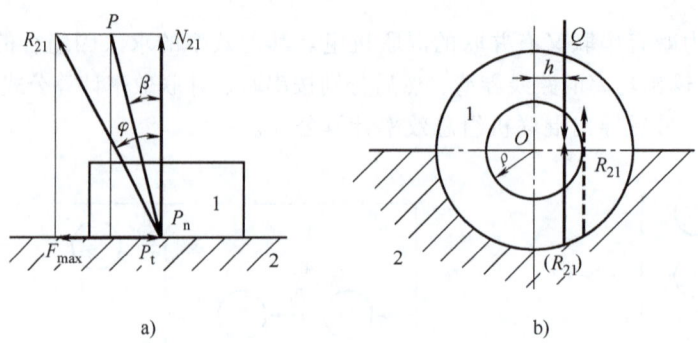

图 9-19 单一移动副和转动副的受力状态

$$P_t \leq F_{max} \tag{9-26}$$

式（9-26）说明，当驱动力 P 的作用线在摩擦角之内，即 $\beta \leq \varphi$ 时，若原来滑块静止，则无论驱动力 P 如何增大，其有效分力 P_t 总小于 P 本身引起的最大摩擦力 F_{max}，滑块 1 总不能运动，于是移动副发生了自锁，自锁条件即为 $\beta \leq \varphi$。

在图 9-19b 中，当合外力 Q 作用线位于摩擦圆之内或与摩擦圆相切时，$h \leq \rho$，驱动力矩 $M_d = Qh$ 总是小于或等于 Q 引起的最大摩擦力矩 $M_f = R_{21}\rho$，若原来转轴静止，则不论 Q 力多大，转轴都不能转动，转动副即发生自锁，其自锁条件为 $h \leq \rho$。

例 9-5 如图 9-20 所示，偏心夹具的 O 点为偏心圆盘 1 的回转中心，A 为偏心圆盘的几何中心。偏心圆盘外径为 D，偏心距 $e = \overline{OA}$，偏心圆盘轴颈的摩擦圆半径为 ρ，偏心圆盘与工件 2 之间摩擦角为 φ。试求当夹具反行程自锁时的楔紧角 α。

解：根据上述的分析可知，当力 P 去掉后，偏心圆盘有沿逆时针方向（反行程）松退的运动趋势，由此可确定出运动副反力 R 的方位，如图 9-20 所示。要使偏心夹具反行程自锁，则 R_{21} 应与摩擦圆相割或相切，即应满足如下的自锁条件：

$$s - s_1 \leq \rho$$

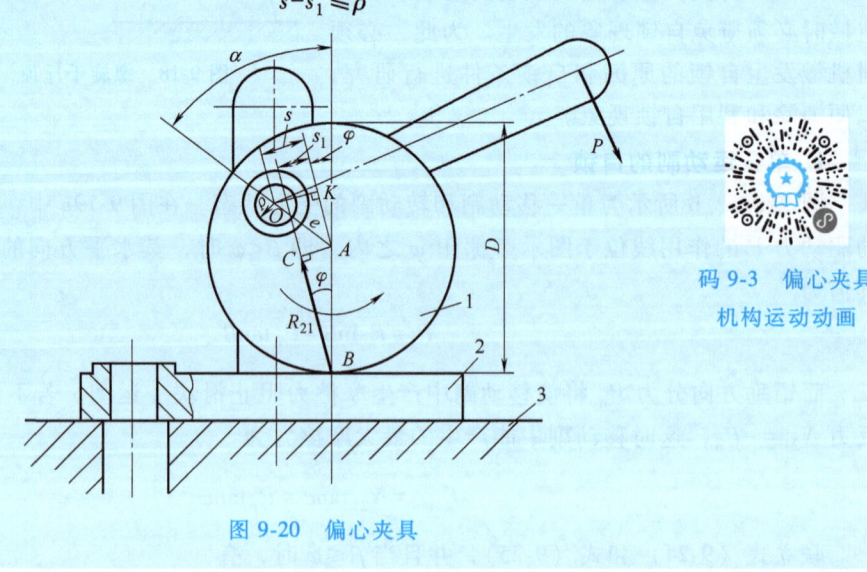

图 9-20 偏心夹具

码 9-3 偏心夹具机构运动动画

由直角三角形 △ABC 可求得 s_1 为

$$s_1 = \overline{AC} = \frac{D}{2}\sin\varphi$$

又由直角三角形 △OAK 可求得 s 为

$$s = \overline{OK} = e\sin(\alpha - \varphi)$$

由以上三式可得

$$e\sin(\alpha - \varphi) - \frac{D}{2}\sin\varphi \leqslant \rho$$

即

$$\alpha \leqslant \arcsin\left(\frac{\rho + \frac{D}{2}\sin\varphi}{e}\right) + \varphi$$

2. 机械的自锁

以上从单一运动副受力的角度分析了自锁现象，分析方法比较简单。下面讨论含有多个运动副的机械自锁问题，从机械效率的角度来研究分析其自锁现象的本质。机械自锁意味着无论多大的驱动力都不能使机械产生运动，即此时机械不能输出功，输入功全部转变为损耗功，根据效率的定义，可得到普遍意义的机械自锁条件为机械效率小于或等于零，即

$$\eta \leqslant 0 \tag{9-27}$$

利用式（9-27）可分析研究机械是否自锁及发生自锁的条件。

例 9-6 如图 9-21a 所示，斜面压榨机在力 P 作用下将物体 4 压紧（图中力 P 未画出），力 Q 为被压榨物体 4 对滑块 3 的反作用力。求当力 P 去掉后，机构反行程自锁的条件（如接触面间的摩擦因数均为 f）。

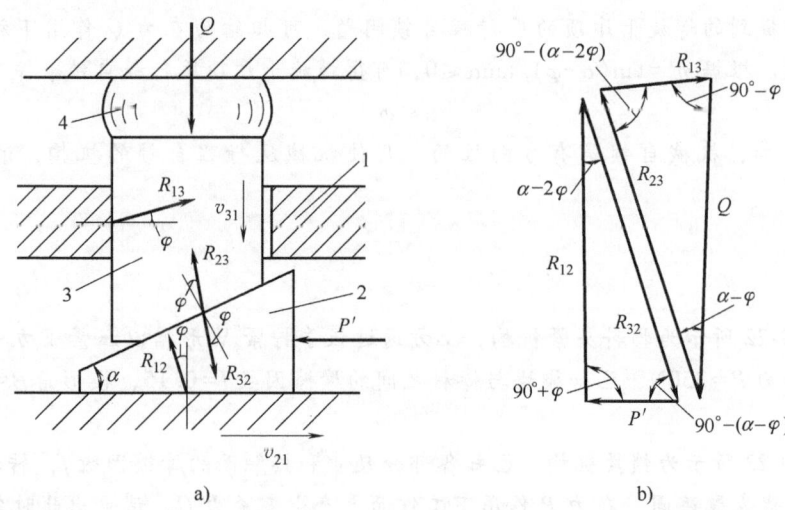

图 9-21 斜面压榨机

解：在正行程时，力 P 为驱动力，通过滑块 2 推动滑块 3 上移压紧物体 4，力 Q 为生产阻力。当力 P 去掉后，在力 Q 的作用下，有驱使滑块 2、3 反向移动而松退的趋势，所

以反行程时力 Q 为驱动力。为求得反行程的效率 η'，现假设反行程时机械不自锁，并设 P' 为保证反行程匀速松退时应加上的水平阻力。由此可确定出反行程时各运动副反力的方位，如图 9-21a 所示。研究滑块 2、3，可分别得力平衡方程式

$$P'+R_{12}+R_{32}=0$$

$$Q+R_{13}+R_{23}=0$$

由此作出两个力封闭多边形，如图 9-21b 所示。由正弦定理可得

$$\frac{P'}{\sin(\alpha-2\varphi)}=\frac{R_{32}}{\sin(90°+\varphi)}$$

$$\frac{Q}{\sin[90°-(\alpha-2\varphi)]}=\frac{R_{23}}{\sin(90°-\varphi)}$$

又由于 $R_{23}=R_{32}$，可求得反行程时的驱动力为

$$Q=P'\cot(\alpha-2\varphi)$$

其理想驱动力（$\varphi=0$）为

$$Q_0=P'\cot\alpha$$

该机械反行程时的效率为

$$\eta'=\frac{Q_0}{Q}=\frac{\tan(\alpha-2\varphi)}{\tan\alpha}$$

若使机械反行程自锁，则应有

$$\eta'\leqslant 0$$

由此可得反行程自锁的几何条件为

$$\alpha\leqslant 2\varphi$$

对于前面提到的螺旋千斤顶的反行程自锁问题，可归结为在力 Q 作用下放松螺母过程的自锁问题。根据 $\eta'=\tan(\alpha-\varphi)/\tan\alpha\leqslant 0$，可得螺旋千斤顶反行程自锁条件为

$$\alpha\leqslant\varphi$$

由上述可知，机械自锁是有方向性的。凡使机械反行程自锁的机构，通称为自锁机构。

课后习题

9-1 图 9-22 所示为物料夹紧机构，上方通过扳手拧紧 V 形槽以压紧下方棒料，现棒料受到的轴向力 $P=350\text{N}$，已知楔块与棒料之间的摩擦因数 $f=0.15$，楔形角 $\beta=60°$，求 Q 的大小。

9-2 图 9-23 所示为锁紧机构，已知各部分尺寸和接触面的摩擦因数 f，转动副 A、B、C 处的虚线圆代表摩擦圆。在力 P 作用下工作面上产生夹紧力 Q。试画出此时各运动副中的总反力作用线位置和方向（不考虑各构件的质量和转动惯量）。

9-3 如图 9-24 所示的机组是一电动机经带传动、减速器带动两个工作机 A 和 B。已知两个工作机的输出功率和效率分别为 $P_A=2\text{kW}$，$\eta_A=0.8$；$P_B=3\text{kW}$，$\eta_B=0.7$，每对齿

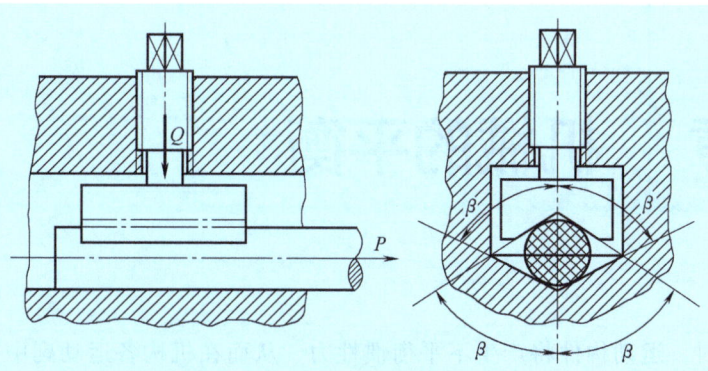

图 9-22　题 9-1 图

轮传动的效率 $\eta_1=0.95$，每个支承的效率 $\eta_2=0.98$，带传动的效率 $\eta_3=0.9$。求电动机的功率和机组的效率。

9-4　图 9-25 所示为一焊接用楔形夹具，利用这个夹具把要焊接的工件预先夹紧，以便焊接，图中构件 2 为夹具，构件 3 为楔块，若已知各接触面间的摩擦因数均为 f，试确定此夹具的自锁条件。

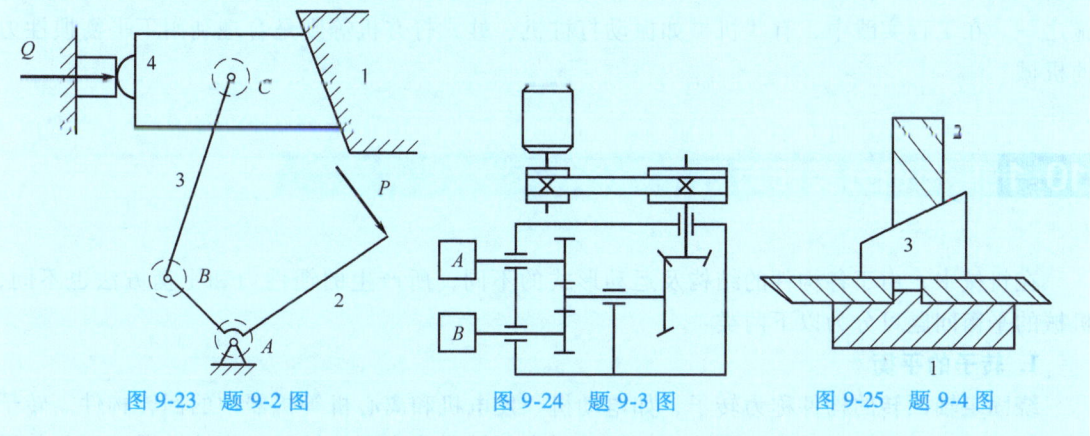

图 9-23　题 9-2 图　　　　图 9-24　题 9-3 图　　　　图 9-25　题 9-4 图

第 10 章　机械的平衡

机械在运转时，运动构件将产生不平衡惯性力，从而在机构各运动副中引起附加的动压力。这不仅会增大运动副中的摩擦和构件的内应力，还会降低机械效率和使用寿命，另外，这些惯性力的大小和方向一般都是周期性变化的，因此还将使整个机器发生振动，造成工作精度和可靠性下降以及零件磨损。如果该振动频率接近机械的固有频率，不仅可能引起共振而使机器损坏，还会影响附近的工作机械及厂房建筑，甚至危及人员的安全。随着现代高速及精密机械的发展，上述问题显得更加突出。因此，研究机械中惯性力的变化规律，采用平衡设计和平衡试验的方法对惯性力加以平衡，以消除和减轻惯性力的不良影响，是减轻机械振动、改善机械工作性能、提高机械工作质量、延长机械使用寿命、减轻噪声污染的重要措施之一。在工程实践中，有些机械如振动打桩机、蛙式打夯机等则是合理利用不平衡惯性力的机械。

10.1 平衡的分类和方法

在机械中，由于各构件的结构及运动形式的不同，所产生的惯性力和平衡方法也不同，机械的平衡问题可分为以下两类：

1. 转子的平衡

绕固定轴回转的构件称为转子，如电动机、发电机和离心机等机器中的回转构件。转子的惯性力和惯性力矩的平衡问题称为转子的平衡。转子分为刚性转子和挠性转子，因此其平衡又分为以下两类。

（1）刚性转子的平衡　工作转速低于第一阶临界转速、其旋转轴线挠曲变形可以忽略不计的转子称为刚性转子。刚性转子的平衡可以通过重新调整转子上质量的分布，使其质心位于旋转轴线的方法来实现。

（2）挠性转子的平衡　工作转速高于第一阶临界转速、其旋转轴线挠曲变形不可忽略的转子称为挠性转子。如汽轮机、航空涡轮发动机、电动机等设备中的大型转子，其工作转速高而共振转速低，运转过程中会发生明显的弯曲变形，由此产生的离心惯性力也随之增大。挠性转子的平衡问题比较复杂，其平衡原理是基于弹性梁的横向振动理论，可参考相关的技术文献。

2. 机构的平衡

做往复移动或平面复合运动的构件，其执行位置随机构的运动而发生变化，故质心处的加速度大小与方向也随机构的运动而变化，所产生的惯性力无法在该构件本身上平衡，必须对整个机构加以研究。这类平衡应设法使各运动构件惯性力的合力和合力偶得到完全或部分平衡,以消除或降低最终传到机械基础上的不平衡惯性力,故此类平衡问题又称为机械在机座上的平衡或机架的平衡。

码 10-1　测试题

10.2　刚性转子的平衡计算

在转子的设计阶段,尤其是对于高速转子及精密转子进行结构设计时,必须对其进行平衡计算,以检查其惯性力和惯性力偶是否平衡。若不平衡,则需要在结构上采取措施消除不平衡惯性力的影响,这一过程称为转子的平衡设计。在设计阶段,除非工作要求该机械要产生摆动力(如摆动筛机构),一般机械中的所有转动构件均需要进行平衡设计。

10.2.1　静平衡计算

对于径宽比 $D/b \geqslant 5$ 的转子,如叶轮、齿轮、飞轮、砂轮、盘形凸轮等,其质量的分布可以近似地认为在同一回转面内。因此,当该回转件等速转动时,这些质量所产生的惯性力表现为离心力,从而在运动副中引起附加动压力。由于这种不平衡现象在转子静态时即可表现出来,故称其为静不平衡。为了消除惯性力的不利影响,设计时首先需要根据转子结构定出偏心质量的大小和方位,然后计算出需要添加的平衡质量的大小及方位。

图 10-1 所示为一盘形转子,已知分布于同一回转平面内的偏心质量为 m_1、m_2,从回转中心到各偏心质量中心的向径为 r_1、r_2,当转子以等角速度 ω 转动时,各偏心质量所产生的离心惯性力分别为 $\boldsymbol{F}_1$、$\boldsymbol{F}_2$。

为了平衡惯性力 $\boldsymbol{F}_1$、$\boldsymbol{F}_2$,可以在此平面内增加一个平衡质量 m_b,从回转中心到这一平衡质量的向径为 $\boldsymbol{r}_b$,它所产生的离心惯性力为 $\boldsymbol{F}_b$。要求平衡时 $\boldsymbol{F}_1$、$\boldsymbol{F}_2$、$\boldsymbol{F}_b$ 所形成的平面汇交力系的合力 $\boldsymbol{F}$ 应为零:

$$\boldsymbol{F} = \boldsymbol{F}_1 + \boldsymbol{F}_2 + \boldsymbol{F}_b = 0 \qquad (10\text{-}1)$$

即

$$m\omega^2 \boldsymbol{e} = m_1 \omega^2 \boldsymbol{r}_1 + m_2 \omega^2 \boldsymbol{r}_2 + m_b \omega^2 \boldsymbol{r}_b = 0$$

图 10-1　静平衡设计

消去 ω^2 后,可得

$$m\boldsymbol{e} = m_1 \boldsymbol{r}_1 + m_2 \boldsymbol{r}_2 + m_b \boldsymbol{r}_b = 0 \qquad (10\text{-}2)$$

式中,m 和 $\boldsymbol{e}$ 分别为转子的总质量和总质心的向径;m_i、$\boldsymbol{r}_i$ 为转子各个偏心质量及其质心的向径;m_b、$\boldsymbol{r}_b$ 为所增加的平衡质量及其质心的向径。式(10-2)中,质量与向径的乘积称为质径积,它表示在同一转速下转子上各离心惯性力的相对大小和方位。

平衡质量的质径积 $m_b \boldsymbol{r}_b$ 的大小及方位可由式(10-3)确定:

$$\begin{cases} (m_b\boldsymbol{r}_b)_x = -\sum m_i r_i \cos\theta_i \\ (m_b\boldsymbol{r}_b)_y = -\sum m_i r_i \sin\theta_i \end{cases} \qquad (10\text{-}3)$$

则所加平衡质量的质径积大小为

$$m_b\boldsymbol{r}_b = [(m_b\boldsymbol{r}_b)_x^2 + (m_b\boldsymbol{r}_b)_y^2]^{1/2} \qquad (10\text{-}4)$$

而其相位角为

$$\theta_b = \arctan[(m_b\boldsymbol{r}_b)_y/(m_b\boldsymbol{r}_b)_x] \qquad (10\text{-}5)$$

对于静不平衡的转子，无论它有多少个偏心质量，都只需要适当地增加一个平衡质量即可获得平衡，故静平衡又称为单平面平衡，简称单面平衡。若转子的实际结构不允许在向径 $\boldsymbol{r}_b$ 的方向上安装平衡质量，也可以在向径 $\boldsymbol{r}_b$ 的相反方向上去掉一部分质量来使转子得到平衡。

10.2.2 动平衡计算

对于径宽比 $D/b<5$ 的转子，如多缸发动机的曲柄、汽轮机转子、机床主轴等，其质量分布在几个不同的回转平面内。对于这类转子，即使其质心在回转轴线上，但由于各偏心质量所产生的离心惯性力不在同一回转平面内，所形成的惯性力偶仍使转子处于不平衡状态。由于这种不平衡只有在转子运动的情况下才能显示出来，故称其为动不平衡。为了消除动不平衡，应使转子各偏向质量的惯性力及其产生的惯性力偶矩同时得到平衡。

在图 10-2 中，设转子上的偏心质量 m_1、m_2 和 m_3 分别分布在 3 个不同的回转平面 1、2、3 内，其质心的向径分别为 $\boldsymbol{r}_1$、$\boldsymbol{r}_2$、$\boldsymbol{r}_3$。当转子以等角速 ω 转动时，平面 1 内的偏心质量 m_1 所产生的离心惯性力的大小为 $F_1 = m_1\omega^2 r_1$。如果在转子的两端选定两个垂直于转子轴线的平面 T'、T'' 作为平衡平面（或校正平面），并设 T' 与 T'' 相距 l，平面 1 到平面 T'、T'' 的距离分别为 l_1'、l_1''，则 F_1 可用分解到平面 T' 和 T'' 中的力 F_1'、F_1'' 来代替。由理论力学的知识可知

$$F_1' = \frac{l_1''}{l}F_1, \quad F_1'' = \frac{l_1'}{l}F_1 \qquad (10\text{-}6)$$

式中，F_1'、F_1'' 分别为平面 T'、T'' 中向径为 $\boldsymbol{r}_1$ 的偏心质量 m_1'、m_1'' 所产生的离心惯性力。由此可得

$$F_1' = m_1' r_1 \omega^2 = \frac{l_1''}{l}m_1 r_1 \omega^2$$

亦即

$$F_1'' = m_1'' r_1 \omega^2 = \frac{l_1'}{l}m_1 r_1 \omega^2$$

同理得

$$\begin{cases} m_1' = \frac{l_1''}{l}m_1, \quad m_1'' = \frac{l_1'}{l}m_1 \\ m_2' = \frac{l_2''}{l}m_2, \quad m_2'' = \frac{l_2'}{l}m_2 \\ m_3' = \frac{l_3''}{l}m_3, \quad m_3'' = \frac{l_3'}{l}m_3 \end{cases} \qquad (10\text{-}7)$$

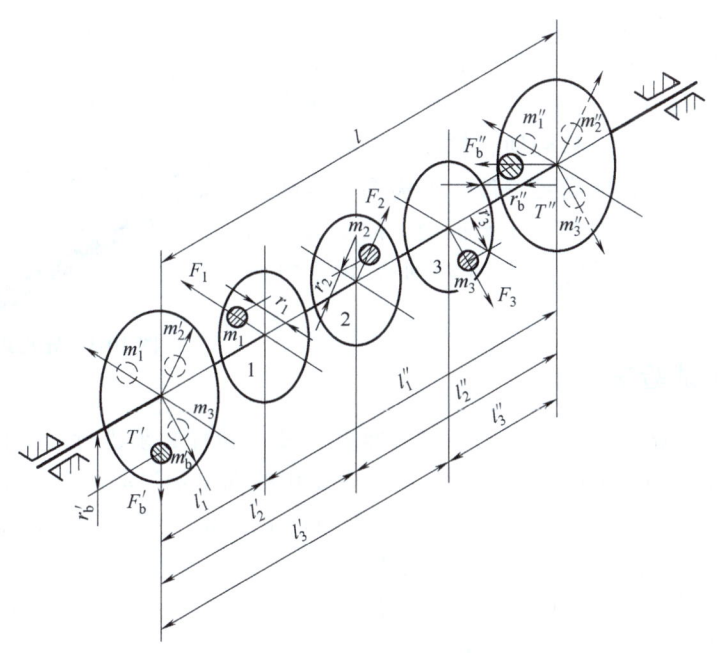

图 10-2 动平衡计算模型

经过上述处理,便将空间力系的平衡问题转化为两个平面汇交力系的平衡问题,刚性转子的动平衡设计问题就可以用静平衡设计的方法来解决。两个平衡平面内需加平衡质量的大小和方位的确定,与上述静平衡计算中的方法完全相同,此处不再赘述。

综上所述,刚性转子静平衡和动平衡条件分别为:分布于转子上的各个偏心质量的离心惯性力的合力为零或质径积的向量和为零;转子上分布在不同平面内的各个质量所产生的空间离心惯性力系的合力及合力矩均为零。由于动平衡同时满足静平衡条件,所以经过动平衡的转子一定静平衡。为了校正动不平衡,平衡工作需要分别在回转轴上有一定距离的两个平衡平面上进行,故动平衡又称双面平衡。

码 10-2 测试题

10.3 刚性转子的平衡试验

经过上述平衡设计的刚性转子在理论上是完全平衡的,但由于制造和装配上的误差以及材料质量不均匀等原因,实际生产出的转子还会出现不平衡现象,这种不平衡在设计阶段是无法确定和消除的,只能通过试验来确定不平衡量的大小和方位,然后通过在转子相应位置增加或去除平衡质量的方法予以平衡。

10.3.1 静平衡试验法

对于径宽比 $D/b \geqslant 5$ 的刚性转子,一般只需进行静平衡试验,所用的试验设备称为静平衡架。图 10-3 所示为导轨式静平衡架,只要将平衡转子的轴放在导轨上就可进行静平衡试验。让转子在导轨上轻轻地自由滚动,如果转子上有偏心质量存在,其质心就会偏离转子的旋转轴线。由静平衡原理可知，静不平衡回转件的质心偏离回转轴线，会产生静力矩。利用静平衡架找出回转件不平衡质径积的大小和方向，并由此确定平衡质量的大小和位置，从而使其质心移到回转轴线上。导轨式静平衡架简单可靠，精度也能满足一般生产需要。其缺点是导轨需要互相平行，且在同一水平面内，故安装、调整要求较高。另外，它不能平衡两端轴径不等的回转件。

图 10-3 导轨式静平衡架

10.3.2 动平衡试验法

当回转件的径宽比 $D/b<5$ 以及有特殊要求的重要回转件必须进行动平衡。转子的动平衡试验一般要在专用的动平衡机上进行。生产中使用的动平衡试验机种类很多。图 10-4 所示为一种带计算机系统的硬支承动平衡机的工作原理示意图。该动平衡机由机械装置、振动信号预处理电路及计算机三部分组成。利用动平衡机主轴箱端部的发电机信号作为转速信号与相位基准信号，由发电机拾取的信号经处理后成为方波或脉冲信号，利用方波的上升沿或正脉冲通过计算机的 PIO 口触发中断，使计算机开始与终止计数，以测量转子的回转周期。传感器拾取的振动信号经预处理电路滤波、放大，并调整到 A/D 转换器所要求的输入量范围内后，即可输入计算机进行数据采集与解算，最后由计算机给出转子两平衡平面内需加平衡质量的大小与方位，而这些工作则是由软件来实现的。

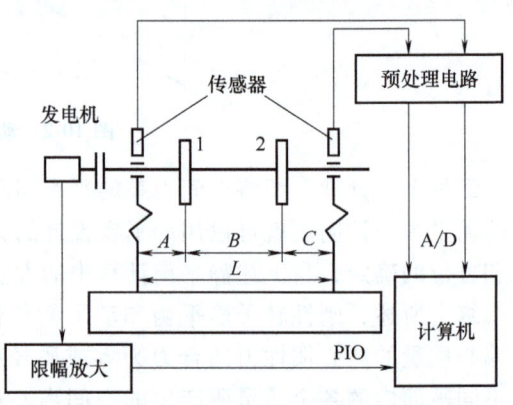

图 10-4 动平衡机的工作原理示意图

10.3.3 转子的平衡品质

经过平衡试验后的转子，其不平衡量已大大减少，但绝对的平衡是无法做到的。实际上过高的平衡要求也是不必要的。因此，根据转子工作条件的不同，规定了不同的许用不平衡量和许用不平衡度。

转子不平衡量的表示方法有两种：质径积表示法与偏心距表示法。若一个质量为 m、偏心距为 e 的转子，其回转时所产生的离心惯性力可用一个矢径为 r_i 的平衡质量 m_i 加以平衡，即

$$me = m_i r_i \tag{10-8}$$

则该转子的不平衡量可用质径积的大小 $m_i r_i$ 表示。

对于质径积相同而质量不同的两个转子，它们的不平衡程度显然是不同的。因此，需用偏心距来表征不同转子的不平衡量。由式（10-8）可得

$$e = \frac{m_i r_i}{m} \tag{10-9}$$

转子运转时,其不平衡量所产生的离心惯性力与转子的角速度 ω 有关,因此工程中常用 eω 来表征转子的平衡品质

$$A = [e]\omega/1000 \tag{10-10}$$

式中,A、$[e]$ 及 ω 的单位分别为 mm/s、μm 与 rad/s。A 值越大,转子的平衡精度越低。表 10-1 给出了各种典型刚性转子的平衡品质等级,供使用时参考。

表 10-1 各种典型刚性转子的平衡品质等级

品质等级	平衡品质 A/(mm/s)	转子类型示例
G4000	4000	刚性安装的具有奇数气缸的低速①船用柴油机曲轴部件②
G1600	1600	刚性安装的大型两冲程发动机曲轴部件
G630	630	刚性安装的大型四冲程发动机曲轴部件,弹性安装的船用柴油机曲轴部件
G250	250	刚性安装的高速①四缸柴油机曲轴部件
G100	100	六缸及六缸以上高速柴油机曲轴部件,汽车、机车用发动机整机
G40	40	汽车轮、轮缘、轮组、传动轴,弹性安装的六缸及六缸以上高速四冲程发动机曲轴部件,汽车、机车用发动机曲轴部件
G16	16	特殊要求的传动轴(螺旋桨轴、万向联轴器轴),破碎机械和农业机械的零、部件,汽车、机车用发动机特殊部件,特殊要求的六缸及六缸以上发动机曲轴部件
G6.3	6.3	作业机械的回转零件,船用主汽轮机的齿轮,风扇,航空燃气轮机转子部件,泵的叶轮,离心机的鼓轮,机床及一般机械的回转零、部件,普通电动机转子,特殊要求的发动机回转零、部件
G2.5	2.5	燃气轮机和汽水轮机的转子部件,刚性汽轮发电机转子,涡轮压缩机转子、机床主轴和驱动部件,特殊要求的大、中型电动机转子,小型电动机转子,涡轮驱动泵
G1.0	1.0	磁带记录仪及录音机驱动部件,磨床驱动部件,特殊要求的微型电动机转子
G0.4	0.4	精密磨床的主轴,砂轮盘及电动机转子,陀螺仪

① 按国际标准,低速柴油机的活塞速度小于 9m/s,高速柴油机的活塞速度大于 9m/s。
② 曲轴部件是指包括曲轴、飞轮、离合器、带轮等组合件。

码 10-3 测试题

课后习题

10-1 机械平衡的目的是什么?造成机械不平衡的原因可能有哪些?

10-2 什么是静平衡和动平衡?静平衡、动平衡的动力学条件各是什么?

10-3 刚性转子进行了动平衡以后,它是否还需要静平衡?为什么?

10-4 在图 10-5 所示的 3 根曲轴结构中,已知:$m_1 = m_2 = m_3 = m_4 = m$,$r_1 = r_2 = r_3 = r_4 = r$,$l_{12} = l_{23} = l_{34} = l$,且 3 根曲柄位于过回转轴线的同一平面中,试判断哪根曲轴已达到静平衡设计的要求,哪根曲轴达到了动平衡设计的要求。

10-5 图 10-6 所示为一钢制圆盘，盘厚 $b = 50\text{mm}$。位置 I 处有一直径为 50mm 的通孔，位置 II 处有一质量 $m_2 = 0.5\text{kg}$ 的重块。为了使圆盘平衡，拟在圆盘上 $r = 200\text{mm}$ 处制一通孔，试求此孔的直径与位置（钢的密度 $\rho = 7.8\text{g/cm}^3$）。

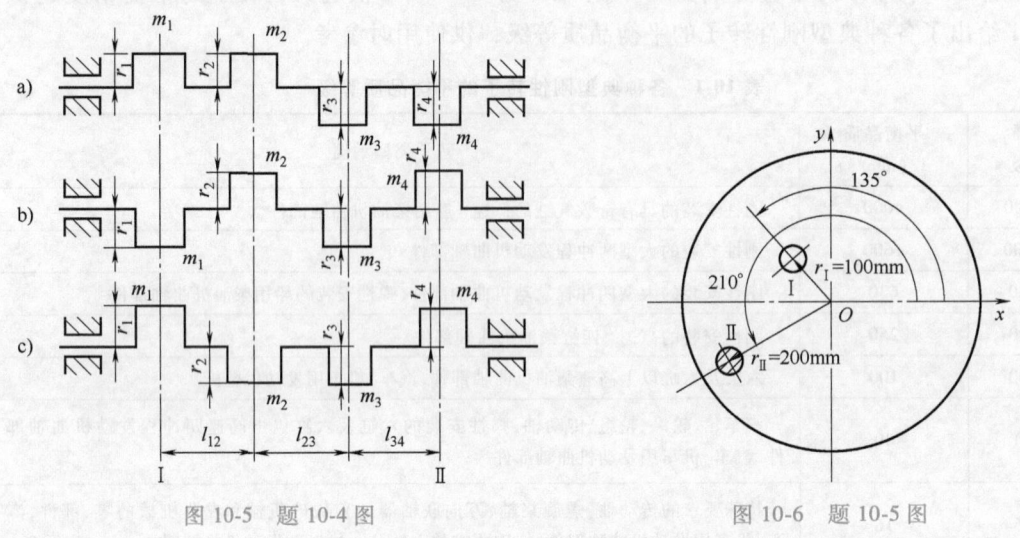

图 10-5 题 10-4 图　　　图 10-6 题 10-5 图

10-6 在图 10-7 所示的刚性转子中，已知各不平衡质量和向径的大小分别为 $m_1 = 10\text{kg}$，$r_1 = 400\text{mm}$；$m_2 = 15\text{kg}$，$r_2 = 300\text{mm}$；$m_3 = 20\text{kg}$，$r_3 = 200\text{mm}$；$m_4 = 10\text{kg}$，$r_4 = 300\text{mm}$；方向如图所示，且 $l_{12} = l_{23} = l_{34} = 200\text{mm}$。在对该转子进行平衡设计时，若设计者欲选择 T' 和 T'' 作为平衡平面，并取加重半径 $r'_b = r''_b = 500\text{mm}$。试求平衡质量 m'_b，m''_b 的大小和 r'_b，r''_b 的方向。

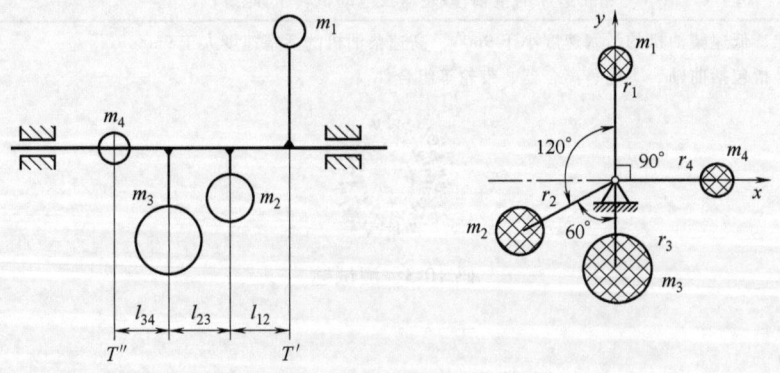

图 10-7 题 10-6 图

第 11 章 机械系统的运转及速度波动的调节

11.1 外力作用下的机械运转过程

前面在做机构运动分析时,都假设主动件做等速运动,而实际上主动件的运动取决于作用在机械上的外力,通常为外力、各构件惯性参数(质量、转动惯量)以及主动件位置和时间的函数。因此,只有确定了机器中有关机构主动件的真实运动规律后,才能用前述机构的运动分析方法求出其他运动构件相应的运动参数。

一般情况下,由于机械主动件并非做等速运动,机械在运转过程中将出现速度波动,而这种速度波动将会导致在运动副中产生附加的动压力,并引起机械的振动,从而降低机械的寿命、效率和工作质量。

从动能方程可知,当研究机器的运动和外力的定量关系时,必须研究所有运动构件的动能变化和所有外力所做的功。根据动能定理,在任一时间间隔内,外力所做的功应等于机械系统的动能增量,即

$$W_d - (W_r + W_f) = W_d - W_c = E_2 - E_1 \tag{11-1}$$

式中,W_d 为驱动力所做的功,即输入功;W_r、W_f 分别为克服生产阻力与有害阻力(主要为摩擦力)所需的功,即输出功与损耗功;W_c 为总耗功;E_1、E_2 分别为机械系统在该时间间隔的开始与终止时刻所具有的动能。

在外力作用下机械的运转会发生如图 11-1 所示的各种工作状态,其运转过程可分为以下三个阶段:

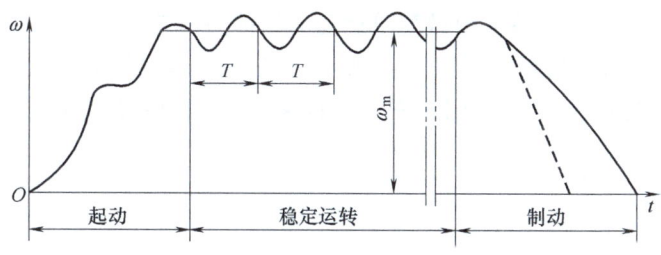

图 11-1 机械运转过程的三个阶段

1) 起动阶段。主动件的速度由零逐渐上升至稳定运转阶段。在该阶段,机械系统的动能逐渐增加,即 $W_d - W_c = E_2 - E_1 > 0$。

2) 稳定运转阶段。主动件的速度保持为常数(称为匀速稳定运转)或在平均速度的上

下做周期性的波动（称为变速稳定运转）。图 11-1 中，T 为稳定运转阶段速度波动的周期，ω_m 为主动件的平均角速度。经过一个周期 T 后，系统中各构件的运动均回到原来的状态。若机械做匀速稳定运转，由于该阶段的速度为常数，故在任一时间间隔内输入功均等于总耗功，即 $W_d - W_c = E_2 - E_1 = 0$；若机械做变速稳定运转，由于每个运动周期的末速度均等于初速度，故在一个运动循环以及整个稳定运转阶段，输入功均等于总耗功，但在一个运动周期的任一时间间隔内输入功与总耗功并不一定相等。

3) 制动阶段。主动件的速度由平均速度逐渐下降至零。在该阶段，机械系统的动能逐渐减小，即 $W_d - W_c = E_2 - E_1 < 0$。由于驱动力通常已撤去，即输入功 $W_d = 0$，故当总耗功逐渐将机械系统所具有的动能消耗殆尽时，机械便停止运转。

起动阶段和制动阶段统称为机械运转过程的过渡阶段。机械通常是在稳定运转阶段进行工作的，因此应尽量节省过渡阶段所需的时间。在起动阶段，常使机械空载起动或另加一个起动机来增大输入功 W_d，以达到快速起动的目的。在制动阶段，可利用机械的制动装置来增大损耗功 W_f，从而缩短停车时间。图 11-1 中的虚线表示施加制动力矩后，制动阶段主动件的角速度随时间 t 的变化关系。

码 11-1　测试题

11.2　机械系统的等效动力学模型

对于单自由度机械系统，当其中某一构件的运动确定后，整个系统的运动也就确定，所以此时可以将整个机器的运动问题转化为它的某一构件的运动问题来研究。这个能代替整个机械系统运动的构件称为等效构件。为使等效构件的运动和机械系统中该构件的真实运动一致，等效构件具有的动能应和整个机械系统的动能相等，即作用在等效构件上的外力所做的功应和整个机械系统中各外力所做的功相等。此外，等效构件上的外力在单位时间内所做的功也应等于整个机械系统中各外力在单位时间内所做的功，即等效构件上的瞬时功率等于整个机械系统中的瞬时功率。

11.2.1　等效构件

为使问题简化，常取机械系统中做简单运动的构件为等效构件，即取做定轴转动的构件或做往复移动的构件为等效构件，如图 11-2 所示。当选择定轴转动的构件为等效构件时，用到等效转动惯量和等效力矩。当选择往复移动的构件为等效构件时，用到等效质量和等效力。

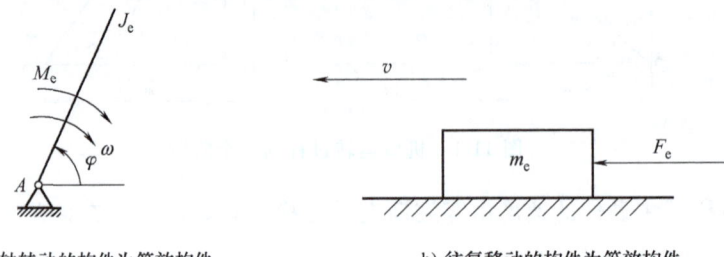

a) 定轴转动的构件为等效构件　　　　b) 往复移动的构件为等效构件

图 11-2　等效构件

对于多自由度的机械系统，不能用建立与机构自由度相等的等效构件的方法来求解机械的运动。可选择与机构自由度数目相等的广义坐标来代替等效构件，再应用拉格朗日方程建立系统的微分方程。多自由度机械系统的运动规律的求解已超出本书范围，此处不多叙述。

11.2.2 等效质量和等效转动惯量

为建立等效构件的动力学方程，必须首先求解出等效构件绕其转动中心的转动惯量或等效构件的质量，以及作用在等效构件上的外力或外力矩。等效构件的转动惯量或等效构件的质量与其动能有关。因此可根据等效构件的动能与机械系统的动能相等的条件来求解。

如图 11-3 所示，对于具有 k 个活动构件的机械系统，设 m 为集中在转化点 B 的等效质量，v_B 为点 B 的速度；设 J 为等效构件 AB 上的等效转动惯量，ω 为等效构件的角速度。那么，该等效构件所具有的动能为

$$E = \frac{1}{2}Jv_B^2 \quad \text{或} \quad E = \frac{1}{2}J\omega^2 \tag{11-2}$$

又设 ω_i 是第 i 个构件的角速度，v_{Si} 是它的质心 S_i 的速度，m_i 是它的质量，J_{Si} 是它对其质心轴线的转动惯量，则机械系统的动能为

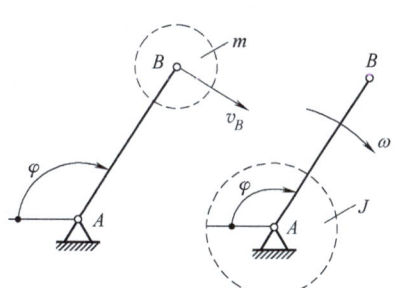

图 11-3 绕固定轴线回转的等效构件示意图

$$\sum_{i=1}^{k} E_i = \sum_{i=1}^{k} \frac{1}{2}m_i v_{Si}^2 + \sum_{i=1}^{k} \frac{1}{2}J_{Si}\omega_i^2 \tag{11-3}$$

因此，根据等效质量或等效转动惯量的定义，由式（11-2）和式（11-3）得

$$\frac{1}{2}mv_B^2 = \sum_{i=1}^{k} \frac{1}{2}m_i v_{Si}^2 + \sum_{i=1}^{k} \frac{1}{2}J_{Si}\omega_i^2 \tag{11-4}$$

或

$$\frac{1}{2}J\omega^2 = \sum_{i=1}^{k} \frac{1}{2}m_i v_{Si}^2 + \sum_{i=1}^{k} \frac{1}{2}J_{Si}\omega_i^2 \tag{11-5}$$

于是

$$m = \sum_{i=1}^{k} m_i \left(\frac{v_{Si}}{v_B}\right)^2 + \sum_{i=1}^{k} J_{Si}\left(\frac{\omega_i}{v_B}\right)^2 \tag{11-6}$$

或

$$J = \sum_{i=1}^{k} m_i \left(\frac{v_{Si}}{\omega}\right)^2 + \sum_{i=1}^{k} J_{Si}\left(\frac{\omega_i}{\omega}\right)^2 \tag{11-7}$$

11.2.3 等效力和等效力矩

如图 11-4 所示，对于具有 k 个活动构件的机械系统，设 F 为作用在等效点 B 且垂直于 AB 的等效力，v_B 为等效点 B 的速度；或设 M 为加在绕固定轴转动的等效构件 AB 上的等效力矩，ω 为等效构件的角速度。那么，等效力或等效力矩所产生的功率为

$$P = Fv_B \tag{11-8}$$

或

$$P = M\omega \tag{11-9}$$

又设 F_i 和 M_i 为作用在第 i 个构件上的已知力和力矩，v_i 为力 F_i 作用点的速度，ω_i 为构件 i 的角速度，θ_i 为力 F_i 和速度 v_i 之间的夹角，那么，作用在所有构件上的已知给定力和力矩所产生的功率为

$$\sum_{i=1}^{k} P_i = \sum_{i=1}^{k} F_i v_i \cos\theta_i + \sum_{i=1}^{k} \pm M_i \omega_i \quad (11\text{-}10)$$

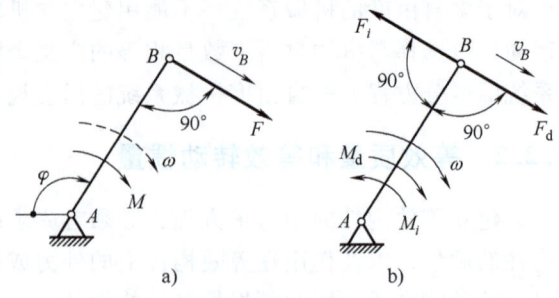

图 11-4 等效力和等效力矩

因此，根据等效力或等效力矩的定义得

$$F v_B = \sum_{i=1}^{k} F_i v_i \cos\theta_i + \sum_{i=1}^{k} \pm M_i \omega_i \quad (11\text{-}11)$$

或

$$M \omega = \sum_{i=1}^{k} F_i v_i \cos\theta_i + \sum_{i=1}^{k} \pm M_i \omega_i \quad (11\text{-}12)$$

于是

$$F = \sum_{i=1}^{k} F_i \frac{v_i \cos\theta_i}{v_B} + \sum_{i=1}^{k} \pm M_i \frac{\omega_i}{v_B} \quad (11\text{-}13)$$

或

$$M = \sum_{i=1}^{k} F_i \frac{v_i \cos\theta_i}{\omega} + \sum_{i=1}^{k} \pm M_i \frac{\omega_i}{\omega} \quad (11\text{-}14)$$

式中，当 M_i 和 ω_i 同方向时取"+"号，否则取"-"号。

由上可知，等效力和等效力矩既与机构的外力和外力矩有关，又与速比有关，而后者又随机构的位置而异，因此等效力和等效力矩是机构位置的函数。当外力和外力矩是速度（或时间）的函数时，等效力和等效力矩将是等效构件位置、速度（或时间）的函数。

码 11-2 测试题

11.3 机械系统的运动方程及其求解

在研究外力作用下单自由度机械系统的运动规律时，如果引入了等效构件，就可以把研究机械系统的运动规律问题简化为研究等效构件的运动规律问题。只要建立等效构件的运动方程并求解，就可以确定机械系统的运动。

11.3.1 等效构件的运动方程

根据动能定理，在 $\mathrm{d}t$ 时间内，等效构件上的动能增量 $\mathrm{d}E$ 应等于该瞬时等效力或等效力矩所做的元功 $\mathrm{d}W$，即

$$\mathrm{d}E = \mathrm{d}W \quad (11\text{-}15)$$

如果等效构件定轴转动，则有

$$d\left(\frac{1}{2}J\omega^2\right) = Md\varphi \tag{11-16}$$

由式（11-16）可得

$$\frac{d\left(\frac{1}{2}J\omega^2\right)}{d\varphi} = M \tag{11-17}$$

由于等效转动惯量、等效力、等效力矩及角速度均是机构位置的函数，整理式（11-17）得

$$J\frac{\omega d\omega}{d\varphi} + \frac{\omega^2}{2}\frac{dJ}{d\varphi} = M = M_d - M_r \tag{11-18}$$

由于

$$\frac{d\omega}{d\varphi} = \frac{d\omega}{dt}\frac{dt}{d\varphi} = \frac{d\omega}{dt}\frac{1}{\omega} \tag{11-19}$$

将其代入式（11-18），可得

$$J\frac{d\omega}{dt} + \frac{\omega^2}{2}\frac{dJ}{d\varphi} = M = M_d - M_r \tag{11-20}$$

式（11-20）称为做定轴转动的等效构件的微分方程，它是力矩形式的方程。对式（11-20）两边积分，取边界条件为

$$t = t_0, \varphi = \varphi_0, \omega = \omega_0, J = J_0$$

$$\frac{1}{2}J\omega^2 - \frac{1}{2}J_0\omega_0^2 = \int_{\varphi_0}^{\varphi} Md\varphi = \int_{\varphi_0}^{\varphi}(M_d - M_r)d\varphi \tag{11-21}$$

式中，ω_0、ω 分别为等效构件在初始位置和任意位置的角速度；φ_0、φ 分别为等效构件在初始位置和任意位置的角位移；J_0、J 分别为等效构件在初始位置和任意位置的等效转动惯量。

式（11-21）称为做定轴转动的等效构件的积分方程。

11.3.2 运动方程的求解

不同机械的驱动力和工作阻力特性不同，它们可能是时间的函数，也可能是机构位置或速度的函数。等效转动惯量可能是常数，也可能是机构位置的函数。等效力或等效力矩可能是机构位置的函数，也可能是速度的函数。因此，运动方程的求解方法也不尽相同。

工程上常选做定轴转动的构件为等效构件，故主要讨论等效构件做定轴转动的几种情况。

（1）等效转动惯量与等效力矩均为常数　等效转动惯量与等效力矩均为常数是定传动比机械系统中的常见问题。在这种情况下运转的机械大都属于等速稳定运转，使用力矩方程求解该类问题要方便些。

由于 $J =$ 常数，$M =$ 常数，式（11-20）可改写为

$$J\frac{d\omega}{dt} = M$$

$$\frac{d\omega}{dt} = \frac{M}{J} = \alpha \tag{11-22}$$

又 $d\omega = \alpha dt$，两边积分

$$\int_{\varphi_0}^{\varphi} d\omega = \int_{t_0}^{t} \alpha dt$$

$$\omega = \omega_0 + \alpha(t-t_0)$$

再次积分得

$$\varphi = \varphi_0 + \omega_0(t-t_0) + \frac{\alpha}{2}(t-t_0)^2 \tag{11-23}$$

（2）等效转动惯量与等效力矩均为等效构件位置的函数 用内燃机驱动的含有连杆机构的机械系统就属于这种情况。当 $J=J(\varphi)$，$M=M(\varphi)$ 可用解析式表示时，用积分方程求解更为方便。

由

$$\frac{1}{2}J\omega^2 - \frac{1}{2}J_0\omega_0^2 = \int_{\varphi_0}^{\varphi} Md\varphi \tag{11-24}$$

可求得

$$\omega = \sqrt{\frac{J_0}{J}\omega_0^2 + \frac{2}{J}\int_{\varphi_0}^{\varphi} Md\varphi} \tag{11-25}$$

当等效转动惯量与等效力矩不能写成函数式时，可用数值解法求解。

（3）等效转动惯量是常数、等效力矩为等效构件速度的函数 用电动机驱动的鼓风机、搅拌机之类的机械属于这种状况，用力矩方程求解比较方便。由式（11-20）可知

$$J\frac{d\omega}{dt} = M(\omega) \tag{11-26}$$

式（11-26）可写为

$$d\varphi = J\frac{\omega d\omega}{M(\omega)} \tag{11-27}$$

两边积分并整理

$$\varphi = \varphi_0 + J\int_{\omega_0}^{\omega} \frac{\omega d\omega}{M(\omega)} \tag{11-28}$$

当 $M(\omega) = a + b\omega$ 时，可解出 φ 的值：

$$\varphi = \varphi_0 + \frac{J}{b}\left[(\omega-\omega_0) - \frac{a}{b}\ln\left(\frac{a+b\omega}{a+b\omega_0}\right)\right] \tag{11-29}$$

码 11-3 测试题

11.4 机械的周期性速度波动及其调节方法

如前所述，机械在运转过程中，由于其上所作用的外力或力矩的变化，会导致机械运转速度发生波动。过大的速度波动对机械的工作是不利的。因此，在机械系统设计阶段，设计者就应采取措施，设法降低机械运转的速度波动程度，将其限制在许可的范围内，以保证机械的工作质量。本节讨论机械的周期性速度波动及其调节方法。

在周期性变速稳定运转过程的一个运转周期内，等效驱动力矩所做的功等于等效阻力矩

所做的功。然而在运转过程中的某一瞬时,等效驱动力矩所做的功可能不等于等效阻力矩所做的功,从而引起了机械运转过程中的速度波动。

11.4.1 周期性速度波动产生的原因

图 11-5a 所示为某一机械在稳定运转过程中,其等效构件在稳定运转的一个周期 φ_T 内所受等效驱动力矩 M_d 与等效阻力矩 M_r 的变化曲线。在等效构件回转过 φ 角时(设其起始位置为 φ_a),其等效驱动力矩和等效阻力矩所做功之差为

$$\Delta W = \int_{\varphi_0}^{\varphi} (M_d - M_r) d\varphi \quad (11-30)$$

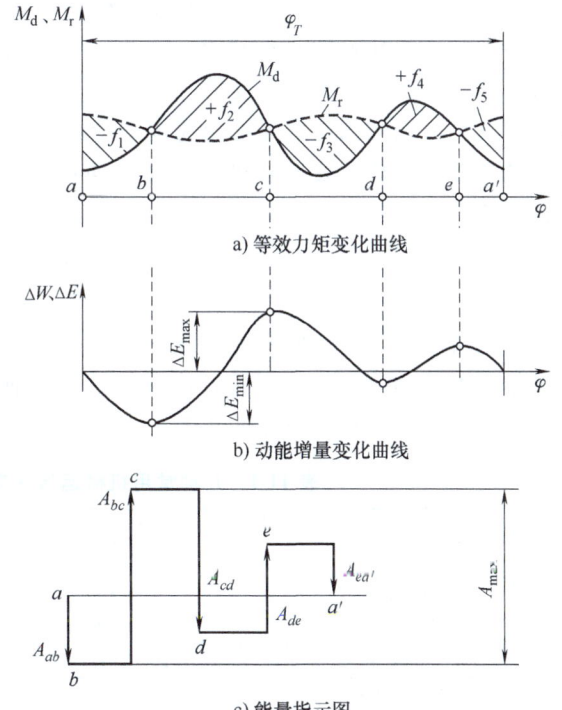

ΔW 为正值时称为盈功,为负值时称为亏功。由图 11-5a 中可以看出,在 bc 段、de 段,由于 $M_d > M_r$,因而驱动功大于阻抗功,多余的功在图中以"+"号标识,称为盈功;反之,在 ab 段、cd 段和 ea' 段,由于 $M_d < M_r$,因而驱动功小于阻抗功,不足的功在图中以"-"号标识,称为亏功。

图 11-5b 表示以 a 点为基准的 ΔW 与 φ 的关系。ΔW-φ 曲线也为机械的动能增量 ΔE 对 φ 的曲线。ab 区间为亏功区,等效构件的角速度由于机械动能的减小而下降;反之,由 b 到 c 为盈功区间,等效构件的角速度由于机械动能的增加而上升。

图 11-5 周期性速度波动产生原因分析

如果在等效力矩 M 和等效转动惯量 J 变化的公共周期内(图中由 a 到 a' 区间所示)驱动力矩与阻力矩所做功相等,则机械动能的增量等于零。由式(11-21)可知

$$\int_{\varphi_a}^{\varphi_{a'}} (M_d - M_r) d\varphi = \frac{1}{2} J_{a'} \omega_{a'}^2 - \frac{1}{2} J_a \omega_a^2 = 0 \quad (11-31)$$

于是经过等效力矩与等效转动惯量变化的一个公共周期,机械的动能又恢复到原来的值,因而等效构件的角速度也将恢复到原来的数值。由以上分析可知,等效构件在稳定运转过程中,其角速度将呈现周期性的波动。

11.4.2 周期性速度波动的调节

图 11-6 所示为在一个周期内等效构件角速度的变化曲线,其最大和最小角速度分别为 ω_{max} 和 ω_{min},则在周期 φ_T 内的平均角速度 ω_m 应为

$$\omega_m = \frac{\int_0^{\varphi_T} \omega d\varphi}{\varphi_T} \quad (11-32)$$

在工程实际中，当 ω 变化不大时，常按最大和最小角速度的算术平均值来计算平均角速度，即

$$\omega_m = \frac{1}{2}(\omega_{max} + \omega_{min}) \quad (11\text{-}33)$$

机械速度波动的程度不能仅用 $\omega_{max} - \omega_{min}$ 表示，因为当 $\omega_{max} - \omega_{min}$ 一定时，对低速机械和高速机械的相对变化百分比显然是不同的。因此，平均角速度 ω_m 也是衡量速度波动程度的一个重要指标。综合考虑这两方面的因素，采用角速度的变化量和其平均角速度的比值 δ 来反映机械运转的速度波动程度，称为速度波动系数或速度不均匀系数，表示为

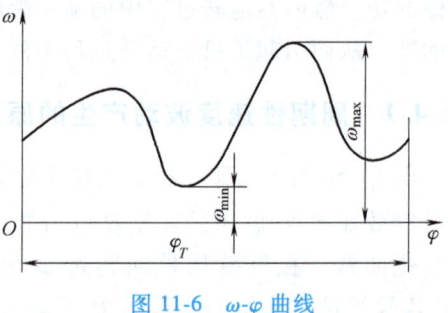

图 11-6 ω-φ 曲线

$$\delta = \frac{\omega_{max} - \omega_{min}}{\omega_m} \quad (11\text{-}34)$$

不同类型的机械，所允许的波动程度是不同的。表 11-1 给出了几种常用机械运转速度波动系数的许用值 $[\delta]$，供设计时参考。为了使所设计的机械系统在运转过程中速度波动在允许范围内，设计时应保证 $\delta \leq [\delta]$。

表 11-1　几种常用机械运转速度波动系数的许用值 $[\delta]$

机械的名称	$[\delta]$	机械的名称	$[\delta]$
碎石机	1/5 ~ 1/20	水泵、鼓风机	1/30 ~ 1/50
压力机、剪床	1/7 ~ 1/10	造纸机、织布机	1/40 ~ 1/50
轧压机	1/10 ~ 1/25	纺纱机	1/60 ~ 1/100
汽车、拖拉机	1/20 ~ 1/60	直流发电机	1/100 ~ 1/200
金属切削机床	1/30 ~ 1/40	交流发电机	1/200 ~ 1/300

11.4.3　飞轮的设计

为了减小机械运转时的周期性速度波动，最常用的方法是在机械系统中安装一个具有较大转动惯量的盘状构件，该盘状构件称为飞轮。由于飞轮转动惯量很大，当机械出现盈功时，它可以以动能的形式将多余的能量储存起来，从而使主轴角速度上升的幅度减小；反之，当机械出现亏功时，飞轮又可释放出储存的能量，以弥补能量的不足，从而使主轴角速度下降的幅度减小。

飞轮设计的关键是根据机械的平均角速度和允许的速度波动系数 $[\delta]$ 来确定飞轮的转动惯量。由图 11-5b 可以看出，该机械系统在 b 点处具有最小的动能增量 ΔE_{min}，它对应于最大的亏功 ΔW_{min}；而在 c 点，机械具有最大的动能增量 ΔE_{max}，它对应于最大的盈功 ΔW_{max}。两者之差称为最大盈亏功，用 $[W]$ 表示，其值可由下式计算

$$[W] = \Delta W_{max} - \Delta W_{min} = \int_{\varphi_b}^{\varphi_c}(M_d - M_r)\,d\varphi \quad (11\text{-}35)$$

如果忽略等效转动惯量中的变量部分，即假设机械系统的等效转动惯量 J 为常数，则当 $\varphi = \varphi_b$ 时，$\omega = \omega_{min}$；当 $\varphi = \varphi_c$ 时，$\omega = \omega_{max}$。若设安装的飞轮的等效转动惯量为 J_F，则根据动能定理可得

$$[W] = \Delta E = \frac{1}{2}(J+J_F)(\omega_{max}^2 - \omega_{min}^2) = (J+J_F)\omega_m^2 \delta \tag{11-36}$$

由此可得机械系统在安装飞轮后的速度波动系数为

$$\delta = \frac{[W]}{\omega_m^2(J+J_F)} \tag{11-37}$$

在设计机械时，为了保证安装飞轮后机械速度波动的程度在工作许可的范围内，必须满足 $\delta \leqslant [\delta]$，即

$$\delta = \frac{[W]}{\omega_m^2(J+J_F)} \leqslant [\delta] \tag{11-38}$$

由此可得安装飞轮的等效转动惯量为

$$J_F \geqslant \frac{[W]}{\omega_m^2 [\delta]} - J \tag{11-39}$$

式中，J 为系统中除飞轮以外其他运动构件的等效转动惯量。若 $J \ll J_F$，则 J 通常可忽略不计，式 (11-39) 可近似写为

$$J_F \geqslant \frac{[W]}{\omega_m^2 [\delta]} \tag{11-40}$$

若将式 (11-40) 中的平均角速度 ω_m 用平均转速 $n(\mathrm{r/min})$ 代替，则有

$$J_F \geqslant \frac{900[W]}{\pi^2 n^2 [\delta]} \tag{11-41}$$

在运用式 (11-41) 计算时，由于 n 和 $[\delta]$ 均为已知量，因此，为求飞轮转动惯量，关键在于确定最大盈亏功 $[W]$。为了确定最大盈亏功 $[W]$，需要先确定机械动能最大增量 ΔE_{max} 和最小增量 ΔE_{min} 出现的位置。对于一些比较简单的情况，这两个位置可以在 M_d-φ 图中直接看出。对于较复杂的情况，可借助能量指示图来得到 $[W]$。如图 11-5c 所示，取任意点 a 作起点，按一定比例用矢量线段依次表示相应位置 M_d 与 M_r 之间所包围的面积 A_{ab}、A_{bc}、A_{cd}、A_{de} 和 A_{ea} 的大小和正负。盈功为正，其箭头向上；亏功为负，箭头向下。由于在一个循环的起始位置与终止位置处的动能相等，故能量指示图的首尾应在同一水平线上。由图 11-5c 可以看出，b 点处动能最小，c 点处动能最大，而图中折线的最高点和最低点的距离 A_{max}，就代表了最大盈亏功 $[W]$ 的大小。

码 11-4 测试题

飞轮的转动惯量确定后，就可以确定其他各部分的尺寸，具体方法可参考有关文献。

课后习题

11-1 一般机械运转过程分为哪三个阶段？在这三个阶段中，输入功、输出功、总损耗、动能及速度之间的关系各有什么特点？

11-2 等效转动惯量和等效力矩各自的等效条件是什么？

11-3 机械的运转为什么会有速度波动？为什么要调节机械速度的波动？

11-4 飞轮的调速原理是什么？能否利用飞轮来调节非周期性速度波动，为什么？

11-5 图 11-7 所示为直流伺服电动机驱动的立铣数控工作台，已知工作台及工件的质量 $m_4 = 355\text{kg}$，滚珠丝杠的导程 $l = 6\text{mm}$，转动惯量 $J_3 = 1.2 \times 10^{-3}\text{kg} \cdot \text{m}^2$，齿轮 1、2 的转动惯量分别为 $J_1 = 732 \times 10^{-6}\text{kg} \cdot \text{m}^2$、$J_2 = 768 \times 10^{-6}\text{kg} \cdot \text{m}^2$。在选择伺服电动机时，伺服电动机允许的负载转动惯量必须大于折算到电动机轴上的负载等效转动惯量，试求图示系统折算到电动机轴上的等效转动惯量。

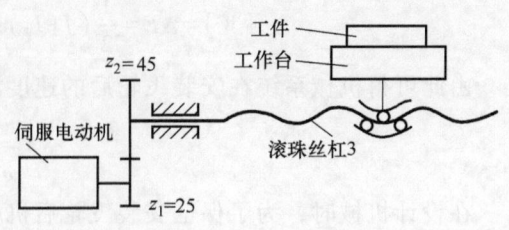

图 11-7 题 11-5 图

11-6 在图 11-8 所示船舶汽轮机和螺旋桨的传动装置中，已知各构件的转动惯量：汽轮机 1 转子的 $J_1 = 1950\text{kg} \cdot \text{m}^2$，螺旋桨 5 及其轴的 $J_5 = 2500\text{kg} \cdot \text{m}^2$，轴 2 及其上齿轮的 $J_2 = 100\text{kg} \cdot \text{m}^2$，轴 3 及其上齿轮的 $J_3 = 400\text{kg} \cdot \text{m}^2$，轴 4 及其上齿轮的 $J_4 = 800\text{kg} \cdot \text{m}^2$；传动比 $i_{23} = 6$ 和 $i_{34} = 5$；加在螺旋桨上的阻力矩 $M_5 = 30\text{kN} \cdot \text{m}$。求换算到汽轮机轴上的整个机器的等效转动惯量 J 和等效阻力矩 M_r。

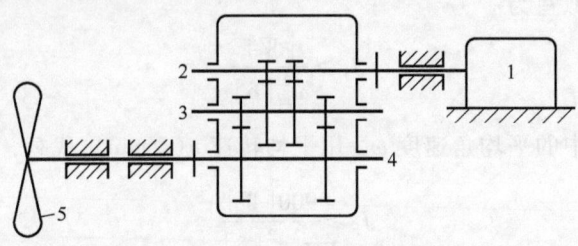

图 11-8 题 11-6 图

11-7 图 11-9 所示为一轧钢机工作时的消耗功率曲线，它是时间 t 的函数。工作行程所消耗的功率 $P_1 = 400\text{kW}$，时间 $t_1 = 6\text{s}$，空行程所消耗的功率 $P_2 = 100\text{kW}$，时间 $t_2 = 2\text{s}$。若许用运转速度不均匀系数 $[\delta] = 0.1$，飞轮轴转速 $n_m = 800\text{r/min}$。试确定飞轮的转动惯量。

11-8 已知一机械系统的等效力矩 M_e 对转角 φ 的变化曲线如图 11-10 所示。各块面积为 $f_1 = 340\text{mm}^2$，$f_2 = 810\text{mm}^2$，$f_3 = 600\text{mm}^2$，$f_4 = 910\text{mm}^2$，$f_5 = 555\text{mm}^2$，$f_6 = 470\text{mm}^2$，$f_7 = 695\text{mm}^2$，比例尺：$\mu_M = 7000\text{N} \cdot \text{m/mm}$，$\mu_\varphi = 1°/\text{mm}$，平均转速 $n_m = 800\text{r/min}$，许用运转速度不均匀系数 $[\delta] = 0.02$。若忽略其他构件的转动惯量，试求飞轮的转动惯量 J_F，并指出最大、最小角速度出现的位置。

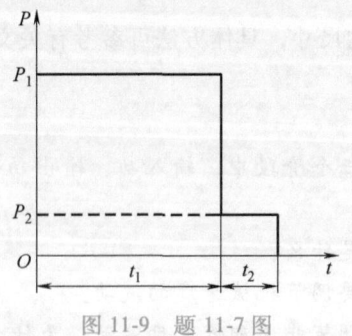

图 11-9 题 11-7 图

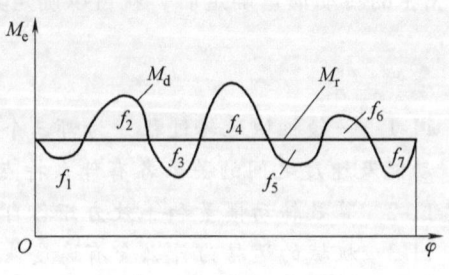

图 11-10 题 11-8 图

11-9　某内燃机的曲柄输出力矩 M_d 随曲柄转角 φ 的变化曲线如图 11-11 所示，其运动周期 $\varphi_T = \pi$，曲柄的平均转速 $n_m = 620 \text{r/min}$。当用该内燃机驱动阻抗力为常数的机械时，如果要求其运转速度不均匀系数 $\delta = 0.01$。试求：

1) 曲轴最大转速 $n_{\max}$ 和相应的曲柄转角位置 $\varphi_{\max}$。

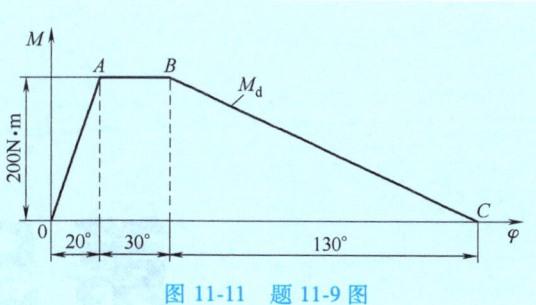

图 11-11　题 11-9 图

2) 装在曲轴上的飞轮转动惯量 J_F（不计其余构件的转动惯量）。

11-10　在图 11-12a 所示的传动机构中，轮 1 为主动件，其上作用的驱动力矩 M_1 为常数，轮 2 上作用有阻力矩 M_2，其值随轮 2 的转角 φ 做周期性变化：当轮 2 由 0° 转至 120° 时，其变化关系如图 11-12b 所示；当轮 2 由 120° 转至 360° 时，$M_2 = 0$。轮 1 的平均角速度 $\omega_m = 50 \text{r/s}$，两轮的齿数分别为 $z_1 = 20$，$z_2 = 40$。以轮 1 为等效构件时，试求：

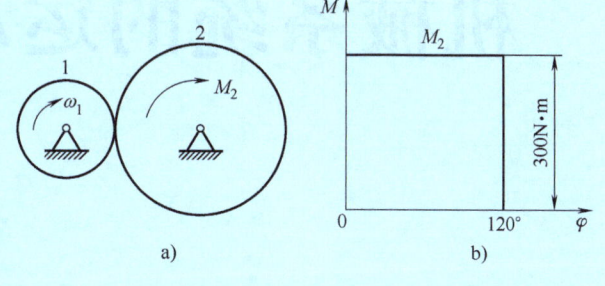

图 11-12　题 11-10 图

1) 等效阻力矩 M_r。

2) 在稳定运转阶段的等效驱动力矩 M_d。

3) 为减小速度波动，在轮 1 轴上装置飞轮，若要求速度不均匀系数 $\delta = 0.05$，而不计轮 1 和轮 2 的转动惯量时，确定所加飞轮的转动惯量。

第5篇

机械系统的运动方案设计

第 12 章 机械系统运动方案分析与设计方法

12.1 概述

12.1.1 机械系统运动方案设计内容

机械系统运动方案设计是机械设计过程中非常重要的组成部分，也是最富有创造性的设计工作。运动方案设计的优劣，对提高机械的性能和质量，降低制造成本与维护费用等影响很大。研究表明，一个机械产品 70% 的成本是由运动方案设计决定的，故应认真对待。

机械系统运动方案设计的内容与一般过程可用图 12-1 所示的框图来表示。

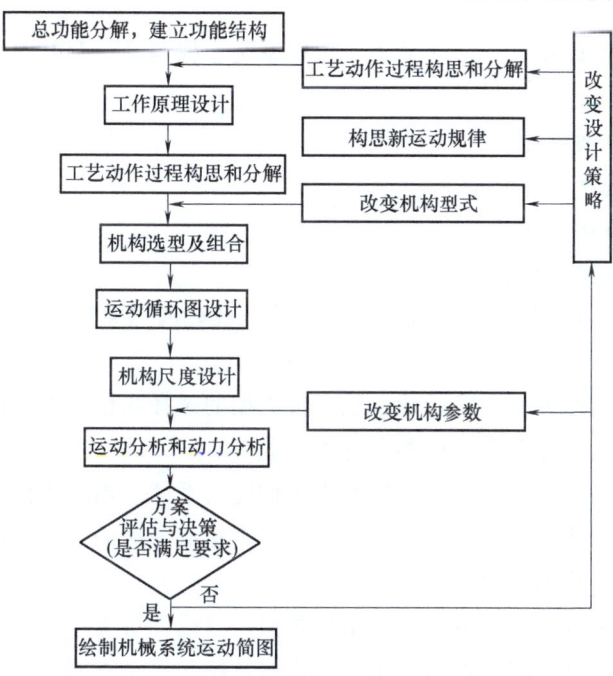

图 12-1 机械系统运动方案设计流程

12.1.2 机械系统运动方案设计中的重点问题

机械系统运动方案设计重点要解决好以下几个问题。

(1) 确定执行构件的运动及相互协调配合关系　当机器的工艺方法确定后，执行构件的运动形式和运动规律即可确定。一部复杂的机器，通常有多个执行构件，必须使这些构件的运动以一定的次序协调配合，使其统一于一个整体，才能保证其工作的完成。机械运动的协调设计是机械系统运动方案设计的重要内容之一。

(2) 原动机的选择　大多数机械是由原动机驱动的，常用的原动机包括电动机、内燃机、液压缸等。原动机选择是否得当，对整个机械的性能及成本、机械传动系统的组成及其繁简程度等都将有直接影响。

(3) 传动系统的设计　传动机构在机械系统中所起的作用主要有调速、改变运动方向及传动距离等。常用的传动机构主要有齿轮传动、带传动和链传动等。传动系统的设计直接影响着执行机构的工作性能，同时在很大程度上决定着整个机器的成本和费用。

(4) 机构的选型与机构的创新设计　执行机构的选型是方案设计中最关键、最活跃的一步。为了选择合理的机构类型，设计者必须善于运用发散思维，并在熟悉各种不同类型的常用机构运动特性基础上，根据执行构件的运动形式及运动功能要求，在基本机构中进行类比来选取适合的机构。当所选机构不能完全满足预期要求，或虽能实现功能要求但存在较多缺点，或设计者希望尝试突破得到新机构，可考虑对基本机构运用变异、组合的方法来构筑新的机构形式。

12.1.3　机械系统的组成概述

一般的机械系统由原动机、传动系统、执行系统、控制系统和其他辅助系统组成。方案的设计主要有：

1) 执行系统的方案设计。
2) 原动机类型选择。
3) 传动系统的方案设计。
4) 控制系统的方案设计。
5) 其他辅助系统（包括润滑系统、冷却系统、故障检测系统、安全保障系统和照明系统等）的设计。

本章主要介绍执行系统的方案设计、原动机类型的选择和传动系统的方案设计，有关控制系统和其他辅助系统的方案设计可参考有关专业书。

机器中的传动机构和工作执行机构统称为机械运动系统。当使用内燃机或电动机作为原动机时，其转速可能无法满足工作执行机构低速、高速或变速的要求。因此，在原动机输出端通常需要连接传动机构来实现速度变换。

机械传动系统的机构类型相对简单，结构相似，且设计难度不大。而机器的工作执行机构系统则要复杂得多，且不同机器的工作执行机构系统一般是不同的。同时，工作执行机构系统的组成非常复杂，没有固定的规律，只能根据待设计机器的功能要求进行设计。

不同机器具有不同的功能，因此工作执行机构也不同。各种连杆机构、齿轮机构、凸轮机构、间歇运动机构以及它们之间的组合都可能成为工作执行机构。具体选择哪种机构及其组合作为工作执行机构，要根据具体的设计要求来确定。

实现相近动作的机构类型很多,将其有机组合可获得一系列的新机构。表 12-1 列出了执行机构常用运动形式及其对应机构类型,可供机构选型时参考。

表 12-1 执行机构常用运动形式及其对应机构类型

运动形式		机构示例
连续转动	定传动比匀速转动	双万向联轴器机构、齿轮机构、轮系、谐波齿轮传动机构、摩擦传动机构、挠性传动机构等
	变传动比匀速转动	轴向滑移圆柱齿轮机构、混合轮系变速机构、摩擦传动机构、行星无级变速机构、挠性无级变速机构等
	非匀速转动	非圆柱齿轮机构、双曲柄机构、转动导杆机构、单万向联轴器机构、齿轮-连杆组合机构等
往复运动	往复移动	曲柄滑块机构、移动导杆机构、正弦机构、正切机构、直动从动件凸轮机构、齿轮齿条机构、楔块机构、气动机构、液压机构等
	往复摆动	曲柄摇杆机构、双摇杆机构、摆动导杆机构、曲柄摇块机构、空间连杆机构、摆动从动件凸轮机构及某些组合机构等
间歇运动	间歇转动	棘轮机构、槽轮机构、不完全齿轮机构、凸轮式间歇运动机构及某些组合机构等
	间歇摆动	特殊形式的连杆机构、摆动从动件凸轮机构、齿轮-连杆组合机构、利用连杆曲线圆弧段或直线段组成的多杆机构等
	间歇移动	棘齿条机构、从动件间歇往复移动的凸轮机构、反凸轮机构、气动机构、液压机构、移动杆有停歇的斜面机构等

码 12-1 观看动画

12.2 机械工作原理拟定与工艺设计之间的关系

任何一部机械的设计都是为了实现特定的功能要求,包括工艺要求和使用要求。功能原理设计指的是根据机械预期的功能来设计适合实现该功能要求的工作机理。实现特定功能要求可以采用多种不同的工作原理,而不同的工作原理需要不同的工艺操作。功能原理设计的任务是根据机械预期的功能要求,构思出所有可能的功能原理,并进行分析比较,从中选择既能很好地实现工艺操作又具有简单结构的工作原理。在设计机械产品时,首先应根据使用要求、技术条件和工作环境等情况明确机械所需达到的总功能,然后制订实现这些功能的工作原理和技术手段,最终设计出机械系统方案。

在实现同一种功能要求时,可以采用不同的工作原理。例如,对于螺栓的螺纹加工,可以选择车削或套螺纹的方法。同样地,加工螺旋弹簧时可以采用绕制原理或直接成形原理。

不同工作原理的机械具有不同的运动方案,即使采用相同的工作原理,也可以设计出多种不同的机械运动方案。

确定机械的工作原理后,为了便于设计,应将机械的总功能分解为多个分功能,并形成机械的工艺操作过程。这个分解过程也是一个创造性的设计过程,工艺操作应力求简单、合理和可靠。通过对机械工艺操作的分解,可以确定执行构件的数量、各执行构件的运动形式、运动协调关系和基本运动参数,然后根据各执行构件的运动形式和基本运动参数,合理选择各执行机构的形式,并进行适当的布局和组合。

由于可以根据不同的工作原理制订出多种不同的运动方案来完成机械的功能要求,其中必然存在着好坏优劣之分。因此,在设计机械时,需要对其工作原理和运动方案进行综合评价,以便从中选出最佳的工作原理和运动方案。

12.3 执行构件的运动设计方法和原动机的选择

在确定了执行构件的运动形式、运动参数及运动协调关系后,需要拟定从原动机经传动机构到执行机构的完整组成方案。因此,要选择原动机的类型和运动参数,选择机构类型和组合方式。

12.3.1 执行构件的运动设计方法

(1) 确定执行构件的数目 执行构件的数目取决于机械分功能或分动作数目的多少,但两者不一定相等,要针对机械的工艺过程及结构复杂性等进行具体分析。

(2) 确定执行构件的运动形式和运动参数 执行构件的运动形式取决于要实现的分功能的运动要求。常见的运动形式有回转(或摆动)运动、直线运动、曲线运动及复合运动四种。前两种运动形式是最基本的,后两种则是简单运动的复合。

码 12-2 练习测试

12.3.2 原动机的类型

原动机按其输入能量的不同可以分为一次原动机和二次原动机。前者把自然界的能源直接转变为机械能,后者将发电机等变能机所产生的各种形态的能量转变为机械能。

原动机的类型很多,特性各异。在进行机械系统总体方案设计时,原动机的机械特性及各项性能与机械执行系统的负载特性和工作要求是否相匹配,将在很大程度上决定着整个机械系统的工作性能和构造特征。原动机选择得是否恰当,对整个机械的性能、成本、机械传动系统的组成及其繁简程度将有直接影响。例如,设计金属片冲压机时,冲头的运动既可采用电动机及机械传动来实现,也可采用液压缸及液压系统来得到,两者性能及成本明显不同。

电动机是机械中使用最广的一种原动机,为了满足不同工作场合的需要,电动机又有许多种类。一般用得最多的是交流异步电动机。它价格低廉、功率范围宽、具有自调性,其机械特性能满足大多数机械设备的需要。当执行构件需无级变速时，可考虑用直流电动机或交流变频电动机。当需精确控制执行构件的位置或运动规律时，可选用伺服电动机或步进电动机。

在采用气动原动机时，需要气压源。气压驱动动作快速，废气排放方便，无污染。但其缺点是，驱动力较小，且运动精度较差。采用液压原动机时，通常一台设备就需要一台液压源，成本较高。液压驱动可获得较大的驱动力，运动精度高，调节控制方便。

由普通交、直流电动机与可实时控制的伺服电动机联合驱动一个多自由度（一般自由度为2）机构的驱动方式称为混合驱动。混合驱动增大了机器工作的柔性，其工作范围和性质能在一定范围内变化以改善机器的工作性能，提高机器的工作精度和适应性。

码 12-3 观看视频

12.3.3 构件间运动协调和工作循环图

（1）各执行构件运动的协调配合关系　在某些机械中，各执行构件的运动是彼此独立的，不需要协调配合。而在某些机械中则要求各执行构件的运动必须准确协调配合才能实现预期的效果，具体来说，可分为如下两种情况。

1）各执行构件动作的协调配合：有些机械要求其执行构件在时间及运动位置的安排必须准确协调配合。

2）各执行构件运动速度的协调配合：有些机械要求其各执行构件的运动速度必须保持协调。

对于有运动协调配合要求的执行构件，往往采用一个原动机，通过运动链将运动分配到各执行构件上去，借助机械传动系统实现运动的协调配合。但在一些现代机械（如数控机床）中，则常用多个原动机分别驱动，并借助数控系统实现运动的协调配合。

（2）机械的工作循环图　为了保证机械在工作时各执行构件间动作的协调配合关系，在设计机械时应编制出工作循环图，以表明机械在一个工作循环中各执行构件的运动配合关系。在编制工作循环图时，要从机械中选择一个构件作为定标件，用它的运动位置（转角或位移）作为确定其他执行构件运动先后次序的基准。工作循环图通常有如下三种形式。

1）直线式工作循环图。图 12-2 所示为前述金属片冲压机的工作循环图。它以主轴作为定标件。为提高生产率，各执行构件的工作行程有时允许有局部重叠。

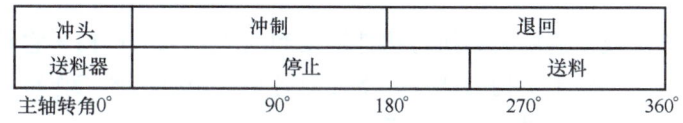

图 12-2　金属片冲压机的工作循环图

2）圆周式工作循环图。图 12-3 所示为单缸四冲程内燃机的工作循环图。它以曲轴作为定标件，曲轴每转两周为一个工作循环。

3）直角坐标式工作循环图。如图 12-4 所示，此图不仅能表示出两执行构件动作的顺序，而且能表示出两构件的运动规律及配合关系。

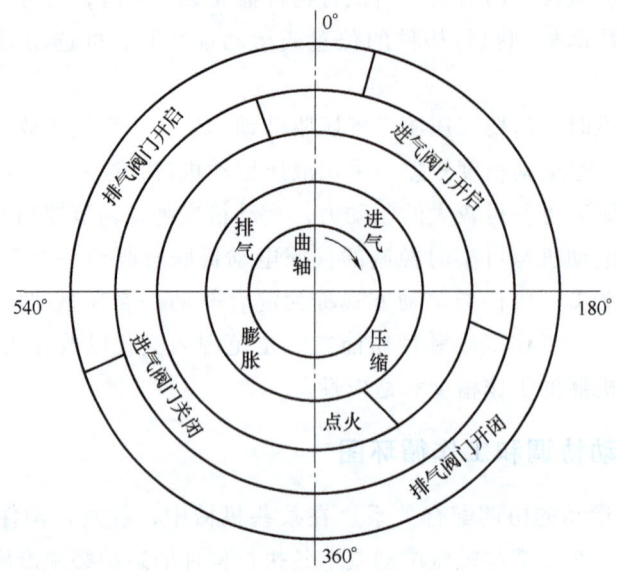

图 12-3　单缸四冲程内燃机的工作循环图

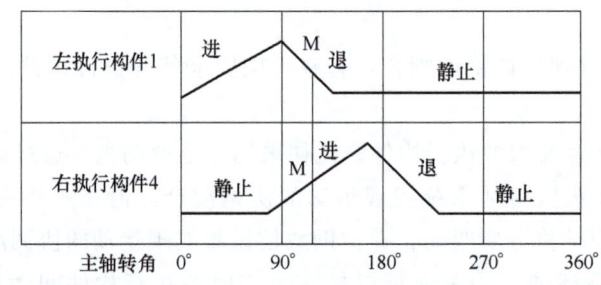

图 12-4　直角坐标式工作循环图

12.4　执行机构的选型与变异

12.4.1　机构的选型

机构选型就是选择或创造出满足执行构件运动和动力要求的机构,它是机械系统方案设计中很重要的一环。为了便于机构的选型,下面对各种常用机构的工作特点、性能和适用场合进行简略的归纳和比较,以供选型时参考。

(1) 实现连续回转运动的机构　能实现匀速转动的机构有齿轮机构、蜗轮蜗杆机构、带传动机构、链传动机构、摩擦轮机构等,在以交流异步电动机作为原动机的机械中,这类机构是最常见的减速或增速机构。

双曲柄机构、回转导杆机构和非圆齿轮等机构可以实现周期性变速转动,但非圆齿轮机构的加工较为困难,应用较少。

(2) 实现往复移动或摆动的机构　常见的能实现往复移动或摆动的机构有连杆机构、凸轮机构、螺旋机构、齿轮齿条机构及组合机构等。

连杆机构中可以实现往复移动的机构主要有曲柄滑块机构、正弦机构、正切机构、六连杆机构等。连杆机构是低副机构，制造容易，承载能力大，但连杆机构难以准确地实现任意指定的运动规律，故多用于无严格运动规律要求的场合。

凸轮机构可以实现复杂的运动规律，也便于实现各执行构件间的运动协调配合。但因其为高副机构，因此多用在受力不大的场合。

螺旋机构可获得较大的减速比和较高的运动精度，常用作低速进给和精密微调机构。

齿轮齿条机构适用于移动速度较高的场合，但是由于精密齿条制造困难，传动精度及平稳性不及螺旋机构，所以不宜用于精密传动及平稳性要求较高的场合。

(3) 实现再现轨迹的机构　能够实现再现轨迹的机构主要有连杆机构、齿轮-连杆组合机构、凸轮-连杆组合机构和联动凸轮机构等。用四杆机构来再现所预期的轨迹，虽然机构简单、制造方便，但只能近似地实现所预期的轨迹。用多杆机构或齿轮-连杆机构来实现所预期的轨迹时，因待定的尺寸参数较多，故精度可比四杆机构高，但设计和制造较难。用凸轮-连杆组合机构或联动凸轮机构可准确地实现预期轨迹，且设计较方便，但凸轮制造较难，故成本较高。

12.4.2　机构的变异

当所选机构不能完全满足所提出的运动和动力要求时，或为了改善所选机构的性能或结构时，可以通过改变机构中某些构件的结构形状、运动尺寸、更换机架或主动件、增加辅助构件等方法以获得新的机构或特性，这类方法称为机构的变异。机构变异的方法很多，下面介绍几种较常用的方法。

(1) 改变构件的结构形状　例如，在摆动导杆机构中，若在原直线导槽上设置一段圆弧槽（图12-5），其圆弧半径与曲柄长度相等，则导杆在左极位时将做较长时间的停歇，即变为单侧停歇的导杆机构。当然，这时导杆正、反行程的运动规律均有所改变。

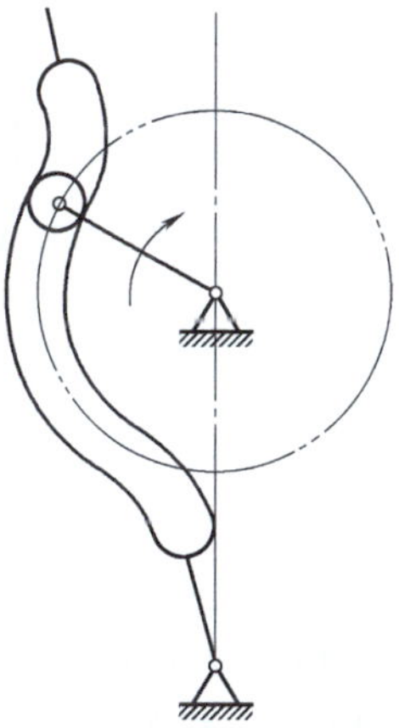

巧妙地设计构件的结构，可使一个构件能起到多方面的功用，从而简化机器的结构，改善机器的性能。如图12-6所示的热钢锭转运机机构运动简图，为了承接由加热炉送出的热钢锭8并将其转运到轧钢机的升降台7上，连杆3的结构就做了特别的设计，以保证在承接、转运、倾倒热钢锭过程中的安全可靠性。

(2) 机构倒置　所谓机构的倒置就是机架的变换。按照相对运动原理，机架变换后，机构内各构件的相对运动关系不变，而绝对运动却发生了改变。这种机构的倒置方法在前面所述连杆机构、凸轮机构设计及周转轮系传动比计算中已经为大家所掌握，这里无须再赘述。

图12-5　变异导杆机构

(3) 变换运动副的形式　运动副是机构运动变换的主要元素，变换运动副的形式是机构创新的途径之一。常见的运动副变换有三种：①转动副与移动副之间的变换；②高副和低副之间的变换；③运动副的同性异形变换。这些内容已在前面章节做过介绍。

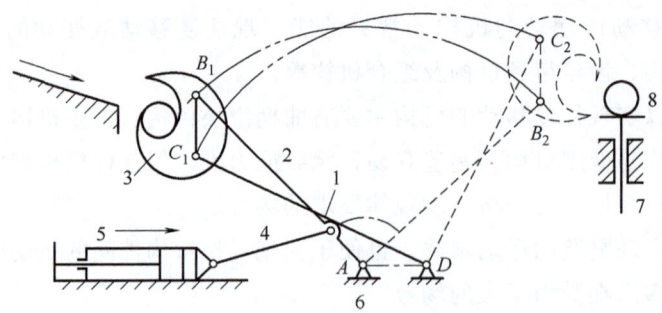

图 12-6 热钢锭转运机构运动简图

1~4—连杆 5—液压缸 6—机架 7—升降台 8—热钢锭

12.5 机构的组合

为了实现执行构件的运动形式及运动协调关系，或者为了改善机械的动力特性，常常需要将选定的机构以适当的方式组合起来，才能满足机械的设计要求。

12.5.1 串联式组合机构

由两个或两个以上的单自由度基本机构相互串联，使前一机构的从动件恰为后一机构的主动件，以这种方式形成的组合机构称为串联式组合机构，以此改变单一机构的运动特性。如图 12-7 所示的机构就是串联组合方式的一个例子，可用图 12-8 所示的框图来表示。

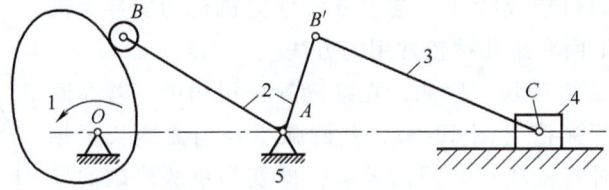

图 12-7 串联式机构运动简图

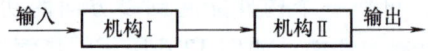

图 12-8 串联式机构运动传递示意图

如图 12-7 所示，凸轮摆杆滑块机构由凸轮机构 1-2-5（机构Ⅰ）和摆杆滑块机构 2-3-4-5（机构Ⅱ）串联组合而成。由于凸轮轮廓曲线可按任何运动规律进行设计，因此能够使滑块的运动规律充分满足生产工艺的要求。

可见，串联式组合机构主要是利用前置机构（如图 12-7 中的凸轮机构）来改变后置机构（如图 12-7 中的摆杆滑块机构）输入构件的运动特性，以获得输出构件所期望的运动规律。

12.5.2 并联式组合机构

一个机构产生若干个后续分支机构，或若干个分支机构汇合于一个后续机构，或一个机构产生若干个后续分支机构并汇合于另一个后续机构的组合方式，称为机构的并联式组合。

如图12-9所示，机构由定轴轮系1'-5-4和曲柄摇杆机构1-2-3-4及差动轮系5-6-7-3-4所组成。主动齿轮1'和曲柄1固结在同一轴上，其运动ω_1同时传给并列布置的定轴轮系和曲柄摇杆机构，从而转换成两个运动ω_5和ω_3。这两个运动又传给差动轮系合成为一个输出运动ω。当主动轴做匀速转动时，从动齿轮5为匀速转动，而摇杆3却为变速摆动，所以外齿轮7做变速转动，其周期为主动轴回转一周的时间。此机构可用于铁板输送机，当外齿轮7将铁板输送一定长度后即做瞬时停歇，配套的剪切机便把铁板剪断。

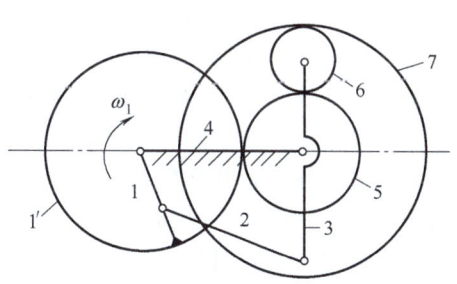

图12-9 并联式机构运动简图
1—曲柄　1'—主动齿轮　2—连杆　3—摇杆
4—机架　5—从动齿轮　6—内齿轮　7—外齿轮

12.6 机械系统方案的评价体系与方法

12.6.1 机械系统方案评价的意义

机械系统方案设计的最终目标，是寻求一种既能实现预期要求，又性能优良、价格低廉的运动方案。

设计机械系统方案时，实现同一功能，可以采用不同的工作原理，从而构思出不同的设计方案；采用同一工作原理，由于工艺动作分解的方法不同，也会产生不同的设计方案；采用相同的工艺动作分解方法，选用的机构型式不同，也同样会形成不同的设计方案。因此，机械系统的方案设计是一个多解性问题，没有确定的唯一解。面对多种设计方案，设计者必须分析比较各方案的性能优劣、价值高低、实用性及安全性、环保性等，经过科学评价和决策，才能获得最满意的方案。机械系统方案设计的过程，就是一个先通过分析、综合，使待选方案数目由少变多，冉通过评价、决策，使待选方案数目由多变少，最后获得满意方案的过程。应用现代设计方法科学评价和决策来确定最满意的设计方案，是机械系统方案设计阶段的一个重要任务。

12.6.2 机械系统方案的评价体系

为了使机械系统运动方案评价结果更准确、有效，必须建立一个评价体系。它一般应满足以下基本要求。

1）评价体系应尽可能全面，但又必须抓住重点。它不仅要考虑到对机械产品性能有决定性影响的主要设计要求，而且应考虑对设计结果有影响的主要条件。

2）评价指标应具有独立性。各项评价指标相互之间应该无关，即提高方案某一项评价指标的评价值的措施不会对其他评价指标的评价值有明显影响。

3）评价指标都应定量化。对于难以定量的评价指标，可以进行分级量化。评价指标定量化有利于对方案进行评价和选优。

评价一个设计方案的优劣，需要有足够的依据，这些依据称为评价准则。评价准则包括两方面的内容：一是设计目标，二是设计指标。设计目标是指从哪些方面，以什么原则来评价方案，达到什么标准为优，这一项可以是定量的，但一般为定性评价，例如，结构越简单越好，尺寸越小越好，效率越高越好，加工制造越方便越好，操作越容易越好，成本越低越好等。设计指标是指具体的约束限制，例如，机构的运动学、动力学参数等。由于在执行机构的型式设计完成后，已初步进行了各执行机构的运动设计和动力设计，故这一项通常是可以进行定量评价的。对于不符合设计指标的方案，需通过重新设计来达到设计指标，若重新设计后仍达不到设计指标，则必须放弃。评价就是在由约束条件限定的可行域范围内，按设计目标寻找优选方案。

机械系统设计方案的优劣，通常应从技术、经济、安全可靠三方面予以评价，当然也会根据要求加以附加约束。但是，由于在方案设计阶段还不可能具体地涉及机械的结构和强度设计等细节，所以评价指标主要考虑技术方面的因素，即功能和性能方面的指标应占有较大的比例。

机械系统方案评价的指标应由所设计的机械的具体要求加以确定。一般说来，评价指标应包括下列六个方面：

1）机械功能的实现质量。因为在拟订方案时，所有方案基本上都能满足机械的功能要求，然而各方案在实现功能的质量上还是有差别的，如工作的精确性、稳定性、适应性和扩展性等。

2）机械的工作性能。机械在满足功能要求的条件下，还应具有良好的工作性能，如运转的平稳性、传力性能及承载能力等。

3）机械的动力性能。如冲击、振动、噪声及耐磨性等。

4）机械的经济性。经济性包含设计工作量的大小、制造成本、维修难易度及能耗大小等，即应考虑包含设计、制造、使用及维护在内的全周期的经济性。

5）机械结构的合理性。包括结构的复杂程度、尺寸及重量大小等。

6）社会性。诸如宜人性、是否合乎国家环保规定的合法性等。

这些评价指标是根据机械系统设计的主要性能要求和机械设计专家的咨询意见制订的。对于具体的机械系统，这些评价指标和具体内容还需根据实际情况加以增减和完善，以形成一系列比较合理的评价指标。

根据上述评价指标，即可建立一个评价体系。对于不同的设计任务，应根据具体情况，拟定不同的评价体系。例如，对于重型机械，应对其承载能力给予较大的重视；对于加速度较大的机械，应对其振动、噪声和可靠性给予较大的重视。因此，针对具体设计任务，科学地选取评价指标和建立评价体系是一项十分细致和复杂的工作。只有建立科学的评价体系，才能避免个人决定的主观片面性，减少盲目性，从而提高设计的质量和效率。

12.6.3 机械系统方案的评价方法

常用的机械系统方案评价方法有以下三种。

（1）价值工程评价法　价值工程评价法，是以提高产品实用价值为目的，以功能分析为核心，以开发集体智力资源为基础，以科学分析方法为工具，用最低的成本去实现机械产品的必要功能的方法。

价值工程中功能与成本的关系为

$$V = \frac{F}{C}$$

式中，V 为价值；F 为功能；C 为寿命周期成本。

机械系统运动方案的评价可以按它的各项功能求出综合功能评价值，即以功能为评价对象，以金额为评价尺度，找出某一功能的最低成本。

这种方法要求有充分的实际数据作为依据，可靠性强，可比性好。而目标成本实际上是不断变化的，需要不断收集资料进行分析，并适当地调整收集到的成本值。有了运动方案的功能成本和功能评价值，就可以对几个机械运动方案进行评估选优。但是，由于方案设计阶段不确定因素较多，所以对某一种专门机械产品一定要在积累大量资料之后，才能够有效地进行评价选择。

（2）数学分析评价法　这是一种运用数学工具进行分析、推导和计算，得到定量评价参数的评价方法。目前此类评价方法最多，运用较普遍。常用的有技术-经济评价法。

技术-经济评价法是一种综合考虑技术类指标评价值和经济类指标评价值的评价法。所取的技术和经济评价值都是对于理想状态的相对值。这种方法既考虑技术与经济指标的综合效应，又分别就技术类和经济类指标进行评价，若有一方评价值偏低，就可以有针对性地消除引起技术评价值（或经济评价值）偏低的设计中的薄弱环节，从而使改进后二次设计的技术经济综合评价值大大提高。

（3）实践试验评价法　对于一些重要的方案设计问题，当采用计算性的数学分析评价法仍无充分把握时，可通过模型试验或计算机模拟试验对方案进行评价。由于这种评价方法是依据试验结果而不是凭专家的经验，故可获得更为准确的评价结果，但其花费的代价较高。

课后习题

12-1　设计机械系统方案要考虑哪些基本要求？设计的大致步骤如何？

12-2　如何合理地选用机构？在机构选型时应考虑哪些问题？

12-3　为什么要对机械进行功能分析？这对机械系统设计有何指导意义？

12-4　运动循环图在机械传动系统设计中有何作用？如何编制运动循环图？

12-5　拟订机械传动方案的基本原则有哪些？

12-6　机械运动方案的评价方法有哪几种？试给予简要说明。

12-7　评价机械系统方案优劣的指标包括哪些方面？

第 13 章 机械系统创新设计

13.1 创新设计的原理与方法

13.1.1 创造性基本原理

（1）发展原理 所谓发展原理，就是要打破旧结论、发展新事物。例如，工业机器人就是根据人体的劳动功能，以代替人类部分劳动为目的而创造出来的。又如，飞机的发明是打破"比空气重的物体不能飞起来"的结论而成功的。

（2）发散原理 所谓发散原理，就是要突破现有办法，多角度思考问题，发展新思路。开阔思路才会找到创新的办法。例如，在设计步行机械时，就要采取轮式、仿人两脚步行式、兽类四脚行走式、蛇的游动行走式等多种思路。

（3）触发原理 将不相关的事物，通过触发联系，可能得到新的启示。例如，汽化器就是从喷洒香水的雾化现象得到启示而创造设计出来的。

13.1.2 创造性思维活动方式

（1）发散思维 即通过联想、类比等思考方法，以某种思考对象为中心，使思维向各个方向扩散开来，从而产生大量构思，获得多种求解方案。

（2）收敛思维 即利用已有的知识、经验进行分析比较，优化筛选，从足够多的方案中选取最佳方案。

（3）侧向思维 即利用其他领域里的观念、知识、方法来解决本领域的问题。

（4）逆向思维 又称为索源思维，即反向思考问题。

码 13-1 发散思维小视频

13.1.3 创造法则

（1）还原抽象法则 即从现有的事物研究抽象出其创造起点，再由创造起点出发，采用不同的技术、方法，得出新的创造性成果。还原的目的是找到事物的本质，而不被现有事物的表象束缚新思维的产生。例如，洗衣的本质是使脏物与衣料相分离，从而不被人工搓洗的动作约束限制住思维，然后从"分离"的本质出发，找到其他不同的分离方法，从而设计出原理不同、形式相异的洗衣机。

（2）模仿移植法则 即模仿已有的事物，进行新的创造，并移植到其他领域，以取得新的成果。例如，模仿人类步行、鱼虾游动、龟蛇爬行等，设计出各种步行机器人，并已逐步形成了仿生机构学这门新兴学科。

（3）离散组合法则　即将研究对象加以分离或将两种或多种技术、产品的一部分或全部进行适当组合，从而形成新技术、新产品。

（4）分析综合法则　即分析、比较、研究现有事物获得其本质内容，然后再把相关的概念、事实、信息、方法巧妙地结合起来，形成新的创造性成果。

13.2 机构再生运动链创新设计

13.2.1 再生运动链设计概述

构思设计是机构设计的重要阶段。设计者必须具备创造新机构或改变已有机构的构思能力，以得到所期望功能的设计，这是设计过程中最富创意的部分，也是最模糊难以理解的部分。为解决这个问题，国内外学者进行了多方面的努力，取得一些研究成果。颜鸿森、R.C.约翰逊等提出的基于实例的机构创新设计方法具有思路清晰、可操作性强等特点。

本节介绍颜鸿森教授提出的再生运动链法。

用图13-1所示的机构创新设计流程来描述再生运动链法的一般步骤：

①找出可用的已有设计，并归纳出这些机构的拓扑构造特性，然后任意选择一个已存在的设计作为原始机构；②经由一般化程序，把原始机构转化成只含有连杆和回转副的一般化运动链；③运用数目综合理论，得到具有所需构件和运动副数目的一般化运动链图谱；④根据设计要求，经由特定化程序将运动链图谱中的每一个运动链的构件和运动副指定类型，以获得特定化运动链图谱；⑤从所得到的特定化运动链图谱中，找出能满足设计约束条件的可用特定化运动链图谱；⑥经由具体化程序，将每个可用特定化运动链转化成与其相对应的机构，以获得机构图谱；⑦从建立的机构图谱中去掉已存在的现有机构，即获得新类型机构图谱。

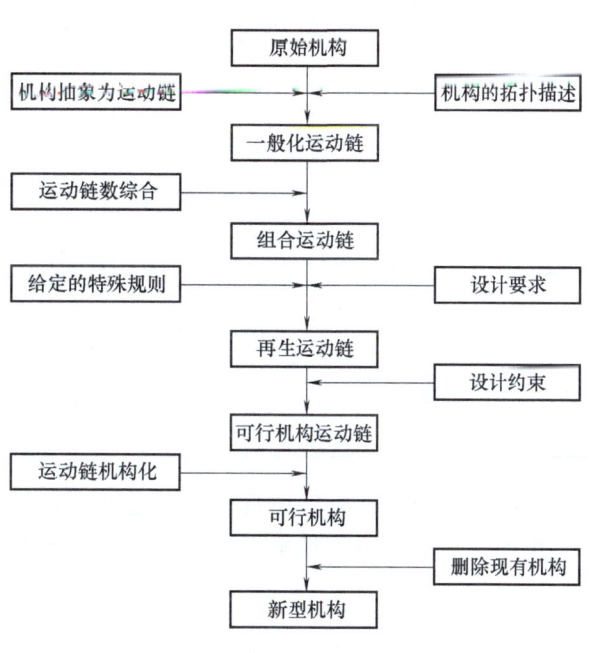

图 13-1　再生运动链法创新设计流程

13.2.2 原始机构及一般化运动链

（1）确定原始机构　设计师首先要确定一个原始机构，这一机构能够满足提出的功能要求。原始机构可以出自自己的设计、产品、样本、设计手册等，也可以是设计者按照使用要求，自行创新设计得到的。

（2）形成一般化机构　机构一般化的工作要求是把包含有不同类型杆件与移动副的原始机构，转化成只含刚性连杆和转动副的一般化运动链。主要依据如下原则：①将非刚性构件转化为刚性构件；②将非连杆转化为连杆；③将高副转化为低副；④将非转动副转化为转动副；⑤将机构转化为运动链；⑥转化中保持自由度不变。

（3）形成一般化运动链　一般化运动链是将一个一般化机构释放机架和消除复合铰链而形成的。表 13-1 为机构一般化图例。

表 13-1　机构一般化图例

名称	图例	一般化	说明
弹簧	〜〜〜	S	两构件之间的弹簧连接，用Ⅱ级杆组（A 型）代替，在中间铰链标志"S"
滚动副	○	$R\,^1_2$	两构件之间纯滚动接触，形成滚动副，用转动副 R 代替
高副		HS $^1_{O_1}$ $_2^{O_2}$	构件 1，2 组成高副，O_1 或 O_2 表示接触点曲率中心，以一杆（HS）、两转动副（O_1 和 O_2）代替
移动副		$1\,^P\,2$	移动副用转动副代替并标"P"
液压缸		H	两构件之间构成变长度杆，用Ⅱ级杆组代替，并在中间铰接点标"H"
力		$1\,^{F_p\,F_f}\,2$	构件 1、2 之间作用力 F，该力的作用效果等价于弹簧力，可用Ⅱ级杆组代替，主动力标 F_p，阻力标 F_f

图 13-2 所示是凸轮机构及其一般化运动链；图 13-3 所示是齿轮机构及其一般化运动链；图 13-4 所示是力作用构件及其一般化运动链；图 13-5 所示是夹持机构及其一般化运动链。

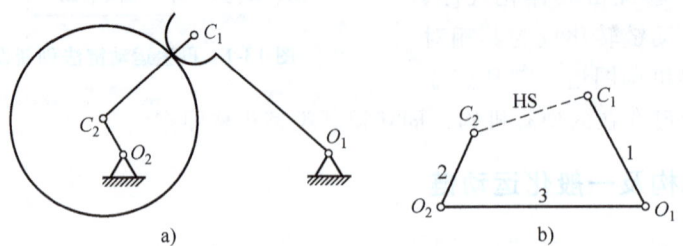

图 13-2　凸轮机构及其一般化运动链

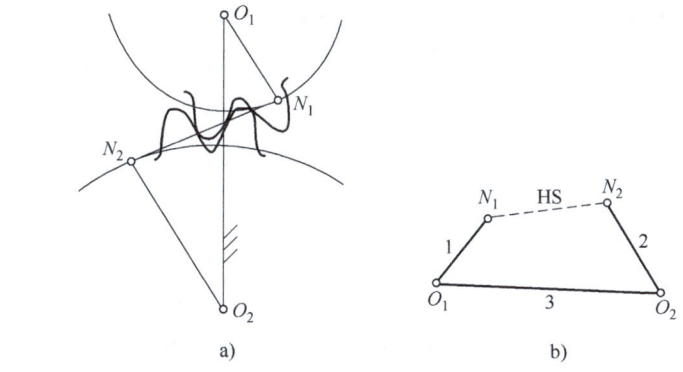

图 13-3 齿轮机构及其一般化运动链

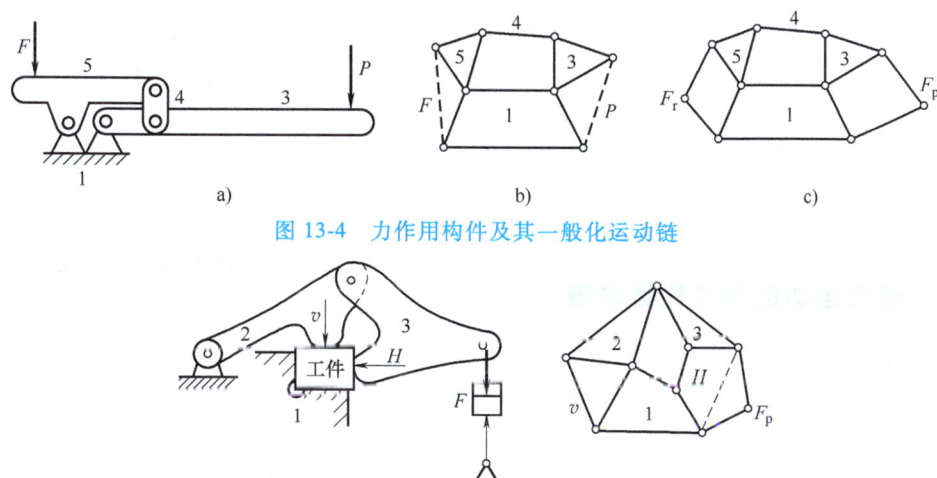

图 13-4 力作用构件及其一般化运动链

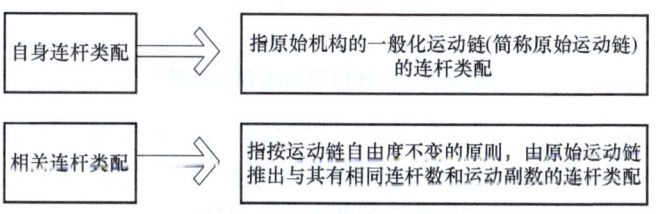

图 13-5 夹持机构及其一般化运动链

13.2.3 运动链连杆类配

将机构转化为一般化运动链后,可以得到一个或几个运动链,每一个运动链中包含不同数量的运动副和杆,这些运动链的总和称为连杆类配。运动链中的连杆类配可以表示为

$$LA(L_2/L_3/L_4/L_5/\cdots/L_n)$$

式中,L_2、L_3、L_4、$\cdots$、L_n 分别表示具有 2 个运动副、3 个运动副、$\cdots$、n 个运动副的连杆数量。连杆类配可分为两种,如图 13-6 所示。

```
自身连杆类配 ⟹ 指原始机构的一般化运动链(简称原始运动链)
                的连杆类配

相关连杆类配 ⟹ 指按运动链自由度不变的原则,由原始运动链
                推出与其有相同连杆数和运动副数的连杆类配
```

图 13-6 连杆类配的类型

据此原理,可以给出相关连杆类配应满足的两个方程:

$$L_2+L_3+L_4+\cdots+L_n=N\ (连杆数量不变)$$

$$2L_2+3L_3+4L_4+5L_5+\cdots+nL_n=2J（运动副数量不变）$$

式中，N 为连杆中连杆总数；J 为运动链中的运动副总数。

下面以六杆机构为例进行运动链连杆类配。

设：自由度 $F=1$，杆件数 $N=6$，运动副数 $J=7$，假设没有复合铰链，则

$$3(N-1)-2J=F=1$$

设具有 n 个运动副的杆件数量为 L_n，则

$$L_2+L_3+L_4+\cdots+L_n=N=6$$

$$2L_2+3L_3+4L_4+5L_5+\cdots+nL_n=2J=14$$

分析表明，如果取其中一个杆件的运动副数量≥5，即使其余杆件的运动副数量均为最小（=2），也会使总运动副数量大于 14，与假设出现矛盾，所以只可能有一两种可能的解答。

图 13-7 展示了两种类配方案，可以表示为 $LA=(5/0/1)$ 和 $LA=(4/2)$。由 $LA=(5/0/1)$ 组成的运动链，其左面 8 个杆没有相对运动，形成一个桁架结构。因此，这一运动链实际上退化为自由度为 1 的机构，不再是六杆机构，应该予以剔除，所以六杆机构的解答只有一种方案，即 $LA=(4/2)$。

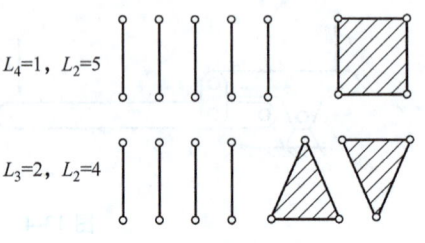

图 13-7 运动链类配

13.2.4 组合运动链和优化运动链

这一阶段包括以下工作：

（1）获得可能的运动链 根据机构综合理论，得到与一般化运动链杆件数量相同、运动副数量相同的全部可能的运动链。

（2）特定化运动链 通过施加约束，筛除所有不符合要求的运动链。

（3）优化运动链 通过对所有符合设计要求的运动链进行评价、比较，得到最适宜的机构。

根据六杆机构类配的一种形式，如 $LA=(4/2)$，按其中两个三副杆是否直接铰接，可以形成两种基本组合运动链（A 型和 B 型），在此基本型的基础上还可以派生出两种组合运动链（C 型和 D 型），如图 13-8 所示。

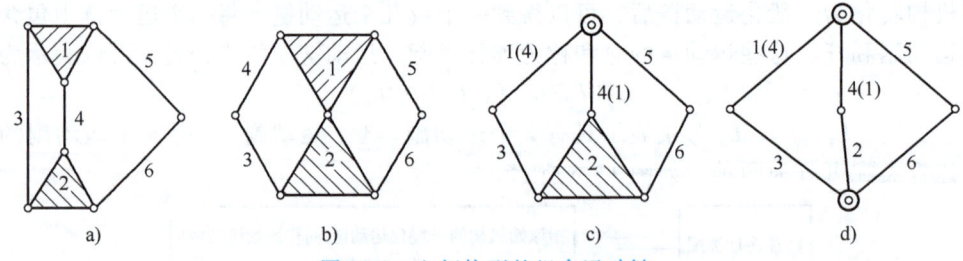

图 13-8 六杆构型的组合运动链

A 型，图 13-8a 所示运动链的两个三副杆不直接铰接，也称为司蒂芬森型。

B 型，图 13-8b 所示运动链的两个三副杆直接铰接，也称为瓦特型。

C 型，图 13-8c 所示运动链是在 A 型或 B 型运动链的基础上，使连杆 1、4 与 5 构成铰链。

D 型，图 13-8d 所示运动链是在 C 型运动链的基础上，使杆 2、3 与 6 构成复合运动链。

（1）特定化运动链图谱 机构特定化的目的是：在满足一定的设计要求的条件下，指定构件和运动副的具体类型，获得能够满足设计要求的可行机构运动链形式。

对于越野摩托车后轮悬挂装置而言，其设计要求是：
1）必须有一个固定杆作为机架。
2）必须有一个减振器。
3）必须有一个摆动杆用于安装摩托车后轮。
4）固定杆、减振器和摆动杆必须是不同的构件。

根据以上的设计要求，将固定杆、减振器以及摆动杆等三种构件指定到图 13-9 所示的两种非同构运动链中，给出运动链再生的步骤和结果。

1）固定杆（G_r）。对于图 13-9a 所示的运动链，当取不同的构件为机架时，其非同构的机构形式有两种，如图 13-9a、b 所示；对于图 13-9b 所示的运动链，取不同构件为机架，将产生三种非同构机构形式，如图 13-9c、d、e 所示。

2）减振器（S_s-S_s）。对于图 13-9a 所示的运动链，任何一个二级组可作为减振器（图 13-10a）。对于图 13-9b～d 所示的运动链，只有一个二级组可用作减振器（图 13-10b～d）。图 13-9e 所示的运动链不含有可用作减振器的构件。

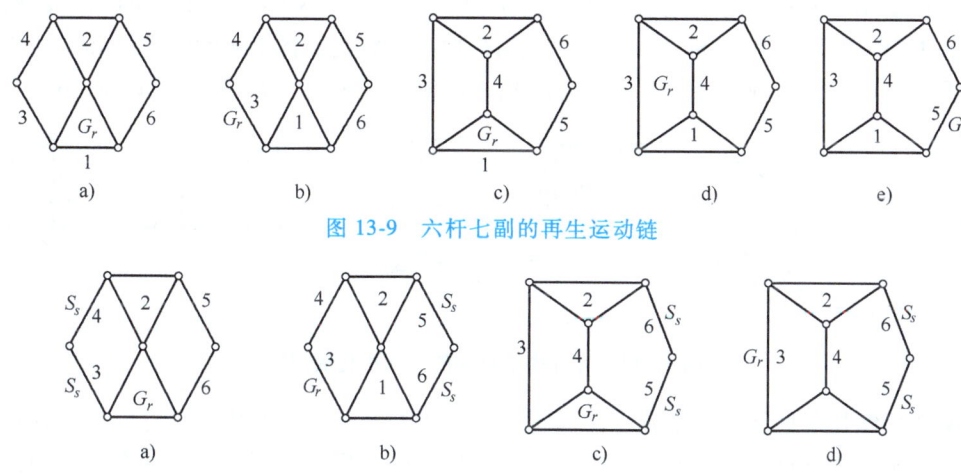

图 13-9 六杆七副的再生运动链

图 13-10 运动链再生的步骤和结果

3）摆动杆（S_w）。对于图 13-10a 所示的运动链，有三个杆可以作为摆动杆（图 13-11a～c）。对于图 13-10b 所示运动链，有三个杆可作为摆动杆（图 13-11d～f）。对于图 13-10c 所示运动链，有两个杆可作为摆动杆（图 13-11g～h）。对于图 13-10d 所示运动链，有两个杆可作为摆动杆（图 13-11i～j）。

（2）可用特定化运动链图谱及机构图谱　该步骤的目的是根据工程现实和设计者的选择，经由特定化程序，从特定化运动链图谱中，筛选出所有满足设计要求与限制的可用的特定化运动链图谱，对于实际设计问题，这些约束条件是多变的，可因不同设计者的主观因素而变化，亦会随不同的应用对象而不一样，应视具体情况而定。对于摩托车后轮悬置机构，如果没有实际约束，则图 13-11 所示的所有构型都是可行的。为了说明问题，在这里，我们定义该机构创新设计的约束条件为：摆杆与固定杆相连。按此约束，图 13-11 中能够满足设计要求的可行设计方案只有六个，即图 13-11a、b、d、f、h、i。

机构图谱：把每一个可用特定化运动链具体化为相对应的机构简图。这是一般化过程的反推，可按一般化法则逆向进行。对于满足摆杆与固定杆相连约束条件的图 13-11a、b、d、f、h、i 等六个特定化运动链而言，它们所对应的机构构造简图如图 13-12 所示。

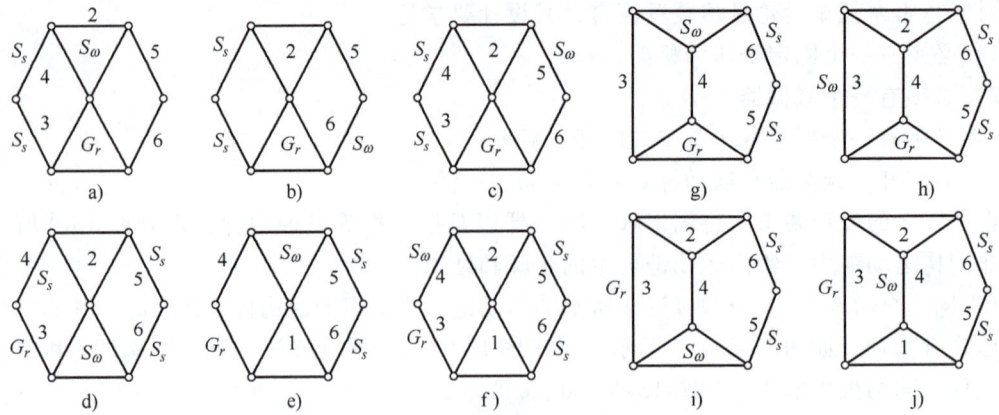

图 13-11 可行性构型

新型机构图谱：将已存在的设计构想从所建立的机构图谱中删除，所得到的即是新型机构图谱。在图 13-12 所示的六个机构中，图 13-12b 是川崎 KX250 Uni-trak 的悬置机构；图 13-12e 是本田 CR250R Pro-link 的悬置机构；图 13-12f 是五十铃 RM250X Full-floater 的悬置机构。因此，可得到三种六杆式新型越野摩托车后轮悬置机构，如图 13-12a、c、d 所示。

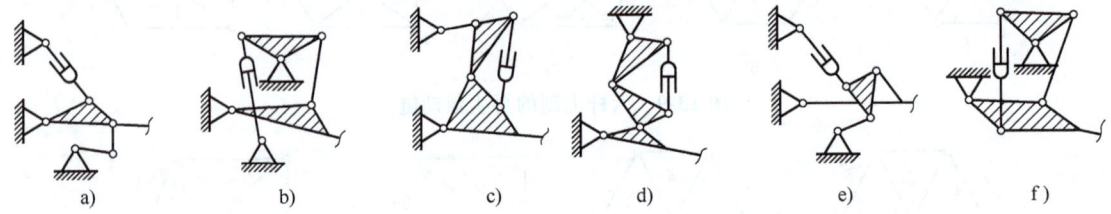

图 13-12 可行构型对应的实际机构简图

根据越野摩托车性能评价准则，对获得的三种六杆新型悬置机构与已有的三种悬置机构进行对比分析，考查这三种新开发出的悬置机构的性能，作为新型越野摩托车创新的依据。

13.2.5 机构再生设计案例

（1）原始机构　现以某种飞机起落架作为原始机构，其机构运动简图如图 13-13 所示。图中实线位置为落地位置，细双点画线位置是收起位置。其中构件 2 绕飞机机架上的固定轴 A 转动，带有轮子 a 的构件 1 与构件 2 和 3 分别组成转动副 B 和 C。构件 3 绕飞机机架上的固定轴 D 转动。当活塞杆 5 在提升缸 4 中运动时，构件 1、2 和 3 如图示箭头方向转动，使机构处于细双点画线位置，以保证将飞机起落架收起。

（2）一般化运动链　按照一般化原则，将图 13-13 所示飞机起落架机构抽象化为一般化运动链。首先将活塞杆 5 与提升缸 4 均以杆状构件代替，并将它们之间的移动副转化为转动副；设机架为 6 杆，并释放该固定杆；去掉轮 a。由此可得一般化运动链，如图 13-14 所示。

（3）确定设计约束　按照飞机起落架的功能要求，可以确定出下列 5 条设计约束，作为再生机构的依据。

1）杆的总数目与运动副的总数目保持不变，即 $N=6$，$P=7$。

2）必须有一个固定杆即机架，用 G 表示。

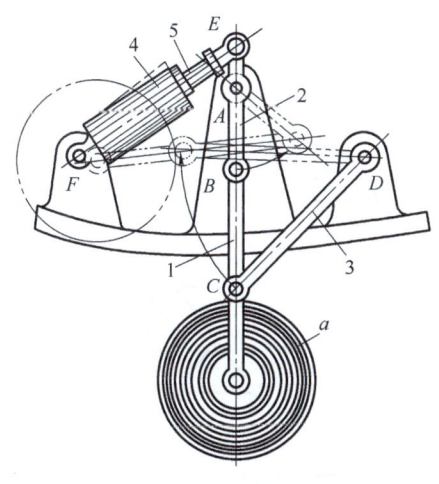
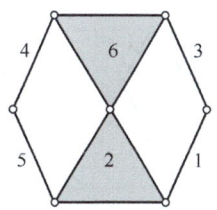

图 13-13　飞机起落架结构

1~3—构件　4—提升缸　5—活塞杆

图 13-14　飞机起落架一般化运动链

3) 必须有一个提升缸,用 g 表示,并且 g 必须为二副杆。

4) 必须有一个活塞杆,用 s 表示,s 也必须为二副杆,同时还应为浮动杆,并且与 g 组成移动副。

5) 必须有一个带有轮 a 的构件,该构件用符号 a 表示,并且 a 构件不能与 g 构件直接成副。

(4) 组合运动链　按照前述内容进行运动链的组合,可获得两种结构的运动链。

(5) 再生运动链　按照前文所确定的设计约束进行运动链的再生设计,其步骤如下:

1) 确定机架:其中瓦特型运动链有 2 种结构形式,如图 13-15a、b 所示;司蒂芬森型运动链有 3 种结构形式,如图 13-15c、d、e 所示。

2) 确定提升缸 g 与活塞杆 s:其中瓦特型运动链有 3 种结构形式,司蒂芬森型运动链有 2 种结构形式,如图 13-16 所示。

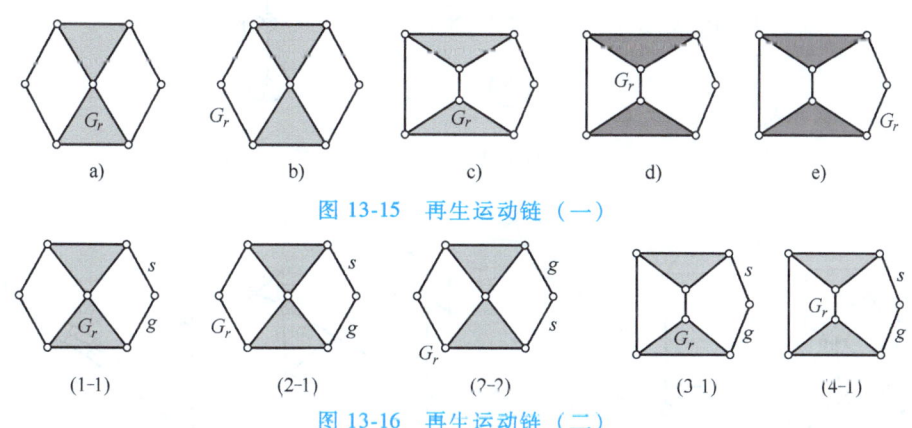

图 13-15　再生运动链(一)

图 13-16　再生运动链(二)

3) 确定起落架轮子所在的杆 a:其中,瓦特型运动链有 7 种结构形式,如图 13-17 中 (1-1-1)~(2-2-2) 所示;司蒂芬森型运动链有 5 种结构形式,如图 13-17 中 (3-1-1)~(4-1-3) 所示。

其中，图 13-15e 因不满足 $s\text{-}g$ 杆的要求而被淘汰。图 13-17 中的（4-1-3）因不满足杆 a 与杆 g 不能直接成副的要求而被淘汰。

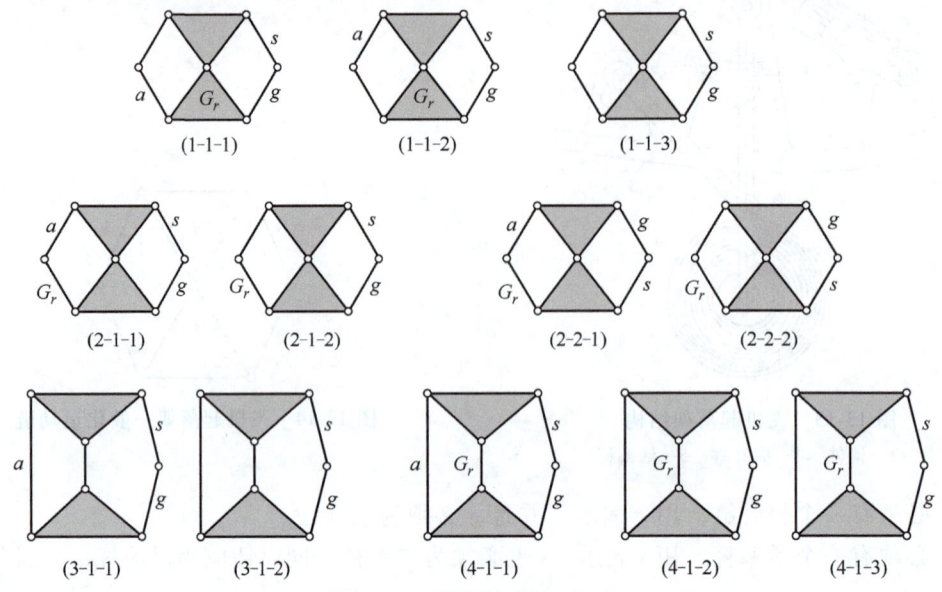

图 13-17 再生运动链（三）

（6）再生机构　图 13-17 所示的再生运动链相应编号的部分机构运动简图如图 13-18 所示。

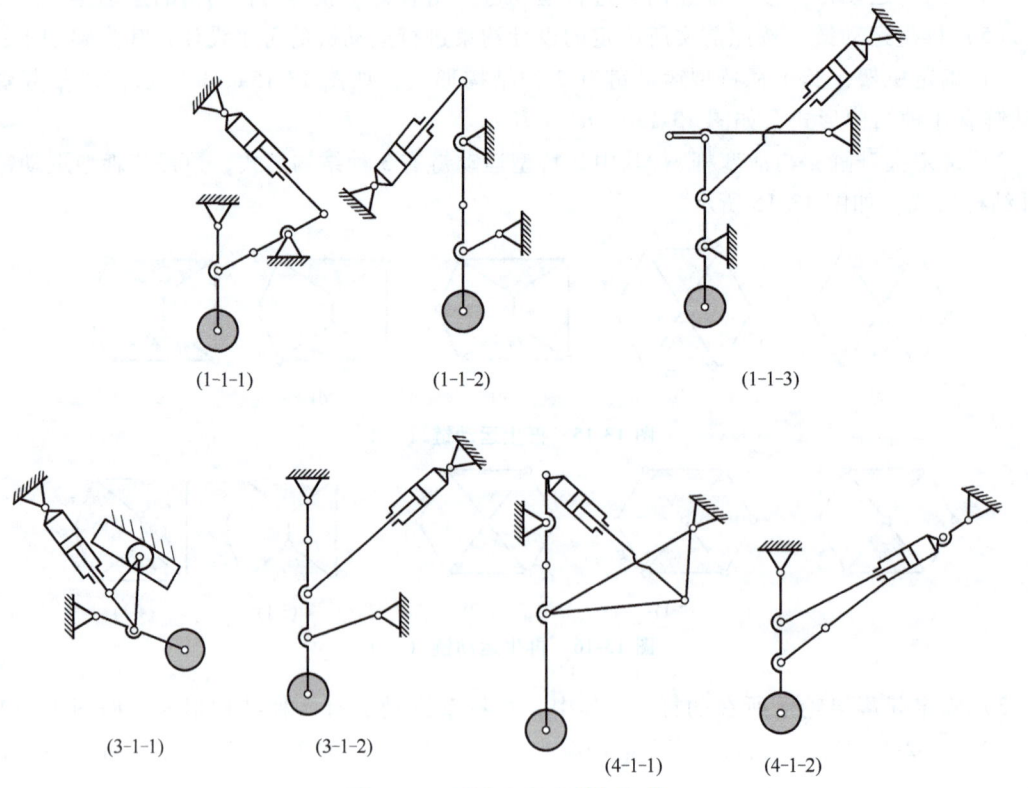

图 13-18 再生飞机起落架机构

课后习题

13-1 根据要求创新设计一种插床机构,以实现相应的功能。要求:
1) 具有急回特性,极位夹角 $\theta = 30°$。
2) 插刀实现大行程往复运动。
3) 运动传递由电动机→齿轮减速→主动件曲柄→……→输出件插刀。

13-2 根据要求创新设计一种自动大行程往复运动机构。要求:
1) 输出件实现大行程往复运动。
2) 运动传递由电动机→齿轮减速→主动件→……→输出件。

13-3 根据要求创新设计一种行程速度变化系数为1的平面连杆机构。要求:
1) 行程速度变化系数为1。
2) 运动传递由电动机→齿轮减速→主动件曲柄→……→输出件。

13-4 根据要求创新设计一种牛头刨床主切削运动机构。要求:
1) 具有急回特性,极位夹角 $\theta = 30°$。
2) 运动传递由电动机→齿轮减速→导杆→……→滑块。

参 考 文 献

[1] 郑文纬，吴克坚. 机械原理 [M]. 7版. 北京：高等教育出版社，1997.
[2] 黄华梁，彭文生. 创新思维与创造性技法 [M]. 北京：高等教育出版社，2007.
[3] 吴宗泽，高志. 机械设计师手册：上册 [M]. 3版. 北京：机械工业出版社，2019.
[4] 王世刚，张秀亲，苗淑杰. 机械设计实践 [M]. 哈尔滨：哈尔滨工程大学出版社，2003.
[5] 温建民，任倩，于广滨. Pro/E wildfire3.0 三维设计基础与工程范例 [M]. 北京：清华大学出版社，2008.
[6] 余存惠. 机械原理 [M]. 上海：上海交通大学出版社，1988.
[7] 杨基厚. 机械原理 [M]. 北京：机械工业出版社，1988.
[8] 胡秉辰. 机械原理 [M]. 北京：北京理工大学出版社，1992.
[9] 杨玉泉. 机械原理 [M]. 北京：北京理工大学出版社，1995.
[10] 马永林，黄一晴，吕方梅. 机械原理 [M]. 2版. 北京：北京航空航天大学出版社，2017.
[11] 徐漫琳，李立成，武时会. 机械原理 [M]. 重庆：重庆大学出版社，2016.
[12] 汪建晓，孙学强，靳龙. 机械原理 [M]. 2版. 武汉：华中科技大学出版社，2017.
[13] 毕艳. 机械原理 [M]. 北京：清华大学出版社，2014.
[14] 杨可桢，程光蕴，李仲生，等. 机械设计基础 [M]. 7版. 北京：高等教育出版社，2020.
[15] 张策. 机械原理与机械设计：上册 [M]. 3版. 北京：机械工业出版社，2018.
[16] 丁洪生，荣辉. 机械原理 [M]. 北京：北京理工大学出版社，2016.
[17] 王跃进. 机械原理 [M]. 北京：北京大学出版社，2009.
[18] 曹毅杰，宗望远，张燕. 机械原理及设计方法研究 [M]. 北京：中国水利水电出版社，2015.
[19] 李滨城，徐超. 机械原理 Matlab 辅助分析 [M]. 2版. 北京：化学工业出版社，2018.
[20] 孙桓，葛文杰. 机械原理 [M]. 9版. 北京：高等教育出版社，2021.
[21] 申永胜. 机械原理教程 [M]. 3版. 北京：清华大学出版社，2015.
[22] 魏兵，喻全余. 机械原理 [M]. 3版. 武汉：华中科技大学出版社，2018.
[23] 王德伦，高媛. 机械原理 [M]. 北京：机械工业出版社，2011.
[24] 强建国，王富强，马晓，等. 新思维机械原理 [M]. 北京：机械工业出版社，2020.
[25] 于靖军，赵宏哲. 机械原理 [M]. 2版. 北京：机械工业出版社，2023.
[26] 安子军. 机械原理 [M]. 3版. 北京：国防工业出版社，2015.
[27] 韩建友，邱丽芳. 机械原理 [M]. 北京：机械工业出版社，2017.
[28] 张静，刘春东. 机械原理 [M]. 2版. 北京：电子工业出版社，2021.
[29] 李瑞琴. 机械原理 [M]. 北京：电子工业出版社，2015.
[30] 江帆. 机械原理 [M]. 北京：机械工业出版社，2013.
[31] 刘会英，张明勤，徐宁. 机械原理 [M]. 4版. 北京：机械工业出版社，2019.
[32] 何丽红，朱理. 机械原理 [M]. 3版. 北京：高等教育出版社，2020.
[33] 颜鸿森，吴隆庸. 机械原理 [M]. 北京：机械工业出版社，2020.
[34] 邹慧君，颜鸿森. 机械创新设计理论与方法 [M]. 2版. 北京：高等教育出版社，2018.